中国经济增长十年展望（2021—2030）

战略 新倍增

国务院发展研究中心『中长期增长』课题组——

刘世锦◎主编

中信出版集团｜北京

图书在版编目（CIP）数据

新倍增战略 / 刘世锦主编 . -- 北京：中信出版社，
2021.10
ISBN 978-7-5217-3552-9

I. ①新… II. ①刘… III. ①中国经济－经济发展战
略—研究 IV. ① F120.4

中国版本图书馆 CIP 数据核字（2021）第 185011 号

新倍增战略
主编：刘世锦
出版发行：中信出版集团股份有限公司
　　　　（北京市朝阳区惠新东街甲 4 号富盛大厦 2 座　邮编　100029）
承印者：　宝蕾元仁浩（天津）印刷有限公司
开本：787mm×1092mm　1/16　　印张：19.75　　字数：310 千字
版次：2021 年 10 月第 1 版　　印次：2021 年 10 月第 1 次印刷
书号：ISBN 978–7–5217–3552–9
定价：88.00 元

本书编写人员

主　　编：刘世锦

协调人：刘培林　赵　勇

其他作者：王子豪　姜淑佳　赵建翔　张　振　陈泽昱

　　　　　杨　骁　徐晓龙　蔡正坤　崔　煜　郑旭扬

　　　　　罗维晗　吴　卫　蔡　颖　陈　晨　许　伟

　　　　　石　光　赵　勇　高　赫　王旭阳　李凯希

　　　　　卓　贤　李杰伟　石　森　黄俊勇　于亮亮

　　　　　路涵予　王　青　韩　阳　陈馨雪　王　骏

目　录

专　题

宏　观

要 素

产 业

导　言　扩大中等收入群体的倍增战略

刘世锦

进入 2021 年，中国经济初步从新冠疫情的困扰中摆脱，经济增长速度接近潜在增长水平。过去的一年，全球经济深度衰退，中国是唯一实现正增长的大型经济体，而这一成绩是在面对百年不遇的疫情冲击、五十年最差的中美关系困局背景下取得的。政府的决策和执行力、动员能力，人民群众的团结、大局观、守纪律，都至为紧要。同样不能忽视四十多年改革开放造就的市场经济行动能力和物质基础。可以举两个例子。2020 年疫情初来之时，包括笔者在内的几乎所有经济学者都预计外贸出口将会受到极大冲击。但实际情况是，2020 年的进出口增速达到 1.9%，其中出口增速达到 4%，外贸占世界的份额再创历史新高。面对疫情冲击引起的需求缺口，中国企业表现出非凡的快速反应能力和增长韧性。中国企业的出口增长，很大部分是由于其他国家供给能力跟不上"补缺"形成的。另一个例子是疫情焦灼之际，居民足不出户就能分享到电商平台提供的及时而丰富的产品，生活质量并没有明显下降。而电商平台的背后是先进的数字技术、支付信用体系和遍布城乡的物流体系。不难想象，如果放在改革开放前，仅靠几家国营商店，遇到如此大的疫情冲击，将会是什么样的情景。无疑，疫情是一场压力测试，它使人们看到了正常时期看不到的中国市场体系和技术体系的深层力量。

2020 年，中国经济增长十年展望系列研究成果原定以扩大中等收入群体为议题，由于情况变化，转为讨论战疫增长模式。在考虑 2021 年的主题时，我们决定延续去年定下的议题，因为找不到放弃这个议题的理由。事实上，经过 2020 年的战疫增长，研究这个议题的必要性、迫切性增加了。

较宏观政策更重要的是结构性潜能

为了应对前所未有的疫情冲击，同其他国家一样，中国采取了宽松的货币和财政政策。随着经济逐步回归常态，这样的政策何时以及如何退出，成为人们关注的问题。决策层的方针是"不急转弯"，但还是要转好弯。不急转弯，是因为中国经济尚未完全恢复，比如 2020 年全年经济已经实现了正增长，但居民消费依然是负增长，尤其是服务消费在年底时仍有较大增长缺口；内防反弹、外防输入仍会使经济完全恢复打折扣，全球范围内能否和何时才能控制住疫情，仍有相当大的不确定性。而要转好弯，是因为原本偏高的宏观杠杆率经过几年努力后基本稳住，但近期又上升了二十多个百分点；楼市、股市也有泡沫重现之势，机构债务违约频现。应该说，这个时期的宏观政策总体上是克制的，"度"把握得比较得当，没有搞大水漫灌，也基本满足了救助和恢复经济的需要。基于此，在经济回归常态较为确定后，宏观政策回归常态的转弯难度相对较小。

需要讨论并澄清、事实上存在很大分歧的一个问题是，包括货币政策、财政政策在内的宏观政策在现阶段中国经济增长中到底起什么作用？宏观政策对经济增长主要起短期平衡和稳定作用，当经济受到某种外力冲击出现大的波动时，宏观政策的作用尤为重要，2020 年的非常规宽松政策就属于此类。但与发达经济体的低速增长相比，中国过去长时期的高速增长、现阶段和以后相当长时间的中速增长，主要靠的是结构性潜能。这里所说的结构性潜能，是指中国作为一个后发经济体，在技术进步、结构转型升级、城市化等方面具有的增长潜能。通俗地说，是发达经济体已经做过、中国正在做或有可能、有条件做的事情带动的增长动能。如果一定要排个顺序的话，结构性潜能是第一位的，宏观政策是第二或第三位的。客观地说，这样的排序未必合理，因为结构性潜能和宏观政策的作用各有不同，不能相互替代，但缺少了结构性潜能，宏观政策再高明，比发达经济体也好不到哪里去。

一种值得关注的倾向是，把中国的经济增长寄托于宽松的宏观政策，甚至不惜拿现代货币理论（MMT）的药方到中国做试验。这里且不论现代货币理论能否站得住脚，在中国尚有可能实现中速增长的情况下，把这套理论搬过来，是用错了地方，因为中国还远没有到主要靠宏观刺激政策维持增长的地步。这正是中国与发达经济体的区别所在，中国还有结构性潜能可用，还有更重要的动能摆在宏观政策之前；发达经济体的结构性潜能基本上用完了，不得不主要依靠宏观刺激政策。如果说发达经济体是熟透了的苹果，中国这个苹果当下还只是熟了一半。中国应当避免把主要注意力和精力放在宏观刺激政策而忽略结构性潜能，因为此类本末倒置的政策组合将会贻误战略机遇期。

结构性潜能本身也有一个识别和发掘的问题，这正是我们将其称为潜能而非现实动能的原因。从潜能到动能之路并不平坦。中国经济高速增长期的结构性潜能主要是房地产、基建、出口等，在这些潜能逐步减弱或消退后，"十四五"乃至更长一段时期就要着力发掘与中速增长期相配套的结构性潜能。

这里我们提出一个"1+3+2"结构性潜能框架。"1"指以都市圈、城市群发展为龙头，为中国下一步的中速高质量发展打开空间。由于在这个范围具有更高的空间集聚效应，在"十四五"和更长一段时间，中国经济百分之七八十的增长动能都可能分布在这个范围内。

"3"指实体经济方面，补上我国经济循环过程中的三大新短板。一是基础产业效率不高。能源、物流、通信、金融等基础产业领域仍然不同程度地存在行政性垄断，竞争不足，补上这个短板将有利于全社会降成本。二是中等收入群体规模不大。今后10~15年时间，中等收入群体应力争实现规模倍增，由4亿人增加到8亿~9亿人，补这个短板将有利于扩大需求特别是消费需求，同时扩大人力资本。三是基础研发能力不强。基础研究和源头创新是我们内循环中的"卡脖子"环节，补上这个短板才能有效应对外部"卡脖子"问题，为建设创新型国家打牢基础。

"2"指以数字经济和绿色发展为两翼。这是中国具备一定优势的新增长潜能。简单地说，"1+3+2"结构性潜能就是一个龙头引领、补足三大短板、两个翅膀赋能。

如何发掘"1+3+2"结构性潜能是一篇大文章，需要讨论的问题很多。本导言将以此为背景，聚焦于中等收入群体倍增目标，讨论相关的理论和政策议题。

扩大中等收入群体规模的难处何在

中等收入群体的界定是一个学术性较强的问题，学界已有不少深度研究成果。流行的界定方法有绝对标准和相对标准。所谓"绝对标准"是指采用收入或支出等客观指标界定中等收入群体。例如世界银行经济学家米兰诺维奇（Milanovic）和伊扎基（Yitzhaki）在对2002年世界各国收入不平等情况进行分析时，以巴西和意大利的年均收入为标准，将其分别界定为中等收入群体划分标准的下限和上限，同时又按世界银行估算的2000年购买力平价进行转换，得出每天人均收入 10～50 美元区间为中等收入群体的划分标准。卡拉斯（Kharas）以每天人均消费 10～100 美元作为标准界定发展中国家的中产阶层群体，并对中产阶层结构进行分析。美国的皮尤研究中心（Pew Research Center）在 2015 年全球中等收入群体研究中表示，其对中等收入群体的划分标准为按购买力平价计算，每天人均收入应在 10～20 美元的区间。国家统计局也提出了一个绝对标准，即把家庭年收入在 10 万～50 万之间的群体定义为中等收入家庭，并按该标准测算，2018 年我国中等收入群体约占总人口的 28%，这就是目前我们常提到的我国中等收入群体约 4 亿人的来源。通过上述研究可以看出，不同研究采用了不同的绝对标准，对中等收入群体的界定标准有比较大的差别，依据不同标准估算出的中等收入群体规模也不一致。

与之相对应，"相对标准"则是以中位数收入为中心，通过设定上下浮动的比例，对中等收入群体边界的上下限进行界定。例如，格拉姆等人（Graham et al.）选取人均收入中位数的 125% 和 75% 作为划分中等收入群体的上下限。普里斯曼（Pressman）则采用收入中位数的 67%～200% 作为界定中等收入群体的标准。国内对中等收入群体界定标准的研究也有采用相对标准的。例如，李培林等人以收入分位值为标准，把城镇居民收入的第 95 百分位界定为中等收入群体上限，下限则为城镇居民收入的第 25 百分位。按照这一标准，我国城镇中等收入群体在 2006 年、2008 年、2011 年和 2013 年的占比分别为 27%、28%、24% 和 25%。

从上述研究可以看出，以绝对标准测量中等收入群体，处于不同发展水平和收入结构的国家会遇到一些问题，因为按照这样的绝对标准，发达国家的居民可能 80% 甚至 90% 以上都是中等收入群体。所以，在国际比较中，学术界更倾向于使用相对标准。通常的做法是，把全国居民收入中位数的 75%～200% 定义为中等收入群体。但这种相对标准定义的中等收入群体，受收入差距的影响很大。换句话说，如果一个国家和社会的收入差距不能够缩小，尽管其居民收入在普遍不断提高，但其中等收入群体的规模和比例却可能不仅不扩大，反而会缩小。从我国情况看，如果将居民收入中位数的 75%～200% 定义为中等收入群体，那么，近 10 年来我国中等收入群体占比则一直维持在 40% 左右。

扩大中等收入群体规模之所以重要，首先与能否跨越中等收入陷阱、进入高收入社会相关。世界银行和国务院发展研究中心 2013 年在题为《2030 年的中国：建设现代、和谐、有创造力的社会》的报告中指出，在 1960 年的 101 个中等收入经济体中，到 2008 年只有 13 个成为高收入经济体，87% 的中等收入经济体在将近 50 年的时间里，都无法成功跨越"中等收入陷阱"，进入高收入阶段。陷入"中等收入陷阱"的国家多数是拉美国家，如阿根廷、巴西、墨西哥等，也有亚洲国家，如马来西亚等。这些国家在 20 世纪 70 年代就达到中等收入水平，但此后几十年无法突破瓶颈，稳定地进入高收入国家行列。对这些国家而言，人均国内生产总值（GDP）1 万美元就像一道魔咒，跨越了还要倒退回来。与此形成鲜明对比的是采用"东亚模式"的日本和亚洲"四小龙"，它们用了 10 年左右的时间就实现了从中等收入经济体到高收入经济体的跃升。

陷入"中等收入陷阱"的原因甚多，其中一个重要变量就是收入差距过大，没有形成足够规模且稳定的中等收入群体。反之，日本、韩国和中国台湾，在跨越"中等收入陷阱"的过程中都保持了较小的收入差距。由此，李培林等人提出了双重中等收入陷阱的命题，认为如果不能解决中等收入群体占主体的问题，也就无法成功跨越"中等收入陷阱"。

就中等收入社会向高收入社会的跨越期来说，扩大中等收入群体的意义首先是增加消费需求，对经济持续增长注入新的动能。这一时期经济增长已由高速转入中速，投资、出口对增长的重要性下降，消费和服务业逐步转为主导性增长力量。中等收入群体作为边际消费倾向高（相对于高收入群体）、消费能力强的部分，成为扩大消费容量进而拉动增长非常重要的力量。

中等收入群体扩大、消费扩容，前提是能够实现收入增长，使这部分人由低收入行列脱颖而出。有论者谈论如何增加低收入阶层的消费意愿，似乎低收入阶层消费水平低是由于他们不愿意消费，这并不符合实际，其主要限制因素仍然是收入水平低。低收入阶层增加收入可以有多种途径，比如通过再分配，但在总体和长期层面，低收入阶层增加收入并进入中等收入行列，要靠他们自身创造财富能力的提升。所以，在增长视角下，对有潜力进入中等收入群体的那部分来说，他们不仅是消费者，更重要的应当是生产者、创新者，在这几种身份之间建立起可持续的循环。他们首先是生产者、创新者，创造出社会财富、提高收入水平，进而增加消费，并为下一轮生产和创新营造条件。

这种循环的形成和提升并非易事，中等收入群体扩大的难处正在于此。已有的高收入和中等收入者，在既有的发展空间和制度约束下，显然最有条件抓住和利用提高收入水平的机会，从而成为先富起来的那部分人，这里姑且先不讨论这种先富一步是否合理的问题。而较低收入人群，或潜在的中等收入人群，对既有发展空间和制度条件的分享可能性显然是偏低的，甚至是可望而不可即的。他们要跻身中等收入阶层，就要打破既有的多个层面的约束，形成一组新的发展空间和制度条件。

二战以后工业化的历史经验表明，摆脱传统社会的低水平增长陷阱，启动现代增长进程是一场苦战，但与此后由中等收入阶段转向高收入阶段相比，似乎还要容易一些。如果把现代经济增长看成火箭发射入轨过程，摆脱传统社会低水平增长陷阱是一次启动，摆脱中等收入陷阱、成功转入高收入社会则是二次启动。二次启动的难度显然大于一次启动。几十个经济体进入现代经济进程，但只有少数经济体跻身高收入社会的事实，提供了有说服力的佐证。坦率地说，我们对二次启动的难度有多大并不很清楚，而这也恰恰是研究扩大中等收入群体的难点和重点所在。

增长型收入差距与衰退型收入差距

中国的收入差距扩大是伴随着改革开放推动的经济高速增长而出现并波动的。收入差距扩大对经济社会发展的影响要放到经济转型、制度变迁的架构下考量，并不存在简单的结论。如何扩大中等收入群体的逻辑和政策，也要在这一过程中加以分析。

李实等人把改革开放以来的收入差距变化大体分为两个阶段。第一阶段，从1978年到2008年，收入差距逐步扩大。这一阶段可以分为三个时期。第一个时期，是从1978年到1983年，收入差距并没有扩大，反而有所缩小。由于农村改革率先启动，农村土地联产承包制的实施，带来了农民收入的快速增加，城乡收入差距一度从1978年的2.6倍下降到1983年的1.8倍，并带动了全国收入差距的缩小。全国收入差距的基尼系数在1981—1983年下降了近3个百分点，直到1986年才上升到1981年的水平。第二个时期，是从1984年到1994年，出现了收入差距全面而持续的拉大。80年代中期，城镇的市场化改革启动，增长加快，而农村改革的第一波增长效应下降，城乡之间的收入差距再次拉大，同时城市内部和农村内部的收入差距也开始拉大。第三个时期，是从1995年到1997年，收入差距出现了短期下降，主要是由于政府大幅提高了农产品收购价格，对农民收入增长起到了积极作用。此后随着涨价效应的减弱，又重回收入差距扩大的轨道，到2008年达到高位。世界银行专家估计1981年中国全国收入差距的基尼系数为 0. 31，到 2008 年上升到 0. 491。

第二阶段，2008 年以后，收入差距高位徘徊或有所下降。从 2008 年开始，国家统计局公布的全国收入差距的基尼系数出现了逐年下降的势头。但 2015 年以后又有小幅回升，如到 2015 年为 0. 462，2017 年达到 0. 467。全国收入差距出现变化的一个重要原因是城乡收入差距的缩小。最新研究发现，城乡收入差距在全国收入差距中所占的比重从 2007 年的 40% 下降到 2013 年的 15%。这一时期城乡收入差距趋于稳定，且某些时段有所回落，这主要得益于若干因素的影响，如农村劳动力向城镇的持续转移，刘易斯拐点出现后农民工工资水平的上升，新农保、新农合、最低社会保障等社会保障体系在农村的建立和完善等。

回顾改革开放以来收入差距的演变历程，可以从中引出两组重要概念。

一组是"增长型收入差距变动"和"衰退型收入差距变动"。所谓"增长型收入差距变动"，是指收入差距变动与经济增长同时发生，而且收入差距变动成为经济增长的动因，更具包容性的情景是，各个阶层的收入均有增长，只是增速不一形成收入差距变动。相反，"衰退型收入差距变动"是指收入差距变动与经济衰退同时发生。这里的衰退也可以区分为绝对衰退和相对衰退，前者是指经济规模的收缩或负增长，这种情况少有发生；后者则是指经济增速虽然维持了正增长，但显著低于潜在增长率。

另一组概念是"增效型收入差距变动"与"减效型收入差距变动"。前者是指收入差距变动有利于提高效率，如资源由低效领域向高效领域流动，通过改进激励机制降低成本、增加产出，通过创新拓展新的增长空间等。而"减效型收入差距变动"则是指收入差距变动带来效率下降，如腐败、行政性垄断引起的收入差距效应。增效型与减效型收入差距变动的一个根本性区别，是前者创造社会财富，后者只是在转移社会财富。现实生活中，二者有时是同时发生的，如改革初期的双轨制，在提供部分市场激励的同时，也产生了不少腐败。

把上述两组概念结合起来，就会形成多种组合。一种典型且较为理想的组合是增效型与增长型收入差距变动的组合，效率提升成为增长的主因，各个阶层的收入都能增长，差距主要表现在增速的不同上，经济增速达到或非常接近潜在增长率。另一种比较极端的组合是减效型与绝对衰退型收入差距变动的组合，收入差距变动伴随的效率下降使经济处在收缩状态。

在这两种组合之间，还会看到诸多更接近现实的组合。增效型与减效型通常同时并存，区别在于哪种类型居主导地位。一种典型情景是，尽管不同程度存在减效型因素，但增效型依然为主，经济增长接近潜在增长率水平。另一种情景是，减效型因素超过增效型因素，经济增长处在远离潜在增长率的相对衰退状态，如拉美一些增长长期停滞的国家和中国改革开放前的某些时期。

中国改革开放以来，大体属于增效型主导、经济增长接近潜在增长率水平的收入差距变动状态。改革开放初期，农村改革驱动了低收入阶层增效增收，使收入差距有所收缩。此后出现的收入差距扩大，大体上与中国经济的高速增长相对应，表明更多是增效型差距扩大在起作用。减效型因素也普遍存在，如与行政权力相关的腐败、行政性行业垄断、不公平的市场准入和市场竞争、基本公共服务分享不均，都不同程度地拉低了经济增长水平。问题的复杂性在于，作为转型期的经济体，增效和减效有时是混在一起的，并非泾渭分明，如多种形态的双轨制。

经济增长过程中的收入差距变动是否具有规律可循，在学术界存有争议。一度流行的库兹涅茨曲线，认为随着经济增长和收入水平的提高，收入差距呈倒 U 形变化，即先低后高，达到某个峰值后，再由高到低。但是这一假说的逻辑不甚清晰，也缺少实证基础。如果这样的倒 U 形变动确实存在，一种可能暗含的逻辑是，在现代增长过程的初期，高生产率部门人群的收入率先加快增长，在收入差距拉大的同时也推动了经济增长。但达到一定高度后，增长将会减缓。如果此后低收入人群生产率提升，带动其收入增长相对加快，就会在收入差距缩小的同时，也为经济增长提供新的动力。简单地说，第一阶段先富起来的那部分人拉大收入差距；第二阶段后富起来的另一部分人将缩小收入差距。这两个阶段均具有增效型带动增长型收入差距变动的特征。

不过，这种比较理想的格局并不具有必然性。另一种可能出现的情景是，第一阶段先富起来的那部分人增长乏力后，低收入人群无法提高生产率，难以启动后富起来的第二阶段。于是，经济可能陷入收入差距居高不下、增长相对衰退的状态。还有一种可能的情景是，全面压制先富阶层，在"劫富"的同时，也使其不再具有增效积极性，这样收入差距有可能缩小，但无可避免地会重陷改革开放前平均主义加普遍贫穷的困境。

从这样的角度看，现阶段中国应当力争实现第一种情景，避免后两种情景。尽管出现第三种情景的可能性较小，但走回头路的社会基础亦不应低估。更具挑战性的是如何避免第二种情景。在此意义上，扩大中等收入群体的重要性、紧迫性就更显而易见。

实现中等收入群体倍增目标的意义和重点人群

邓小平在改革开放初期提出："一部分地区、一部分人可以先富起来，带动和帮助其他地区、其他的人，逐步达到共同富裕。"经过改革开放四十多年的发展，中国已经进入实现共同富裕目标的第二阶段，也就是通过另一部分人也富起来，带动全体社会成员的共同富裕。从本导言前面的讨论可以看出，第二阶段的难度和不确定性都要大于第一阶段。试图后富起来的群体在人力资本、发展机会和发展条件上总体落后于先富起来的群体，而且向前走或向后退的可能性都是存在的，落入中等收入陷阱的国家已有先例。从国内看，前段时间受疫情冲击，部分地区的劳动者收入和消费水平下降，有数据显示，中等收入群体规模出现阶段性收缩。

在这个时间节点，有必要提出中等收入群体倍增的目标，在已有的 4 亿中等收入群体的基础上，再用 10~15 年的时间，推动这个群体增加 4 亿~5 亿人，达到 8 亿~9 亿人，占总人口的 60% 左右。提出并实施这一目标可以有如下一些考虑。

首先，中等收入群体倍增对扩大内需、提高生产率和社会政治稳定都是不可替代的，中等收入群体的规模和实现倍增的时间都具有重要意义。规模不足或时间拖后都将直接影响经济增长速度和稳定性。对此缺少认识很可能付出全局性代价。其次，提出目标本身就是有意义的，有利于形成全社会共识，调动各方面的积极性和创造性，而这正是中国的制度优势所在。

实现这一目标具有可行性。根据我们研究团队的测算（参见本书"实现中等收入群体倍增的潜力、时间与路径研究"一文），假定 2019—2030 年实际 GDP 平均增长 5.0% 左右，平均通胀率为 2.5%，名义 GDP 年均增幅 7.5%，居民可支配收入名义增速与名义 GDP 增速匹配。同时根据不同收入群体内城乡居民分布的加权计算，低、中和高收入群体收入增速分别为 7.7%、7.1% 和 6.9%，到 2030 年，我国中等收入群体比重上升至约 51%，低收入群体比重下降至约 45.6%，高收入群体比重则上升至约 3.3%。中等收入群体规模达 7.5 亿人，与 2018 年相比有 3.7 亿人由低收入阶层上升至中等收入阶层。按照大体相同的变动速度，到 2035 年以前，有可能使中等收入群体规模达到 8 亿~9 亿人，实现倍增的目标。

另一个相关议题是实现这一目标涉及的重点人群。从我们团队的研究成果看，到 2030 年有可能进入中等收入群体的 3.7 亿人，主要对应的是 2018 年家庭年收入介于 4 万 ~6 万元、6 万 ~8 万元和 8 万 ~10 万元的低收入家庭，也就是我们需要重点分析的潜在中等收入群体。这个群体中城镇居民占比为 57%，乡村居民占比为 31%，外来务工人员占比为 11%。其中外来务工群体，从数量和定义上，更接近进城农民工群体。农民工是指在异地以非农就业为主的农业户籍人口。国家统计局数据显示，2017 年我国农民工数量达到 2.87 亿人，外出农民工 1.72 亿人，外出农民工中进城农民工 1.37 亿人。外来务工群体的定义为"来自农村地区、户口不在本城镇社区的人员"，2018 年外来务工群体占比为 9.7%，人口数量在 1.35 亿人左右。从数量上看，外来务工群体大体接近进城农民工。

与 2013 年相比，2018 年外来务工人员中属于中等收入群体的部分占总人口的比重从 2.2% 提升至 4.1%，占中等收入群体增量的 27%，贡献率相当可观。这里说的外来务工人员，基本属于劳动年龄人口，非就业人口不多。而在乡村居民中，相当多的人口属于外来务工人员的子女和父母，其收入状况直接依赖于外来务工人员。此外，农村人口就地城镇化的比重逐步提高，相当多的农民是在户籍所在地"被城镇化"的。所以，处在城镇化进程中的农村人口规模明显要大于上述外来务工人员。从现阶段我国城乡结构转型、收入增长的特征看，广义上的"进城农民工"是未来扩大中等收入群体需要着力关注的重点人群。

从调查数据看，以外来务工人员为主的进城农民工家庭平均支出强度显著高于农村家庭，但由于无法同等享受城镇户口的相关社会保障和公共服务，其储蓄避险意愿较高，使外来务工家庭平均消费强度与城镇家庭仍有很大差距；受教育水平明显高于农村居民，基本接近城镇居民水平；就业分布与城镇居民有明显差异，外卖、出租车和快递等新型就业场景吸纳了数量可观的"新型农民工"就业，外来务工人员以 10% 的人口占比贡献了 20% 的新型就业，远超城镇和乡村居民；更多就职于民营部门，机关企事业单位就业占比较低，面临收入不高、就业不稳、社保不全等一系列制约其收入和消费稳定增长的因素；无法享受完善的城镇社会保障和公共服务，医保和养老保险覆盖率明显低于同样居住在城镇的居民；相当一部分外来务工人员尤其是其中的较高收入者，有明确定居城镇的需求。应当从进城农民工的这些特点出发，采取针对性强、务实有效的战略和政策，推动更多的进城农民工进入中等收入群体。

实施以提升人力资本为核心的倍增战略

进入共同富裕的第二阶段后，扩大中等收入群体战略和政策的核心是促进机会均等，着力提升低收入群体的人力资本，缩小不同群体之间的人力资本差距，以增效带动增长的方式缩小收入差距。一个简单的逻辑是，在剥去种种社会关系的外衣后，人们之间能力的差距，远没有现实世界中收入分配和财产分配差距那么大。如果能够创造一个人力资本公平发展的社会环境，人们的积极性、创造力普遍而充分地发挥出来，公平和效率就可以互为因果，在提升社会公平的同时促进经济增长。

依照这种思路，下一步实施中等收入群体倍增战略，应以提升进城农民工人力资本为重点，采取多方面针对性、可操作性强的政策措施，力争在不长时间内取得明显成效。

一、对农民工及其家属在城市落户实行负面清单制度。目前中小城市和部分省会城市已取消落户限制，对仍有限制的城市改为实行负面清单制度，即由规定符合何种条件能够落户，改为不符合何种条件不能落户。积极创造条件，加快缩减负面清单。对北上广深和其他特大型城市的城市核心区与非核心区域、都市圈内的中小城镇等实行差异化政策，采取不同的负面清单，适当放宽后者的落户限制。

二、建设面向农民工为主的安居房工程。以大城市尤其是几大都市圈、城市群为重点建设安居房，着力解决能够稳定就业、对当地发展做出贡献、就地缴纳社保的低收入农民工住有所居、安居乐业的问题。以 40～60 平方米的小户型为主，降低建造成本，把安居房价格控制在与农民工购买力相适应的水平。降低购买资格门槛，不歧视无户籍、无学历人口。由政府主导筹措土地资源、设计运行规则、加强监管，在政策框架内实行市场化运营，形成商业可持续机制。

三、与农村人口进城落户、提供安居房相配套，加快推进教育、医疗、社会保障等基本公共服务的均等化，健全财政转移支付同农业转移人口市民化挂钩机制，继续推进并扩展义务教育等基本公共服务随人员流动可携带的政策，打通农村社保、医保和城镇居民社保、医保的衔接。实行以居住证为主要依据的农民工随迁子女入学政策。

四、提供就业基本公共服务，鼓励吸收农民工就业。对有劳动能力和就业需求的进城农民工，持居住证可在常住地公共就业服务机构享受就业基本公共服务。全面加强农民工职业教育培训，逐步将职业教育培训作为一项基本公共服务加以提供。推行农民工新型工匠培训计划。鼓励各类技工院校、职业学校、就业训练中心等参与农民工职业技能培训，给予一定的财政补贴。鼓励企业对农民工员工开展职业技能培训，并在财税、信贷等方面有必要的激励措施。国家对吸收农民工就业、安居较多的城市，在财政补助、基础设施投资等方面给予相应支持。

五、加快推进农村集体建设用地入市和宅基地流转，增加农民工的财产性收入。落实十八届三中全会的要求，推动农村集体建设用地进入市场，与国有土地同价同权、同等入市。创造条件允许宅基地使用权向集体组织外部流转。积极稳妥务实地解决好小产权房问题。农地入市、宅基地流转获取的收入，应优先用于完善相应地区农村人口的社保体系，使他们与城里人一样不再依赖于土地保障，在提高土地利用效率、增加收入的同时，由更为有效和稳定的社会安全网托底。

六、促进机会公平。进一步打破不当行政性管制，疏通社会流动渠道，防止社会阶层固化。改变有些地方对低收入农民工的歧视性做法，在大体相当的条件下，在就业、升学、晋升等方面，给低收入阶层提供更多可及机会。

七、各级政府要制定规划、完善政策、定期督查、确保落实。要将农民工落户、住房、基本公共服务、就业和职业培训等纳入"十四五"规划和年度规划，明确有关部门的任务和职责，定期检查落实情况，做出进度评估，向各级人大报告。同时要根据经济社会转型升级和就业状况变化，对相关规划政策进行必要的调整改进。鼓励各地从实际出发积极探索创新，并将好的经验和做法在全国范围内推广。

参考文献

李实，朱梦冰. 中国经济转型40年中居民收入差距的变动［J］. 管理世界，2018（12）.

李实. 我国低收入人群有多少？［J］. 经济日报，中国经济网，2020 – 09 – 03.

李培林. 中国跨越"双重中等收入陷阱"的路径选择［J］. 劳动经济研究，2017，5（1）.

国家统计局. 中国拥有全球规模最大中等收入群体［J］. 人民日报，2019 – 01 – 21.

世界银行和国务院发展研究中心联合课题组. 2030年的中国：建设现代、和谐、有创造力的社会［M］. 北京：中国财政经济出版社，2013.

李春玲. 中国特色的中等收入群体概念界定［J］. 河北学刊，2017，37（2）.

杨修娜，万海远，李实. 我国中等收入群体比重及其特征［J］. 北京工商大学学报（社会科学版），2018，33（6）.

王阳，常兴华. 当前我国中等收入群体的规模、范围及扩大路径［J］. 经济纵横，2018（9）.

专题

第一章 实现中等收入群体倍增的潜力、时间与路径研究

"中等收入群体倍增研究"课题组[①]

要点透视

➤ 党的十八大以来，我国经济社会发展取得了辉煌成就，经济实力、科技实力和综合国力跃上新的台阶，中国经济总体进入高质量发展阶段。居民收入与国民经济保持同步增长，城乡收入倍差逐步缩小，收入分配状况明显改善，人民生活水平显著提高。在 2020 年，面对突如其来的新冠疫情，我国统筹推进疫情防控和经济社会发展，在全球主要经济体中唯一实现经济正增长，取得脱贫攻坚战的全面胜利，实现全面建成小康社会目标。

➤ "十四五"规划和 2035 年远景目标纲要提出，2035 年我国人均 GDP 将达到中等发达国家水平，中等收入群体显著扩大。与高收入经济体相比，目前我国中等收入群体占比偏低，收入分配仍存在差距较大和结构不平衡的问题。如何扩大中等收入群体规模、提高低收入群体收入已成为当下迫切需要研究的议题。

➤ 基于北京师范大学中国收入分配研究院的中国家庭收入调查数据（CHIP），本章测算了我国 2013 年和 2018 年中等收入群体比重，研究各收入群体的典型性特征，并基于经济潜在增长率和收入的联动变化预测未来十年中等收入群体规模。根据对收入分布的静态和动态分析，可以从未来变化中探寻当前潜在的中等收入群体，进而提出针对性政策建议，有效扩大中等收入群体规模。

[①] 课题负责人：刘世锦；课题组成员：王子豪、姜淑佳、赵建翔。

中等收入群体的概念、标准和规模

中等收入群体概念

中等收入群体的概念，最早起源于西方"中产阶层"，但二者有所不同。中产阶层是以社会关系为基础的结构性位置，界定的依据除了收入标准外，还包括财产规模、职业地位、教育层次、生活水平和消费能力等多个维度，是一个综合性概念。"中等收入群体"则是以经济资源为基础的等级性位置，将收入作为唯一的划分标准，把收入处在中间阶层的群体视为中等收入群体。

目前被普遍接受的中等收入群体定义是，该群体应该具有全社会中间水平的收入、稳定的就业、符合基本需要的居住条件、充分供给的基本公共服务、一定数量的家庭储蓄、适量的财产收入以及超过基本生存需要的相关消费等特征。关于衡量的标准，中等收入群体的本意是从收入角度评估社会群体的收入分化状态，由此本章主要以"可比口径家庭年收入"作为划分不同收入群体的标准。

不同收入群体划分标准

本章采用 2018 年国家统计局对中等收入群体的划分标准，即中国典型三口之家年收入在 10 万 ~ 50 万元之间（2018 年价格），将我国居民划分为低收入、中等收入和高收入三类主群体，对应的家庭年收入分别处于 10 万元以下、10 万 ~ 50 万元以及 50 万元以上的区间。

为研究各类收入群体分布特点，分析对比内部差异性，我们对规模庞大的中等收入群体和低收入群体做进一步拆分。低收入群体按照其标准区间的五等分划分为 5 个子群体，对应的家庭年收入区间分别为 0 ~ 2 万元、2 万 ~ 4 万元、4 万 ~ 6 万元、6 万 ~ 8 万元和 8 万 ~ 10 万元。中等收入群体则是按照其标准区间的前 20%、中间 60% 和后 20% 分为三部分，对应的家庭年收入区间分别为 10 万 ~ 18 万元、18 万 ~ 42 万元、42 万 ~ 50 万元。

2013 年的可比口径家庭年收入标准是在 2018 年的基础上使用 CPI 价格指数平减得到的，具体见表 1.1。

表 1.1　2013 年、2018 年我国中等收入群体划分标准

分类	2018 年收入群体划分（万元）					2013 年收入群体划分（万元）				
	主群体划分		子群体划分			主群体划分		子群体划分		
	下限	上限	分位数	下限	上限	下限	上限	分位数	下限	上限
低收入群体	0	10	0～20%	0	2	0	9.14	0～20%	0	1.83
			20%～40%	2	4			20%～40%	1.83	3.66
			40%～60%	4	6			40%～60%	3.66	5.48
			60%～80%	6	8			60%～80%	5.48	7.31
			80%～100%	8	10			80%～100%	7.31	9.14
中等收入群体	10	50	0～20%	10	18	9.14	45.69	0～20%	9.14	16.45
			20%～80%	18	42			20%～80%	16.45	38.38
			80%～100%	42	50			80%～100%	38.38	45.69
高收入群体	50		0～100%	50		45.69		0～100%	45.69	

资料来源：国家统计局，CHIP，课题组测算。

　　本章使用的调查数据是北京师范大学中国收入分配研究院的中国家庭收入调查数据（CHIP）。CHIP 数据库详细追踪了我国收入分配的动态情况，调查对象覆盖城镇住户、农村住户和外来务工群体，调查内容包含收支信息以及家庭和个人信息。基于 CHIP 数据库，我们对 2013 年、2018 年我国各收入群体规模和收入分布进行了估算，并对细分收入群体的特征进行对比分析。在测算中等收入群体规模时，本章根据样本家庭实际人口情况，将家庭总可支配收入统一调整到"典型三口之家"的可比家庭收入口径。

收入分布测算结果对比分析

　　CHIP 数据测算结果显示，2018 年我国中等收入群体约占总人口的 27%，人数在 3.8 亿左右，与目前常被提到的"我国 4 亿中等收入群体"的说法基本一致；低收入群体规模庞大，占总人口的比重超过 70%，人数在 10 亿人左右；高收入群体规模较小，仅占总人口的 0.41%。

　　与 2013 年相比，随着十八大以来我国经济社会的稳健发展和居民收入的持续较快增长，2018 年中等收入群体比重显著提升，占总人口的比重提高了 6 个百分点，约有 9000 万人从低收入阶层迈入中等收入及以上阶层。

　　从三大收入群体总体和内部结构看，2013 年我国居民总体层面、中等收入群

体内部和低收入群体内部均呈现"金字塔形"分布。图 1.1 和图 1.2 显示，2013年，我国低收入群体占比为 78.7%，超过总人口数的 3/4。其中可以明显观察到，在低收入群体内部，随着收入标准的提升，子群体规模逐渐缩小，最低 20% 的子群体占比最高，超过 3.5 亿人，最低 40% 的子群体占总人口的比重已接近半数，最高 20% 的子群体占比最低。在 2018 年低收入群体内部结构发生"里程碑式"的变化，最低 20% 子群体的规模显著缩小，首次出现由"金字塔形"向"橄榄形"转变。

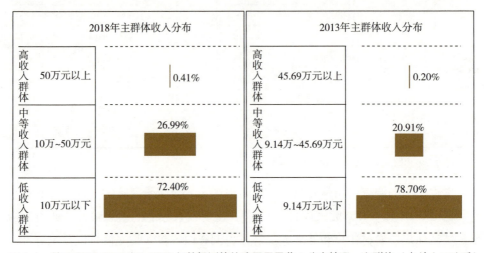

图 1.1 基于 CHIP 2013 年、2018 年数据测算的我国居民收入分布情况：主群体（占总人口比重）

资料来源：国家统计局，CHIP，课题组测算。

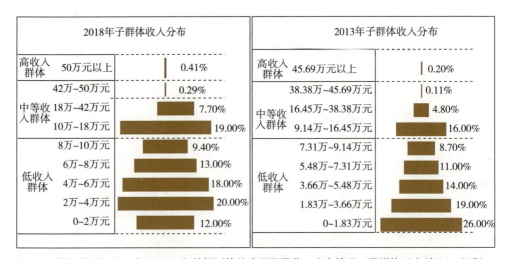

图 1.2 基于 CHIP 2013 年、2018 年数据测算的我国居民收入分布情况：子群体（占总人口比重）

资料来源：国家统计局，CHIP，课题组测算。

"橄榄形"收入分配结构，即"中间大，两头小"是总体收入分布的目标结构，也是扩大中等收入群体规模的具体表现。在 2018 年，总体层面和中等收入群体内部结构仍保持"金字塔形"分布，但与 2013 年相比，"金字塔"的斜率明显放缓，说明收入分布向上偏移的态势明显。低收入群体率先出现由"金字塔形"向"橄榄形"转变与脱贫攻坚战的全面胜利密不可分，对我国扩大中等收入群体规模、实现共同富裕的目标具有指向性意义。总体来说，我国中、低收入群体内部的分布变化，反映了我国居民正在实现收入阶层的向上流动。未来，随着收入水平的稳步提升和收入分配结构的持续优化，我国总体收入分布也将逐渐从当前的"金字塔形"转变成"橄榄形"。

不同收入群体典型性特征对比研究

为了更好地揭示不同收入群体的典型性特征，总结提炼收入阶层向上流动的变化规律，在 2018 年 CHIP 调查数据基础上，我们选择了城乡分布、区域分布、家庭结构、收入来源、劳动力受教育情况和劳动力就业行业分布等重要维度进行对比研究，总结了低、中和高收入群体的典型特征，在此基础上探讨中等收入群体倍增的实现路径。

城乡分布

根据户口和流动情况，2018 年 CHIP 问卷将调查对象划分为三类：城镇居民、农村居民和外来务工群体，占比分别约为 50.3%、40.0% 和 9.7%（图 1.3）。其中，对外来务工群体的定义为"来自农村地区、户口不在本城镇社区的人员"。从定义和测算规模看，CHIP 数据中外来务工群体更接近进城农民工的定义，而非全部农民工。

从城乡分布看，我国中等收入群体主要集中在城市，城镇居民、外来务工群体和农村居民占比分别为 77.8%、15.2% 和 7.0%（图 1.4）。高收入群体也以城镇居民为主。低收入群体中占比最多的为农村居民（52.8%），城市居民（40.3%）次之，外来务工群体占比不到 10%。值得注意的是，外来务工群体尽管规模较小，但接近半数外来务工人员已迈入中等收入阶层。

图 1.6 显示，总体来看，未来扩大中等收入群体规模，目标不仅仅是加快提升农村居民收入、缩小城乡收入倍差，城市内部的收入分化问题同样值得重视。同时，农

村劳动力向城镇转移对缩小收入差距、扩大中等收入群体也至关重要，要重点关注外来务工群体。

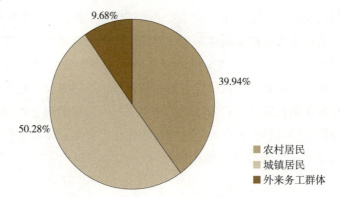

图 1.3　基于 CHIP 2018 年数据测算的城乡人口分布情况

资料来源：CHIP，课题组测算。

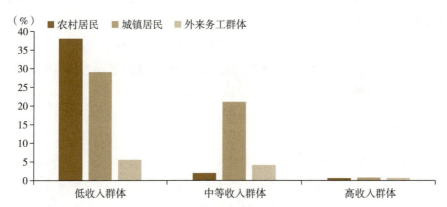

图 1.4　基于 CHIP 2018 年数据测算的不同收入群体城乡分布情况

资料来源：CHIP，课题组测算。

区域分布

　　为了更好地提炼不同收入群体区域分布的特点，我们将 31 省市划分为六大区域：华北地区、东北地区、华东地区、中南地区、西南地区和西北地区。其中，华北地区包括北京市、天津市、河北省、山西省、内蒙古自治区；东北地区包括辽宁省、吉林省、黑龙江省；华东地区包括上海市、江苏省、浙江省、安徽省、福建省、江西省、山东省；中南地区包括河南省、湖北省、湖南省、广东省、广西壮族自治区、海南省；西南地区包括重庆市、四川省、贵州省、云南省、西藏自治区；

西北地区包括陕西省、甘肃省、青海省、宁夏回族自治区、新疆维吾尔自治区。

图 1.5 显示，从区域分布看，中等收入群体主要集中在东部沿海等经济发达地区，中南和华东地区中等收入群体数量占全国的 64%，西南和华北地区占比分别为 16% 和 12%，东北和西北地区占比较低。高收入群体区域分布不均衡的特点更加明显，华东地区占比接近 50%，中南和华北地区占比分别为 30% 和 12%，西南、东北和西北地区占比都不足 5%。低收入群体主要集中在中西部地区，这些地区低收入群体数量占全国的比重要高于其总人口的占比，尤其是西南地区，常住人口占全国 14%，但拥有全国 22% 的低收入人口。此外，由于庞大的人口基数，华东地区也存在相当比例的低收入群体。

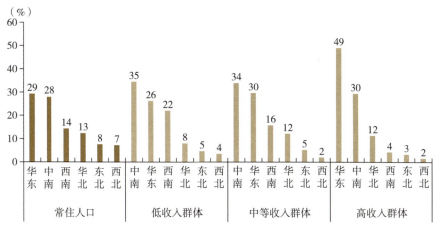

图 1.5 基于 CHIP 2018 年数据测算的不同收入群体区域分布情况
资料来源：CHIP，课题组测算。

结合区域人口基数看，东部地区中等收入群体规模最大，但内部分化较为明显，低收入群体数量同样可观；中部地区分布相对均衡；西部地区人口中低收入群体占比最高。

收入来源

图 1.6 显示，总体来看，我国居民以工薪阶层为主，三个群体工资性收入占比均超过 50%。其中，中等收入群体工资性收入比例最高（61.8%），低收入群体次之（55.6%），高收入群体最低（50.6%）。高收入群体更为明显的特征是高经营性收入，其占比接近一半（43.8%），显著高于中等收入群体（14.4%）和低收入群体（20.7%）。

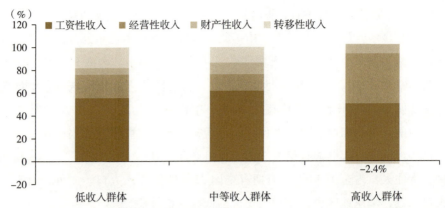

图 1.6　基于 CHIP 2018 年数据测算的不同收入群体收入来源分布情况

资料来源：CHIP，课题组测算。

低收入群体存在高转移性收入、低财产性收入的现象。低收入群体的财产性收入为三个群体中最低（5.8%），仅为中等收入群体的一半左右。低收入群体的转移性收入占比（17.9%）高于中等收入群体（13.6%），高收入群体的转移性收入占比为负。这意味着中低收入群体，尤其是低收入群体接受了较多补助、补贴或住户间的转移性收入，高收入群体则存在较高的经常性或义务性的转移支付，反映了政策对收入再分配的调节作用。

总的来看，未来要扩大中等收入群体比重，一方面要稳住就业基本盘，保证工资性收入和经营性收入来源稳定且收入水平持续较快上升，另一方面采取相应措施增加低收入群体的财产性收入。

家庭结构

家庭内部结构或是造成收入差异的重要原因之一。我国低收入群体具有家庭规模大、劳动参与率高和抚养负担重的特点。2018 年 CHIP 调查数据显示（图1.7），低收入群体的平均家庭规模在 4.3 人左右，明显高于中高收入家庭，其中老人和儿童数量多、劳动年龄人口占比低，意味着较少的劳动人口要承担更多的抚养任务，导致劳动参与率水平"被迫"上升。结合收入水平看，低收入群体本就收入较低，叠加过重的家庭负担，会使其长期陷入低收入群体困境。

图 1.8 显示，高收入群体拥有明显的低抚养负担、高劳动人口比和高劳动参与率的优势。中等收入群体未成年抚养比与高收入群体基本一致，但老年抚养比显著高于高收入群体，赡养负担相对较重。未来，随着我国人口老龄化程度加

深，家庭老年抚养比将出现长期上升的趋势。抚养负担或成限制中等收入群体规模扩大的关键因素之一，这将对我国社保政策的发展提出更高的要求。

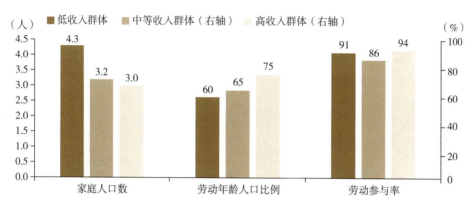

图 1.7 基于 CHIP 2018 年数据测算的不同收入群体家庭结构特征情况
资料来源：CHIP，课题组测算。

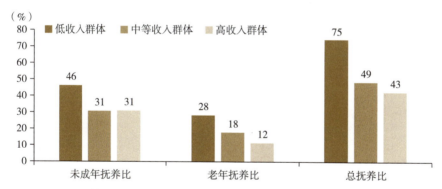

图 1.8 基于 CHIP 2018 年数据测算的不同收入群体家庭抚养比情况
资料来源：CHIP，课题组测算。

劳动力受教育情况

除了劳动人口数量和劳动参与率之外，人力资本同样是影响家庭收入的关键因素。基于 2018 年 CHIP 调查数据，我们测算了不同收入群体的家庭劳动力受教育年限和学历水平。

从图 1.9 和图 1.10 可见，受教育年限和学历水平与收入水平呈明显正相关关系，中高收入群体普遍具有更长的受教育年限和更高的学历水平。从接受过高等教育（大专、本科及以上）的比例看，低收入、中等收入和高收入群体中的相应占比分别为 16.2%、49.4% 和 61.2%。低收入群体中，约 60% 的劳动力仅有小学、初中学历，总体平均教育年限仅为 9.6 年，比中等收入群体低 3 年左右，这一数值明显大于中高收入群体的差异（0.8 年）。值得注意的是，低收入群体中也有超过 16% 的人接受过大专、本科及以上的教育。

未来，随着中国经济增长由高速增长转向中速高质量发展，人口红利带来的增长动能逐步减弱，人力资本的提升或将成为提高收入水平、扩大中等收入群体规模的关键。

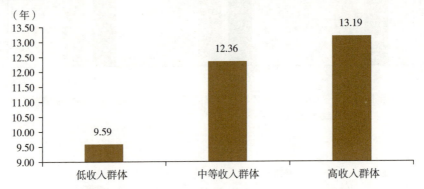

图 1.9　基于 CHIP 2018 年数据测算的不同收入群体劳动力受教育年限情况
资料来源：CHIP，课题组测算。

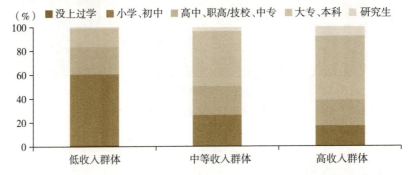

图 1.10　基于 CHIP 2018 年数据测算的不同收入群体劳动力学历水平情况
资料来源：CHIP，课题组测算。

劳动力就业行业分布

从行业看，不同行业间存在着不同的行业工资率，高技术和高附加值行业往往可以提供较高的劳动者报酬。图 1.12 中高端服务业是指以技术性、知识性和公共服务为主的服务业，具体包括信息传输软件和技术服务业、金融业、房地产业、科学研究和技术服务业、卫生和社会工作、文化体育和娱乐业、公共管理社会保障和组织等行业。

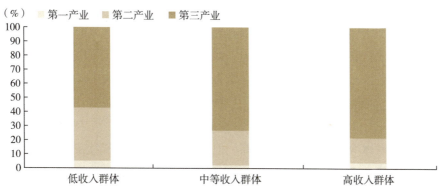

图 1.11　基于 CHIP 2018 年数据测算的不同收入群体劳动力就业产业分布情况
资料来源：CHIP，课题组测算。

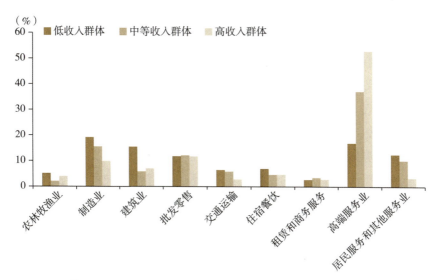

图 1.12　基于 CHIP 2018 年数据测算的不同收入群体劳动力就业行业分布情况
资料来源：CHIP，课题组测算。

图 1.11 显示，三类收入群体中服务业就业比例最高，均超过 50%。其中，中等收入和高收入群体从事服务业的比例均更高，分别为 73% 和 78%，低收入群体的相应占比为 57%。但高收入群体有更多人从事高端服务业，其占比为 52.9%，显著高于中等收入群体（37.1%）和低收入群体（16.9%）。这与高收入群体受教育程度高的特征一致，或是造成中等收入与高收入群体收入差异的重要原因之一。

低收入群体就业集中在制造业（19.1%）、建筑业（15.5%）、交通运输（6.5%）和住宿餐饮等传统服务行业，总体上具有劳动密集型、劳动者报酬偏低的特点。

劳动者人力资本的差异，从根本上会造成生产率的差距，最终成为影响就业行业和收入水平的关键因素。未来提高低收入群体收入，一方面要通过教育、培训等促进就业行业间的优化流动，另一方面要谨防制造业比重过快下降或制造业智能化迅速普及，造成低收入群体在没有得到充分培训前大规模失业的情况。

三类收入群体典型性特征总结

低收入群体中农村人口占比最高，但城市人口规模也较为庞大；主要分布于中西部和人口基数多的华东地区；家庭规模大，劳动参与率高，家庭抚养负担重；劳动力受教育水平较低，以小学、初中学历为主；主要从事劳动密集型和劳动者报酬偏低的第二产业及传统服务业；家庭收入以工资性收入和经营性收入为主，转移性收入占比高于其他群体，财产性收入明显不足。

中等收入群体以城镇居民和外来务工人员为主；主要分布于东部沿海等经济发达地区；家庭劳动力相对充足，抚养负担显著轻于低收入群体；劳动力受教育程度较好，接受高等教育的比例高；就业以服务业为主；大多是工薪阶层，主要依靠工资性收入。

高收入群体以城镇居民为主；区域分布相对不均衡，半数在华东地区；有明显的劳动力优势，家庭抚养比低、劳动人数多、劳动参与率高；比中等收入群体拥有更高的学历水平和更长的受教育年限；从事高端服务业的比例最高；除了工薪阶层外，还有相当高的比例是自我经营、企业主等；收入来源以工资性和经营性收入为主，存在转移支出的现象。

实现中等收入群体倍增的时间、潜在人群与意义

计算中等收入群体倍增的时间路径，需要同时考虑收入增长和收入结构的变化。根据课题组测算，以 2018 年为基年，在经济实际潜在增长 5%，居民可支配收入名义增长 7.5%，以及低、中、高收入群体分别增长 7.7%、7.1% 和 6.9% 的设定下，我国有望在 2031 年左右，实现中等收入群体数量倍增。此后，根据对不同收入群体内部结构的深入研究，课题组推断潜在中等收入群体的分布并对其特征进行对比分析，量化展示中等收入群体倍增对经济的拉动作用。

2030 年中等收入群体规模测算

根据课题组测算，"十四五"期间我国平均潜在增长率为 5.5%，"十五五"期间降至 4.4%，结合已经公布的 2019—2020 年 GDP 增速数据，综合判断 2019—2030 年实际 GDP 平均增长 5.0% 左右，并假设未来 12 年平均通胀率为 2.5%，可以算出名义 GDP 年均涨幅为 7.5%。

课题组使用国家统计局"典型三口之家年收入 10 万 ~ 50 万元"作为 2018 年中等收入群体的下限和上限，在之后 12 年用 2.5% 的平均通胀率调整中等收入群体收入区间，得到 2030 年中等收入群体的标准为"典型三口之家年收入位于 13.4 万 ~ 67.2 万元区间内"。

2008 年以来，我国居民人均可支配收入名义增速围绕名义 GDP 增速小幅上下波动（见图 1.13）。整体计算，2008—2020 年人均可支配收入名义增速平均值为 10.3%，高出名义 GDP 增速 0.1 个百分点。"十四五"规划和 2035 年远景目标纲要明确将"居民人均可支配收入增长与国内生产总值增长基本同步"作为经济社会发展的主要目标之一。因此，课题组设定 2019—2030 年居民可支配收入名义增速平均增长 7.5 个百分点，与名义 GDP 增速相匹配。

图 1.13　居民人均可支配收入增速与名义 GDP 增速

资料来源：国家统计局，课题组测算。

如图 1.14 所示，近年来我国农村居民人均可支配收入名义同比持续高于城镇居民，且两者差距呈逐渐扩大态势。所以在未来预测中需要区分不同收入群体增速上的差异。2019 年，农村和城镇居民人均可支配收入名义同比相差 1.7 个百分点，综合历史判断，课题组将预测期内的二者差距设为 1.5 个百分点，即在全国居民人均可支配收入名义增长 7.5% 的情况下，考虑到城乡户籍人口权重等因素，计算出农村和城镇居民收入分别增长 8.3 和 6.8 个百分点。根据不同收入群体内城乡居民分布的加权计算，未来低、中、高收入群体收入增速分别为 7.7%、7.1%、6.9%。人口预测方面，课题组采用了联合国发布的 2019 年《世界人口展望》中等变化情形的预测结果，显示到 2030 年我国人口总数将增加至 14.64 亿（见图 1.15）。

图 1.14　全国、城镇、农村居民人均可支配收入名义同比

资料来源：国家统计局，课题组测算。

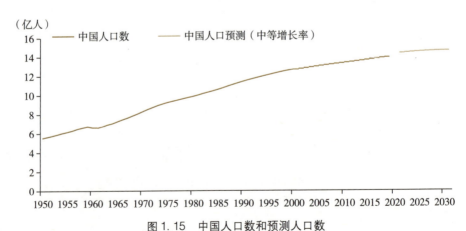

图 1.15　中国人口数和预测人口数

资料来源：国家统计局，联合国人口署，课题组测算。

以 2018 年 CHIP 调查数据为基础，在对上述名义 GDP 增速、名义人均收入增速、不同收入群体人均收入增速和人口总量等关键变量进行预测后，课题组测算出 2030 年我国中等收入群体比例上升至约 51%，低收入群体比例下降至 45.6%，高收入群体比例上升至 3.3%（见图 1.16）。中等收入群体规模达 7.5 亿人，与 2018 年相比有 3.7 亿人由低收入阶层上升至中等收入阶层。从绝对人数的口径测算，2030 年较 2018 年累计增长 98.4%，尚未完成中等收入群体数量倍增目标，该目标预计在 2031 年左右实现。

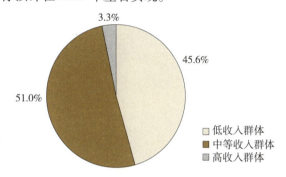

图 1.16　2030 年收入分布情况预测

资料来源：课题组测算。

潜在中等收入群体特征分析

根据前文预测，2030 年我国将有 3.7 亿人从低收入阶层跨入中等收入阶层。这部分人群主要对应的是在 2018 年家庭年收入介于 4 万~6 万元、6 万~8 万元和 8 万~10 万元的低收入家庭。根据 2018 年 CHIP 调查数据可以大致定位到此类人群，也就是我们需要重点分析的潜在中等收入群体。潜在中等收入群体中城镇居民占比为 57%，农村居民占比为 32%，外来务工人员占比为 11%。从区域分布看，潜在中等收入群体主要集中在中南（35%）、华东（29%）和西南（20%）等地区（见图 1.17）。

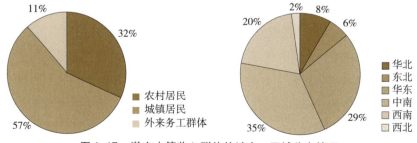

图 1.17　潜在中等收入群体的城乡、区域分布情况

资料来源：CHIP，课题组测算。

整体对比

图 1.18 显示，从收入来源看，相较于中等收入群体，农村潜在中等收入群体的工资性和财产性收入占比偏低，经营性收入占比偏高；城镇潜在中等收入群体收入结构与中等收入群体较为一致；外来务工潜在中等收入群体的工资性收入占比偏高，财产性和转移性收入占比较低。

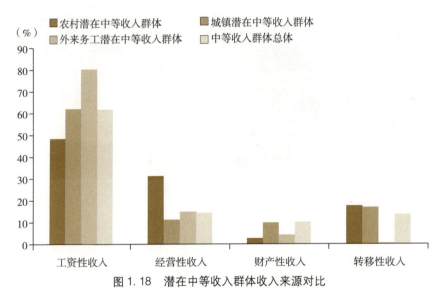

图 1.18　潜在中等收入群体收入来源对比

资料来源：CHIP，课题组测算。

图 1.19 显示，从家庭结构看，相较于中等收入群体，潜在中等收入群体均呈现抚养负担过重、劳动人口和就业人口比例低的问题。其中，外来务工潜在中等收入群体明显存在老年抚养比低、未成年抚养比高的问题，这表明孩子大多跟着父母外出而老人留守在农村；农村潜在中等收入群体劳动人口比例较低但就业率占比最高，可能意味着收入压力较大迫使家庭中更多的人参与劳动，出现孩子过早打工的现象，这与农村人口受教育年限低存在高度相关性。

图 1.20 显示，从平均受教育年限看，潜在中等收入群体不及中等收入群体，其中城镇居民平均受教育年限最高，外来务工群体次之，农村居民最低。从学历水平看，中等收入群体接近半数为大专、本科及以上学历；而农村和外来务工群体的学历水平大多为小学、初中；城镇潜在中等收入群体学历水平相对较高，但与中等收入群体差距明显。

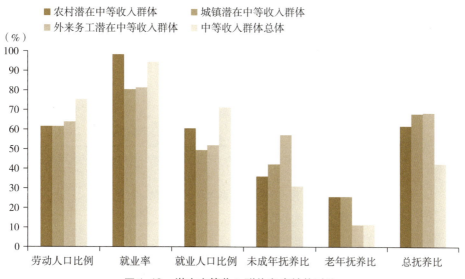

图 1.19 潜在中等收入群体家庭结构对比

资料来源：CHIP，课题组测算。

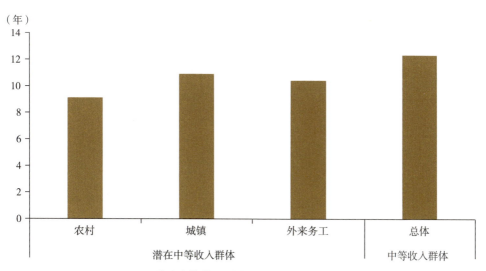

图 1.20 潜在中等收入群体平均受教育年限情况对比

资料来源：CHIP，课题组测算。

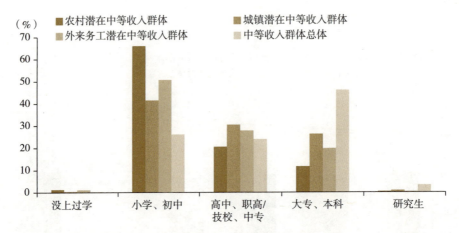

图 1.21　潜在中等收入群体学历水平情况对比

资料来源：CHIP，课题组测算。

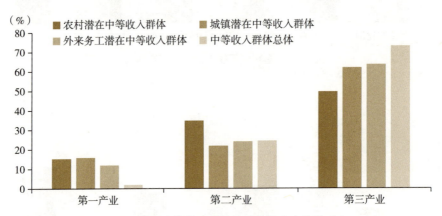

图 1.22　潜在中等收入群体就业行业分布情况对比

资料来源：CHIP，课题组测算。

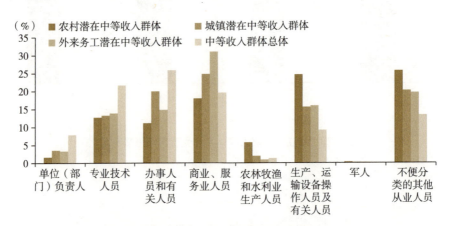

图 1.23　潜在中等收入群体就业职业类型情况对比

资料来源：CHIP，课题组测算。

从行业结构看,四类人群均多数从事第三产业,中等收入群体占比最高,城镇和外来务工潜在中等收入群体次之,农村潜在中等收入群体最低,但农村人群在第二产业中的占比明显高于其他人群。值得注意的是,城镇和外来务工潜在中等收入群体仍有相当一部分人从事第一产业。从职业类型看,中等收入群体多为办事人员和有关人员以及专业技术人员;外来务工潜在中等收入群体多为商业、服务业人员;农村潜在中等收入群体多为不便分类的其他从业人员和生产、运输设备操作人员及有关人员;城镇潜在中等收入群体中商业、服务业人员以及办事人员和有关人员占比较高。

外来务工群体重点分析

CHIP问卷调查的外来务工群体,从数量和定义上更接近进城农民工群体的定义。从广义上看,农民工指在异地以非农就业为主的农业户籍人口。国家统计局数据显示,2017年我国农民工数量达到2.87亿人,外出农民工1.72亿人,外出农民工中进城农民工1.37亿人。CHIP问卷对外来务工群体的定义为"来自农村地区、户口不在本城镇社区的人员",2018年外来务工群体占比为9.7%,人口数在1.35亿人左右。从数量上看,CHIP问卷中外来务工群体更接近进城农民工的定义,而并非全体农民工。

图1.24显示,与2013年相比,2018年外来务工人员中属于中等收入群体的部分占总人口的比重从2.2%提升至4.1%,占中等收入群体增量的27%,贡献率相当可观,是未来扩大中等收入群体需要关注的重点人群。

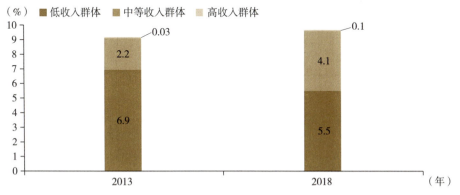

图1.24 2013年和2018年外来务工群体收入分布情况对比

资料来源:CHIP,课题组测算。

外来务工家庭平均支出强度显著高于农村家庭，但由于无法同等享受城镇户口的相关社会保障和公共服务，其储蓄避险意愿较高，外来务工家庭平均消费强度与城镇家庭仍有巨大差异（图1.25）。

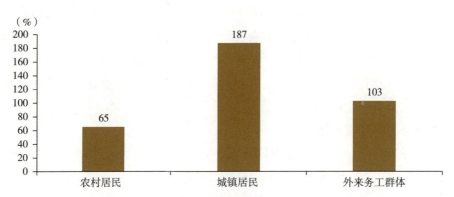

图1.25　2018年各群体家庭平均支出强度
注：平均支出强度=家庭年消费性支出平均值/总体平均值。
资料来源：CHIP，课题组测算。

通过对比分析，发现外来务工家庭主要呈现以下特点：

从家庭结构看，外来务工家庭结构呈现年轻化，劳动人口充足，老人多留守在老家，子女大多数跟在身边，导致老年抚养比较低、子女抚养负担较重（图1.26）。

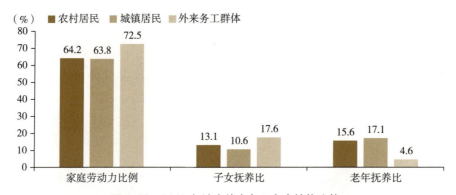

图1.26　2018年城乡外来务工家庭结构比较
资料来源：CHIP，课题组测算。

从受教育年限看，农村外来务工的劳动力受教育水平明显高于农村居民，基本接近城镇居民水平；与2013年相比，外来务工群体受教育年限较农村居民存在明显上升趋势（图1.27）。

外来务工群体的就业分布与城镇居民有明显差异，其工作单位多以个体或民营民企等民营部门为主。此外，外卖、出租车和快递等新型就业场景吸纳了数量可观的"新型农民工"就业，外来务工人员以 10% 的人口占比贡献了 20% 的新型就业占比，远超城镇和农村居民（图 1.28）。

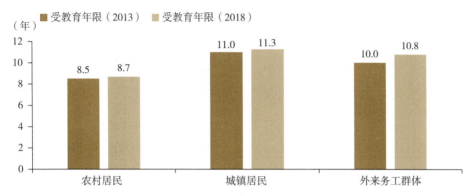

图 1.27　2013 年和 2018 年城乡外来务工群体的劳动力平均受教育年限

资料来源：CHIP，课题组测算。

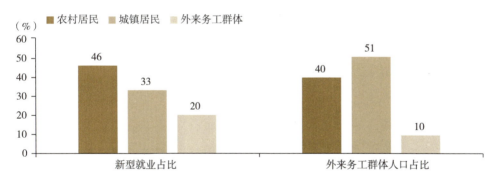

图 1.28　2018 年城乡外来务工群体的人口和新型就业占比

资料来源：CHIP，课题组测算。

图 1.29 显示，从就业单位看，与同样居住在城镇的居民相比，外来务工人员更多就职于民营部门（68%），高出城镇居民 20 个百分点；机关企事业单位就业占比较少，低于城镇居民 22 个百分点。考虑到部分个体或民营企业的不稳定性，可能会导致一些外来务工人员面临收入不高、就业不稳、社保不全等一系列制约其收入和消费稳定增长的因素。

由于落户限制，外来务工群体无法享受完善的城镇社会保障和公共服务，医保和养老保险覆盖率明显低于同样居住在城镇的居民（图1.30）。

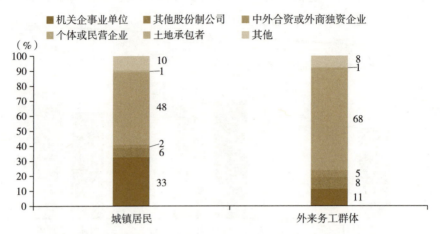

图1.29 2018年城镇居民和外来务工群体的劳动力就业单位情况
资料来源：CHIP，课题组测算。

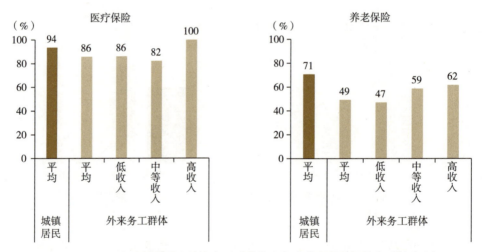

图1.30 2018年城镇居民和外来务工群体的医保和养老保险覆盖率（按个人）
资料来源：CHIP，课题组测算。

从留守情况看，相当一部分外来务工群体在老家无留守人员、自留地和自有住房，有明确定居城镇的需求，尤其是其中的中高收入群体（图1.31）。

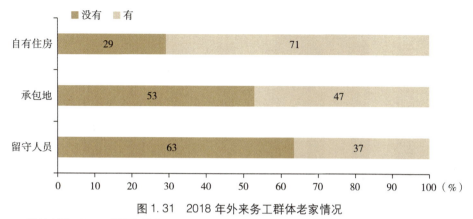

图 1.31　2018 年外来务工群体老家情况

资料来源：CHIP，课题组测算。

中等收入群体倍增对经济增长的拉动

中等收入群体作为边际消费倾向高、消费能力强的部分人群，群体倍增目标的实现将有效扩大消费市场需求规模，带动消费结构和产业结构升级，进而激发经济结构性增长潜能。

图 1.32 显示，从支出总量上看，2018 年 CHIP 数据显示，27% 的中等收入群体贡献了 42% 的居民消费支出，72.5% 的低收入群体仅贡献 57% 的居民消费支出。简单计算，中等收入人群的群体消费强度（支出占比/人群占比）达到 155.6%，而低收入人群的群体消费强度仅为 78.6%，两者相差一倍左右。图 1.33 显示，从支出分项看，中等收入群体对各消费分项的贡献占比普遍大于其人群规模占比。其中占比最高的依次为其他（52.1%）、衣着（46.8%）、交通（46.0%）、日用品（44.6%）、居住（43.7%）、教育（41.0%）、食品（38.9%）和医药（37.5%）。

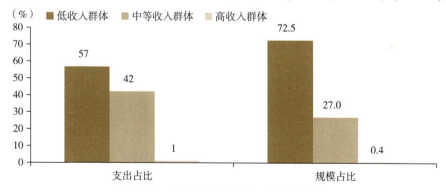

图 1.32　各收入群体支出占比与规模占比

资料来源：CHIP，课题组测算。

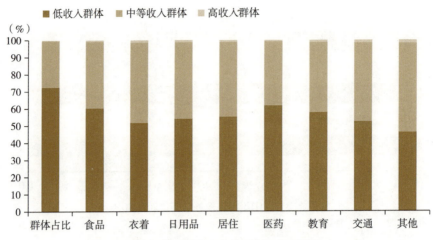

图 1.33　各收入群体支出分项占比与规模占比

资料来源：CHIP，课题组测算。

图 1.34 显示，从支出结构上看，中高收入家庭食品消费支出占比显著低于低收入群体占比，这反映随着收入水平提升，必需生存型消费占比被动下降的特点。衣着、日用品、居住、交通和其他消费等享受型占比随收入的增加而上升，其中低、中、高收入家庭汽车覆盖率分别为 39%、61%、78%（图 1.35）。发展型消费中教育占比基本稳定，而医药消费占比随收入的提升而下降，这反映在社会保障等公共服务上存在较为明显的差异。

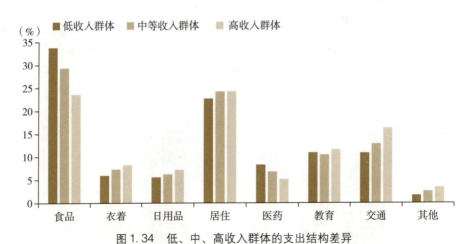

图 1.34　低、中、高收入群体的支出结构差异

资料来源：CHIP，课题组测算。

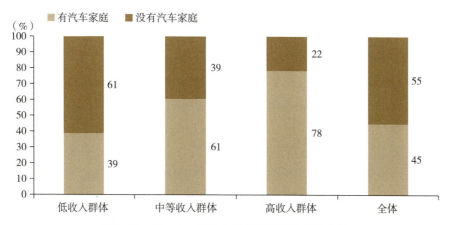

图 1.35　低、中、高收入群体的汽车覆盖率差异

资料来源：CHIP，课题组测算。

政策建议

当前我国经济增长已由高速增长阶段转向中速高质量发展阶段，投资、出口对增长的拉动作用下降，消费和服务业逐步成为"十四五"乃至更长一段时期经济增长的重要结构性潜能。由此，我们提出，今后 10～15 年时间，中等收入群体应力争实现数量上的倍增，收入结构逐渐向"橄榄形"转变。中等收入群体作为边际消费倾向高（相对于高收入群体）、消费能力强的部分，是扩大消费容量进而拉动增长非常重要的力量。

提高低收入群体收入，扩大中等收入群体规模，是以经济总量增长为基础的。注重质量效益，经济保持合理增速，居民收入增长和经济增长要基本同步；健全工资合理增长机制，提高劳动报酬在初次分配中的比重；提升二次分配效率，形成公开透明、公正合理的收入分配秩序；着力解决发展不平衡不充分的问题，缩小区域间、城乡间和城乡内部的收入差距，扎实推进共同富裕。

农村流动到城市工作的农民工人群，其市民化的过程将有力激发经济结构性潜能。下一步实施中等收入群体倍增战略，应以提升进城农民工人力资本为重点，采取多方面针对性、可操作性强的政策措施，力争在不长时间内取得明显成效。对农民工及其家属在城市落户实行负面清单制度，并积极创造条件，加快缩短负面清单；建设面向以农民工为主的安居房工程，降低建造成本，把安居房价格控制在与农民工购买力相适应的水平;与农村人口进城落户、提供安居房相配套,加快推进教育、医疗、社会保障等基本公共服务的均等化;提供就业基本公共服务,鼓励吸收农民工就业;加快推进农村集体建设用地入市和宅基地流转,增加农民工的财产性收入;促进机会公平,进一步打破不当行政性管制,给低收入阶层提供更多可及机会;各级政府要制定规划、完善政策,定期督查,确保落实。

当前城镇潜在中等收入群体规模庞大,扩大中等收入群体要做好保就业、提工资和减负担的工作。保证就业整体稳定,注重民营企业发展,优化就业结构,创造出更多的就业机会;加强劳动力职业培训、转换和再就业能力建设,提升劳动力的人力资本,推动工资性收入持续较快增长;完善社会保障体系,加大教育、医疗和养老的支出比例,有效减轻低收入家庭抚养负担。

提高农村居民收入,扩大中等收入群体规模的关键在于"增收"和"增效"。一方面要盘活存量,另一方面要培育增量。推动城乡区域协调发展,加快农业农村现代化建设;建立健全城乡要素平等交换、双向流动政策体系,促进要素更多向乡村流动,增强农业农村发展活力;推进农村集体建设用地入市和宅基地流转,创造条件允许宅基地使用权向集体组织外部流转,积极稳妥务实地解决好小产权房问题,增加农民的财产性收入;完善乡村社会保障,巩固脱贫成果;重点完善教育体系,促进机会均等,着力提升低收入群体的人力资本,缩小不同群体之间的人力资本差距,以增效带动增长的方式缩小收入差距。

参考文献

李实,杨修娜. 如何扩大中等收入群体 [M] //刘世锦. 读懂"十四五":新发展格局下的改革议程. 北京:中信出版社,2021:228-257.

李实,岳希明,史泰丽,佐藤宏. 中国收入分配格局的最新变化 [J]. 劳动经济研究,2019,7 (1):9-31.

刘世锦. 中等收入群体倍增与建设高标准市场经济 [J]. 兰州大学学报(社会科学版),2019,47 (5):1-10.

刘世锦. 供给侧改革助推跨越中等收入阶段 [N]. 人民日报,2016-06-12 (005).

世界银行,国务院发展研究中心联合课题组. 2030年的中国:建设现代、和谐、有创造力的社会 [M]. 北京:中国财政经济出版社,2013.

杨修娜,万海远,李实. 我国中等收入群体比重及其特征 [J]. 北京工商大学学报(社会科学版),2018,33 (6):10-22.

蔡昉.实现共同富裕必须努力扩大中等收入群体 ［N］. 经济日报, 2020 - 12 - 07 （001）.

李强, 徐玲.怎样界定中等收入群体？［J］. 北京社会科学, 2017 （7）：4 - 10.

朱斌, 范晓光.中产阶层抑或中等收入群体——当前中国中间阶层的再审视 ［J］. 江海学刊, 2019 （1）：117 - 126, 254 - 255.

第二章 "十四五"期间中国全要素生产率和潜在增长率测算

"全要素生产率和潜在增长率研究" 课题组[①]

要点透视

➤ 近年来,我国经济逐渐从高速增长阶段转向中速高质量发展阶段,不再盲目追求以往的高速增长,而是以全要素生产率为抓手,推动经济发展质量变革、效率变革、动力变革。在此背景下,准确估计我国全要素生产率和潜在增长率,具有重要的理论和现实意义。

➤ 课题组基于可得数据和自主构造的数据体系及模型算法,使用生产函数法测算了 1978—2020 年"长时间序列"全行业全要素生产率增速,以及 2008—2020 年全行业、三次产业和十九大类分行业的"短时间序列"全要素生产率增速。

➤ 通过创新性地将计量模型法、国际比较法和生产函数法相结合,课题组分别预测了"十四五"时期资本存量、就业人口和全要素生产率的变化,进而使用生产函数法预测出潜在增长率。

➤ 预测结果显示,在不考虑疫情带来基数扰动的情况下,"十四五"期间我国全要素生产率增速呈缓慢下降态势,均值在 2.4% 附近。潜在增长率也表现出相同趋势,从 2021 年的 5.8% 降至 2025 年的 5.2%。"十四五"期间平均潜在增长率在 5.5% 左右。

---

① 课题负责人:刘世锦;课题组成员:王子豪、张振、陈泽昱、杨骁、徐晓龙、蔡正坤。

全要素生产率测算方法

本章测算方法

本章主要使用生产函数法分别对全行业、三次产业和十九个大类行业的年度、季度全要素生产率（TFP）增速进行测算。

课题组认为，人力资本难以从全要素生产率中完全剥离，目前的研究也没有对人力资本形成一致的估计。多数研究使用受教育年限估算，但考虑到影响人力资本的因素较为复杂，仅受教育年限这一变量并不足以反映人力资本情况，因此本章计算的全要素生产率增速中包含人力资本的贡献。在索洛模型的基础上，课题组应用经典的 C－D 生产函数，将测算全要素生产率的模型设定如下：

$$Y = A K^{\alpha} L^{\beta} \qquad 其中，满足 \alpha + \beta = 1 \qquad (1)$$

Y 代表经济产出，A 表示经济产出中的全要素生产率，衡量经济体的效率表现；K 为资本要素投入；L 为劳动要素投入；α 和 β 是资本产出弹性与劳动产出弹性，分别衡量经济产出中资本要素投入的贡献份额与劳动要素投入的贡献份额。这里假设规模报酬不变且资本和劳动可以相互替代，则二者之和为 1。

由（1）式可得：

$$\frac{\Delta Y}{Y} = \frac{\Delta A}{A} + (1 - \beta)\left(\frac{\Delta K}{K}\right) + \beta\left(\frac{\Delta L}{L}\right) \qquad (2)$$

上式可见，对全要素生产率增长核算的关键在于对经济产出、资本要素投入、劳动要素投入和劳动产出弹性的合理测算。（2）式契合了索洛余值的定义，即 $\frac{\Delta A}{A}$ 代表经济增长中来源于技术进步、效率改善、规模效应、人力资本等除资本要素和劳动要素以外的重要部分。

资本存量测算

当前对我国资本存量数据的研究主要还是停留在全行业口径的年度资本存量

核算上，分行业和高频率的测算相对较少。为了获取更多行业和更高频率的资本存量数据，课题组以官方统计数据为基础，通过自主构造的数据和模型算法，测算了2004—2020年全行业、三次产业和十九个大类行业的年度、季度"短时间序列"资本存量数据。同时，为观察全要素生产率更长时期的历史变化趋势，课题组引用了王维等人（2017）的研究成果，构造了1978—2020年"长时间序列"的资本存量数据。

资本存量计算公式

课题组使用永续盘存法对资本存量进行测算，其基本计算公式为：

$$K_t = (1 - \delta_t) K_{t-1} + I_t \tag{3}$$

其中，K_t 为第 t 年时的资本存量；δ_t 为折旧系数，代表第 t 年资本折旧的比例；I_t 为第 t 年的新增资本投资。得到资本存量序列数据后，课题组使用投资价格指数及其他辅助指标对其进行价格平减，进而测算出与实际产出增速对应的实际资本存量增速。从上述计算方法可以看出，测算资本存量的关键是测算基期资本存量 K_0、折旧率 δ_t、新增资本投资 I_t 以及对应的价格平减指数。

关键变量的测算方法

受限于数据的可得性，课题组根据《中国经济普查年鉴2004》《中国固定资产投资统计年鉴》《中国第二次全国农业普查资料汇编》等资料数据，测算出全行业和分行业的基期资本存量。

新增资本投资和价格平减指数方面，根据国家统计局公布的固定资产投资完成额、投资价格指数以及其他相关数据，课题组结合自主构造的矩阵动态调整模型和算法，对月度、季度和年度的名义与实际新增资本投资进行详细测算。

对折旧率的研究，不同学者的测算方法存在一定差异，主要可分为四类，一是将固定资产投资划分为建安工程、设备工器具和其他费用三部分，根据其使用性质对标不同的使用年限，并将残值率均固定为5%，最后通过使用年限（T）、残值率（S）和折旧率（δ）之间的关系分别推算出三类固定资产投资的折旧率，见公式（4）。二是按时间段划分，分别推算不同年份区间的整体折旧率。三是直接对全期折旧率进行假设。四是跳过折旧率，按照收入法GDP计算方式由其他项直接推算出折旧额。

$$S = (1 - \delta)^T, \quad T = 0, 1, 2, \cdots \tag{4}$$

　　课题组主要参考杨轶波（2020）的折旧方法（见表2.1），在此基础上引入无形资本投资，将建安工程、设备工器具、无形资产的使用年限折旧率分别设定为5.3%（55年）、17.07%（16年）、11.29%（25年），残值率统一定为5%。

表2.1　折旧率相关文献对比

折旧率确定方法	文献	折旧率
按固定资产构成分别确定折旧率	黄勇峰等人（2002）	建筑8%（40年）、设备17%（16年）
	张军（2002）	加权折旧率9.6%（建筑6.9%、设备14.9%、其他费用12.1%）
	孙琳琳、任若恩（2005）	建筑17%（40年）、设备8%（16年）
	单豪杰（2008）	加权折旧率10.96%［建筑8.12%（38年）、设备17.08%（16年）］
	杨轶波（2020）	建安5.30%（55年）、设备17.07%（16年）、其他11.29%（25年）
按不同年份阶段分别确定折旧率	徐杰等人（2010）	1987—1992年：8.87%；1992—1997年：8.09%；1997—2002年：9.15%；1987—2002年：8.84%
	叶明确、方莹（2012）	1978—1986年：由《中国统计年鉴》得出；1987—2001年：借鉴徐杰等人（2010）；2002—2009年：9.6%
	雷辉、张娟（2014）	1952—1977年：3.2%；1978年以后：5%；1992年以后：9.32%
直接假设	王小鲁（2000）郭庆旺、贾俊雪（2004）郭玉清（2006）	5%
按照收入法GDP计算折旧额	李治国、唐国兴（2003）	跳过折旧率

测算结果分析

　　通过对上述关键变量的深入研究和测算，课题组使用永续盘存法得到"短时间序列"资本存量数据，覆盖期间为2007—2020年。此外，为了分析自改革开放以来我国资本存量的长期变化，课题组重点对比了宾大世界表10.0（Penn World Table，简称PWT10.0）和王维等人（2017）测算的我国资本存量数据。

其中，PWT10.0 测算的时间区间是 1952—2019 年，王维等人测算的结果是 1978—2016 年，后续年份使用课题组计算的增速进行拼接。

图 2.1 展示了三组资本存量增速对比，可以发现三者变动趋势较为一致，但 PWT10.0 的计算结果整体低于王维等人（2017）和课题组的测算，因此本章使用王维等人（2017）和课题组结合的结果作为"长时间序列"资本存量。

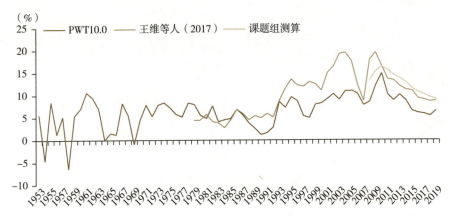

图 2.1　资本存量增速对比

资料来源：PWT10.0，"长时间序列"由王维等人（2017）测算，"短时间序列"由课题组测算。

从"长时间序列"看，2004 年之前我国资本存量增速呈波动上升态势，2005—2009 年呈"V"字形，增速触底回升，于 2009 年达到了 21 世纪以来的增速峰值，随后持续下滑。"短时间序列"的变化趋势也显示资本存量增速从金融危机后持续下降，与"长时间序列"基本一致。

就业人口测算

人口测算方法

课题组基于《中国劳动统计年鉴》和其他相关数据，通过建模补充缺失值，测算出全行业、三次产业及十九大类行业的年度、季度就业人口数据。

数据可得性方面，全行业、三次产业、城镇和乡村的年度就业人口有官方数据，十九大类行业的城镇非民营就业人口数据齐全，其中七个行业有城镇和乡村民营就业人口数据，但其他十二个行业的相关数据和乡村非民营就业人口行业分布信息缺失。

对于上述缺失数据，课题组根据已有就业数据和相关补充信息，有针对性地构建行业分配比例模型，从而计算缺失部分的数据，最终汇总得到十九大类行业的年度就业人口数据。此外,除已经公布的季度数据外,其他分行业季度数据由课题组根据每月新增就业人口和失业率推算得出。

此外,在历史部分年份就业统计口径可能会发生大幅变化,对就业人口增速的测算带来巨大扰动。如 2014 年《劳动统计年鉴》将原属于乡镇企业的规模以上法人单位纳入劳动工资统计范围,导致 2013 年有关行业就业人口增速大幅变化等情况。针对此类问题,课题组对该年相关行业就业人口增速异常值进行处理,以保持增速的合理变化趋势。

测算结果分析

表 2.2 展示了课题组测算的全行业、三次产业和十九大类行业的就业人口增速历史变动情况。可以看出,2008—2019 年就业人口增速较快的行业包括:采矿业,电力、燃气及水的生产和供应业,信息传输、计算机服务和软件业,批发和零售业,金融业,房地产业,租赁和商务服务业以及文化、体育和娱乐业。2008—2019 年就业人口增速下降较快的行业包括:农林牧渔业,制造业,水利、环境和公共设施管理业以及教育业。总体看,近年来服务业就业人口增长较快,农林牧渔业就业人口不断向其他行业转移,制造业的信息化、自动化进程可能导致本行业就业人口下降。

表 2.2　就业人口增速(2008—2019 年)　　　　　　　　　　　　　　(单位:%)

就业人口增速	2008—2019	2008—2010	2011—2015	2016—2019
全行业	0.23	0.35	0.35	0.01
第一产业	−3.58	−3.13	−4.36	−2.95
第二产业	0.62	2.67	1.13	−1.56
第三产业	3.19	2.57	3.86	2.83
农林牧渔业	−3.58	−3.13	−4.36	−2.95
采矿业	6.21	5.99	6.61	5.88
制造业	−2.50	0.94	−2.42	−5.17
电力、燃气及水的生产和供应业	11.49	4.98	12.45	15.18
建筑业	1.63	6.66	4.05	−5.18
交通运输、仓储及邮电通信业	3.34	2.80	3.44	3.62
信息传输、计算机服务和软件业	6.18	9.32	5.17	5.07
批发和零售业	5.90	4.90	8.82	3.01
住宿和餐饮业	4.82	2.29	3.55	8.31
金融业	5.59	4.75	5.46	6.38

（续表）

就业人口增速	2008—2019	2008—2010	2011—2015	2016—2019
房地产业	7.43	10.54	8.76	3.44
租赁和商务服务业	12.06	10.73	15.88	8.28
科学研究、技术服务和地质勘查业	3.65	7.32	4.56	-0.23
水利、环境和公共设施管理业	-3.46	1.43	0.79	-12.43
居民服务和其他服务业	1.24	0.74	-2.01	5.66
教育业	-4.09	-2.97	-1.78	-7.80
卫生	-0.77	1.30	2.07	-5.87
文化、体育和娱乐业	9.68	4.16	10.63	12.63
公共管理、社会保障和社会组织	-2.47	-0.97	-0.94	-5.51

资料来源：国家统计局，课题组测算。

劳动产出弹性测算

当前对劳动产出弹性测算的研究主要使用劳动者报酬在收入法GDP中的占比作为劳动产出弹性。此外，也有研究者从微观数据着手，使用计量模型进行测算。通过与PWT10.0以及大企业联合会（The Conference Board）公布的劳动产出弹性相比（见表2.3），发现以劳动者报酬占收入法GDP比重的测算方法明显偏低。

课题组采用基于宏观数据的核算方式，以投入产出表的分行业数据为基础，结合相关补充数据，测算出全行业、三次产业和十九大类行业每年的劳动产出弹性，并应用PWT10.0中的相关数据进行调整。季度层面则假设年内各季度不发生变化，令其与年度数据相等。

表2.3 劳动产出弹性对比 （单位：%）

年份	劳动者报酬占比	PWT10.0	大企业联合会
2007	41.36	55.31	60.48
2010	47.32	54.83	58.94
2012	49.20	56.03	59.48
2015	52.06	58.32	61.68
2017	51.42	58.63	59.98
2018	51.52	58.63	59.98

资料来源：PWT10.0，The Conference Board，课题组测算。

增加值测算

国家统计局公布全行业、三大产业和九个分行业的年度增加值数据。九个分行业包括制造业，建筑业，交通运输、仓储及邮电通信业，信息传输、计算机服务和软件业，批发和零售业，住宿和餐饮业，金融业，房地产业，租赁和商务服务业，其余十个行业缺少相应数据。

对于缺少增加值增速数据的行业，课题组根据已有的总量、结构以及其他行业相关数据，建立分行业增加值测算模型，同时确保分行业增加值加总和三次产业以及全行业口径一致。

表2.4展示了十九大类行业的增加值增速。农林牧渔业增速基本稳定，2008—2019年平均增速为3.97%。从第二产业细分行业看，2008—2019年建筑业及制造业整体平均增速较高，分别达到9.17%、8.25%，电力、燃气及水的生产和供应业与采矿业在5%~6%的水平。从第三产业细分行业看，2008—2019年，信息传输、计算机服务和软件业，租赁和商务服务业，卫生业，批发和零售业的平均增速均超过了两位数，其中信息传输、计算机服务和软件业平均增速高达18.24%。增速较低的是公共管理、社会保障和社会组织，房地产业，居民服务和其他服务业，年均增速分别为5.34%、5.44%、6.45%。

表2.4 增加值增速（2008—2020年） （单位：%）

增加值增速	2008—2019	2008—2010	2011—2015	2016—2019	2020
全行业	7.99	9.90	7.93	6.64	2.30
第一产业	3.97	4.47	4.08	3.46	3.00
第二产业	7.96	10.94	8.02	5.65	2.60
第三产业	8.68	9.91	8.58	7.89	2.10
农林牧渔业	3.97	4.47	4.08	3.46	3.00
采矿业	5.06	9.16	5.90	0.95	0.13
制造业	8.25	11.22	8.44	5.78	2.30
电力、燃气及水的生产和供应业	5.61	6.21	3.57	7.70	1.95
建筑业	9.17	14.10	9.23	5.41	3.50
交通运输、仓储及邮电通信业	7.09	6.72	6.74	7.80	0.50

（续表）

增加值增速	2008—2019	2008—2010	2011—2015	2016—2019	2020
信息传输、计算机服务和软件业	18.24	13.46	18.33	21.73	16.90
批发和零售业	10.03	14.12	10.05	6.94	−1.30
住宿和餐饮业	6.49	7.19	5.65	7.02	−13.10
金融业	9.44	12.46	10.99	5.24	7.00
房地产业	5.44	6.41	4.84	5.45	2.90
租赁和商务服务业	11.65	11.22	12.31	11.15	−5.30
科学研究、技术服务和地质勘查业	9.49	11.58	10.49	6.68	1.91
水利、环境和公共设施管理业	7.89	13.27	9.29	2.11	−8.24
居民服务和其他服务业	6.45	7.70	4.30	8.21	−7.21
教育业	8.29	11.18	7.57	7.01	0.35
卫生	10.40	7.47	12.92	9.45	7.44
文化、体育和娱乐业	8.52	14.34	6.49	6.69	−15.90
公共管理、社会保障和社会组织	5.34	8.24	2.65	6.52	−0.20

资料来源：国家统计局，课题组测算。

全行业全要素生产率增速及贡献率测算

年度全要素生产率增速及贡献率测算

图2.2展示了"长时间序列"和"短时间序列"的年度全行业 TFP 增速变化趋势。"长时间序列"测算结果显示，TFP 增速在 1979—2019 年平均为 4.29%，2020 年受疫情冲击下降至 −0.25%。其间 TFP 增速出现过三次高峰期，分别为 1984 年、1992 年和 2007 年的 11.83%、11.53% 和 10.08%。围绕这三个峰值大致可划分为三个周期：第一个周期是 1979—1989 年，该时期 TFP 年均增速为 5.84%；第二个周期是 1990—2004 年，年均增速为 4.16%；第三个周期是 2005—2012 年，年均增速为 3.81%，可以看到三个周期的均值水平在逐步下移，周期长度分别为 11 年、15 年和 8 年。课题组判断周期可能存在时间延长、降幅缩小的趋势，第三

个周期时长较短可能是由于金融危机的影响改变了其原本的波动趋势。2012 年后 TFP 增速虽呈现上升态势，但并未出现明显高点，2018 年后又转头向下。

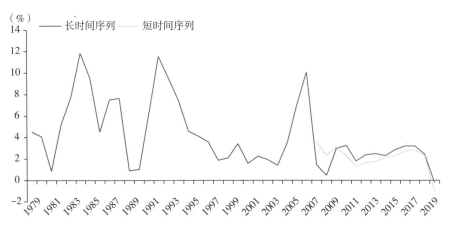

图 2.2 年度全行业 TFP 增速测算结果（1979—2020 年）

资料来源：课题组测算。

TFP 增速的三次波动呈现极为相似的规律，基本以脉冲的形式出现，即初期增速大幅波动上升，中后期相对慢速下降，可能的解释为我国技术效率的提升是先以接受技术冲击来实现，而后消化冲击，体现为效率增长的逐步降速。2012 年以来，TFP 增速波动性降低，近 8 年波动中枢下降至 2.70%，相较上一个周期增速均值下降 1.11 个百分点，2018 年 TFP 增速出现由升转降的拐点。从周期增速均值不断下降分析，我国与世界科技创新前沿的距离越来越近，我国的技术发展已由过去的"跟跑"到现在的"并跑"甚至局部"领跑"，逐渐进入创新驱动的高质量发展阶段，全要素生产率增速在相对低位运行。

图 2.3 展示了课题组测算结果与 PWT10.0 研究结果的对比情况。从长期看，测算结果的整体变化趋势基本一致，仅在水平值上有所差异。尤其是在第三周期及以后，数据质量整体稳定，因此不同数据得到的结果呈现较强的相似性。三种测算结果均显示，在 2007 年我国 TFP 增速出现最近一次峰值后，整体增速进入了相对更低的增长平台。

课题组自主测算的"短时间序列"数据主要用来研究细分行业的 TFP 增速变化，尽管时间较短，但从图 2.3 中可以看出其变动趋势与"长时间序列"和 PWT10.0 的结果基本一致。这也进一步验证了课题组测算数据的可靠性，为下一步分行业测算结果的数据质量提供了有力证明。

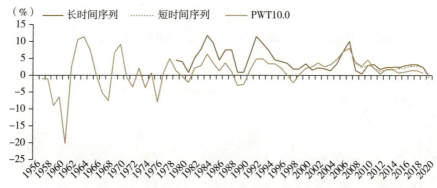

图 2.3　本章 TFP 增速测算结果与其他机构测算结果对比（1957—2020 年）
资料来源：课题组测算。

从"长时间序列"（表 2.5）看，改革开放以后，中国经济保持了三十年左右年均 10% 的高速增长，2000—2009 年平均增速达 10.35%。进入 21 世纪第二个十年，中国经济开始增速换挡，由高速增长阶段逐渐转向中速增长阶段，在转换的过程中是中高速增长。2010—2019 年平均增速为 7.69%，2019 年增速已降至 6.0%。2020 年由于受疫情影响较为特殊，全年经济增长 2.3%。

从表 2.5 可以看出，经济增长主要靠资本存量和 TFP 拉动，近三十年二者综合贡献率超过九成。1979—2009 年资本存量增长贡献率大幅上升，TFP 增长贡献率有所下降，劳动力增长贡献率持续降低。之后的十年间，资本增长贡献率小幅回落，TFP 增长贡献率有所回升，劳动力增长贡献率持续下降，由改革开放初期的 20.11 下降到 2010—2019 年的 1.45%。

表 2.5　"长时间序列" GDP 增速分解（1979—2020 年）　　　　　（单位：%）

时间	GDP 增速	拉动			贡献率		
		资本存量	劳动力	TFP	资本存量	劳动力	TFP
1979—1989	9.54	1.96	1.75	5.84	24.49	20.11	55.40
1990—1999	10.00	4.15	0.66	5.19	44.80	8.00	47.20
2000—2009	10.35	6.70	0.35	3.30	67.10	3.61	29.30
2010—2019	7.69	4.87	0.12	2.69	62.74	1.45	35.82
2020	2.30	2.61	-0.06	-0.25	113.33	-2.63	-10.70

资料来源：国家统计局，课题组测算。

从"短时间序列"（表2.6、表2.7）看，在2008—2020年，GDP增速在2010年达到高点后逐年下行，中国经济增速换挡态势开始显现。"十一五"时期中的2008—2010年，实际GDP平均增速为9.9%，其中资本存量、劳动力、TFP分别拉动了6.73、0.19、2.97个百分点的GDP增长，资本存量和TFP增长贡献率在98%以上，劳动力增长贡献率仅为1.93%。"十二五"期间，实际GDP平均增速降至7.93%，其中资本存量、劳动力、TFP分别拉动了5.91、0.20、1.82个百分点的GDP增长，资本存量和劳动力增长贡献率有所上升，分别达到74.45%和2.51%，TFP增长贡献率降至23.03%。"十三五"时期中的2016—2019年，实际GDP平均增速进一步降至6.64%。其中资本存量、劳动力、TFP分别拉动了4.08、0.00、2.55个百分点的GDP增长，资本存量和劳动力增长贡献率有所下降，分别为61.56%、0.01%，TFP增长贡献率上升到38.43%。

表2.6　"短时间序列"GDP增速分解（2008—2020年）　　　（单位：%）

时间	GDP增速	拉动			贡献率		
		资本存量	劳动力	TFP	资本存量	劳动力	TFP
2008	9.65	5.94	0.18	3.53	61.59	1.85	36.56
2009	9.40	6.88	0.19	2.33	73.16	2.05	24.79
2010	10.64	7.37	0.20	3.07	69.30	1.88	28.82
2011	9.55	7.03	0.23	2.29	73.59	2.38	24.03
2012	7.86	6.36	0.21	1.29	80.90	2.65	16.46
2013	7.77	5.92	0.20	1.64	76.21	2.62	21.17
2014	7.43	5.43	0.21	1.79	73.08	2.79	24.13
2015	7.04	4.82	0.15	2.07	68.48	2.12	29.40
2016	6.85	4.42	0.12	2.31	64.53	1.68	33.79
2017	6.95	4.21	0.03	2.71	60.56	0.40	39.04
2018	6.75	3.94	−0.04	2.85	58.37	−0.60	42.24
2019	6.00	3.77	−0.09	2.32	62.78	−1.45	38.67
2020	2.30	3.37	−0.06	−1.01	146.63	−2.63	−43.99

资料来源：国家统计局，课题组测算。

表2.7 "短时间序列" GDP分阶段增速分解（2008—2020年） （单位：%）

时间	GDP增速	拉动			贡献率		
		资本存量	劳动力	TFP	资本存量	劳动力	TFP
2008—2010	9.90	6.73	0.19	2.97	68.02	1.93	30.06
2011—2015	7.93	5.91	0.20	1.82	74.45	2.51	23.03
2016—2019	6.64	4.08	0.00	2.55	61.56	0.01	38.43
2020	2.30	3.37	−0.06	−1.01	146.63	−2.63	−43.99

资料来源：国家统计局，课题组测算。

季度全要素生产率增速及贡献率测算

从核算方法看，年度数据是季度数据的加权平均。年度数据和季度数据大趋势相同，但季度数据能够更好地捕捉冲击的发生和演变过程。

图2.4显示"短时间序列"季度全行业TFP增速测算结果。2008年在金融危机冲击下，季度全行业TFP增速从2008年一季度开始一直下行至次年一季度，在宏观调控的作用下，从2009年二季度开始回升，于2010年一季度达到样本期内峰值。此后波动下降至2012年三季度，随后开始探底回升，一直持续至2018年二季度后才开始回落。2020年在疫情冲击下，2019年四季度本已出现企稳回升迹象的TFP增速大幅下滑，2020年一季度后随疫情态势转好逐步回升。

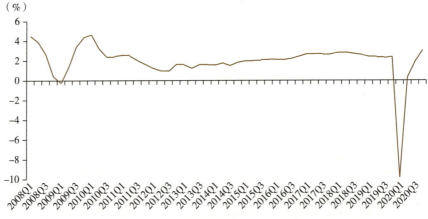

图2.4 季度全行业TFP增速测算结果（2008Q1—2020Q4）

资料来源：课题组测算。

图 2.5 展示了对季度全行业 GDP 增速分解的结果,可以发现自 2008 年一季度以来资本存量对 GDP 增长的贡献率持续下降,但近年似乎有企稳迹象。2016年二季度后 TFP 对 GDP 增长的贡献率有所回升,但速度在放缓。劳动力对 GDP增速的贡献甚微,近几年甚至出现负贡献的情况。

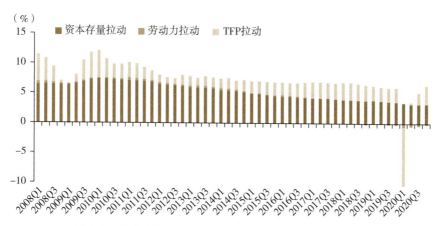

图 2.5 季度全行业 GDP 增速分解 (2008Q1—2020Q4)
资料来源:课题组测算。

分行业全要素生产率增速及贡献率测算

三次产业及十九大类行业全要素生产率增速的测算需要依靠课题组自主核算的"短时间序列"系列数据。由于 2020 年受疫情冲击,相关指标增速偏离往年水平过大,因此将其单独展示。

第一产业全要素生产率增速及贡献率测算

图 2.6 展示了年度和季度第一产业 TFP 增速测算结果。从年度数据看,第一产业 TFP 增速在 2015 年前围绕 5.80% 左右的中枢上下波动,2015 年后中枢降至4% 左右,2020 年受疫情影响增速下滑至 1.5%。

从季度数据看,2014 年三季度第一产业 TFP 增速达到最高点 8.30%,之后波动下行至 2016 年一季度 2.70% 的低点,随后持续上行。2020 年疫情冲击下,TFP 增速一季度降至 -3.60%,二、三、四季度均值恢复至 2.73%,但仍未回到疫情前的正常水平。

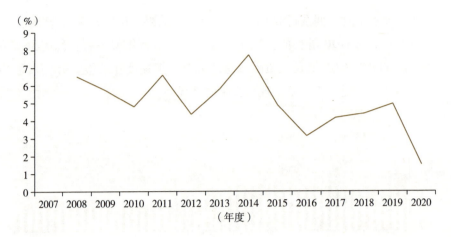

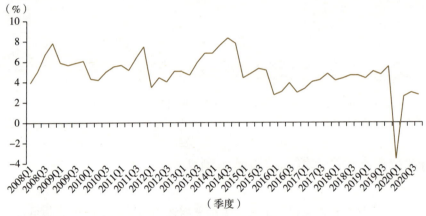

图 2.6　年度及季度第一产业 TFP 增速测算结果（2008Q1—2020Q4）
资料来源：课题组测算。

　　值得注意的是，第一产业 TFP 增速整体高于全行业 TFP 增速，主要是与第一产业劳动产出弹性较高，且劳动力向二、三产业持续转移，劳动力增速持续下降有关。为此，课题组对比了研究第一产业 TFP 增速的相关文献。从表 2.8 中可以看出，在 2008—2015 年 TFP 增速的比较中，本章测算结果总体上高出 1~2 个百分点。这主要是由于数据限制，本章在测算第一产业 TFP 增速时，只考虑了第一产业的资本和劳动要素投入两个因素，并未纳入可能会拉低测算结果的土地因素。

　　表 2.9 展示了 2008—2020 年我国第一产业增加值增速的分解结果，可以发现其增长的主要动力是资本存量拉动和 TFP 拉动，劳动力拉动大幅下降，已明显出现向其他产业转移的现象，前两者加总对增加值增长的贡献率已超过百分百。2008—2019 年我国第一产业增加值年均增速为 3.97%，其中资本存量增长

的贡献率为48.28%，劳动力增长的贡献率为 - 81.01%，TFP 增长的贡献率为132.73%。可能由于农村产业融合和"乡村振兴"等政策的推动，资本存量贡献率呈逐年上升趋势。

表2.8 第一产业 TFP 增速文献测算结果对比

作者	使用数据	涉及因素	时间段	增速
王璐、杨汝岱、吴比（2020）	农业农村部 1995—2017 年全国农村固定观察点家户数据	资本、土地、劳动	1995—2017	2.68%
曹康华等人（Cao and Birchenall, 2013）	CHNS 数据	资本、土地、劳动	1991—2009	6.50%
龚斌磊（2018）	省际农业投入和产出数据	劳动、土地、化肥、农机	1990—2015	1991—1993：5%；1994—1999：3% 增长到 8%；2000—2015：稳定在 4% 左右
课题组（2021）	课题组数据	资本、劳动	2008—2019	5.39%

表2.9 年度第一产业增加值增速的分解（2008—2020 年）　　　　　　（单位：%）

	时间	2008—2019	2008—2010	2011—2015	2016—2019	2020
拉动	增加值增速	3.97	4.47	4.08	3.46	3.00
	资本存量	1.88	1.56	2.06	1.89	1.58
	劳动力	- 3.16	- 2.77	- 3.85	- 2.60	- 0.09
	TFP	5.25	5.68	5.87	4.16	1.51
贡献率	增加值增速	100.00	100.00	100.00	100.00	100.00
	资本存量	48.28	35.99	50.42	54.82	52.65
	劳动力	- 81.01	- 63.47	- 95.11	- 76.53	- 3.01
	TFP	132.73	127.48	144.69	121.71	50.36

资料来源：国家统计局，课题组测算。

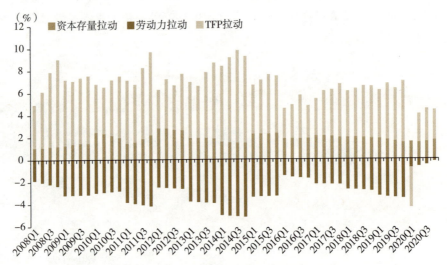

图2.7 季度第一产业增加值增速分解（2008Q1—2020Q4）

资料来源：国家统计局，课题组测算。

第二产业全要素生产率增速及贡献率测算

图2.8展示了年度及季度第二产业TFP增速测算结果。从季度数据看，受国际金融危机影响，2008—2009年第二产业季度TFP增速走出"V"形态势，随后从2009年四季度3.91%的高点开始回落，降至2012年二季度-2.43%的低点。2012年三季度起，第二产业TFP季度增速持续波动上行，在2017年年中达到3.63%的高点后回落。2020年受疫情冲击，在2019年四季度出现反弹迹象的第二产业TFP增速在次年一季度跌至-12.79%的低点，随后迅速回升，2020年三季度后甚至已高出疫情前水平，四季度进一步上升。

表2.10展示了对2008—2020年我国第二产业增加值增速分解的结果。可以发现，"十三五"之前第二产业增加值增长的主要动力是资本拉动。"十三五"以来，第二产业TFP贡献率大幅上升，资本存量和劳动力贡献率大幅下降。劳动力贡献率一直呈下降态势，"十三五"期间已出现负贡献的情况。

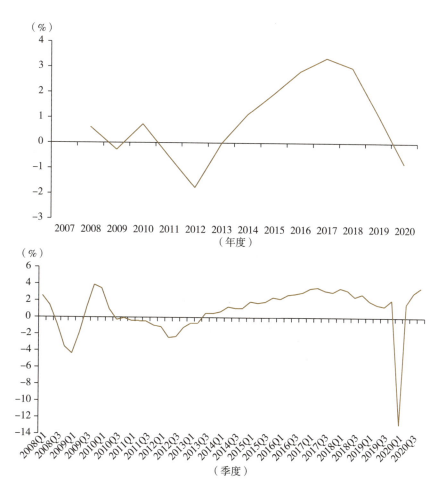

图2.8 年度及季度第二产业 TFP 增速测算结果 (2008Q1—2020Q4)
资料来源:课题组测算。

表2.10 年度第二产业增加值增速的分解 (2008—2020 年) (单位:%)

	时间	2008—2019	2008—2010	2011—2015	2016—2019	2020
拉动	增加值增速	7.96	10.94	8.02	5.65	2.60
	资本存量	6.63	9.12	7.27	3.96	3.47
	劳动力	0.32	1.46	0.60	-0.89	-0.06
	TFP	1.01	0.36	0.15	2.57	-0.81
贡献率	增加值增速	100.00	100.00	100.00	100.00	100.00
	资本存量	82.06	83.65	90.20	70.70	133.52
	劳动力	0.41	13.18	5.31	-15.30	-2.25
	TFP	17.53	3.16	4.49	44.60	-31.27

资料来源:国家统计局,课题组测算。

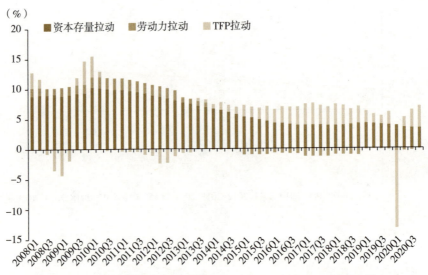

图 2.9　季度第二产业增加值增速拉动分解（2008Q1—2020Q4）
资料来源：国家统计局，课题组测算。

第三产业全要素生产率增速及贡献率测算

图 2.10 展示了年度及季度第三产业 TFP 增速测算结果。从季度看，受国际金融危机影响，2008—2009 年第三产业季度 TFP 增速同样走出"V"形态势，此后从 2009 年三季度 3.00% 的高点波动下行，降至 2014 年三季度 -0.95% 的低点。此后，TFP 增速持续波动回升至 2019 年三季度。2020 年在疫情冲击下，第三产业 TFP 增速一度大幅跌至 -8.07%，随后逐步回升，四季度已经恢复甚至超出疫情前水平。

表 2.11 展示了对 2008—2020 年我国第三产业增加值增速分解的结果。总体来看，2008—2019 年我国第三产业增加值年均增速为 8.68%，其中资本存量贡献率为 62.96%，劳动力贡献率为 19.66%，TFP 贡献率为 17.38%。可以发现，我国第三产业增加值增长的主要动力是资本存量拉动。与"十二五"期间相比，"十三五"期间资本存量和劳动力贡献率均有所下降，TFP 贡献率显著上升。

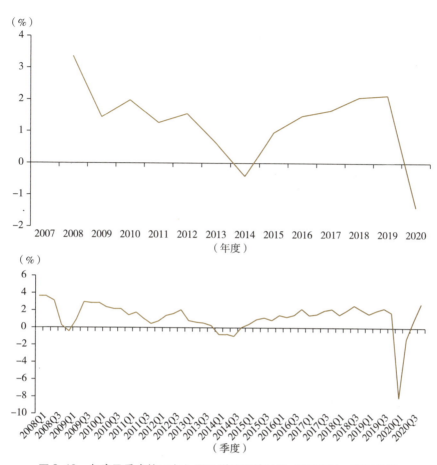

图2.10 年度及季度第三产业 TFP 增速测算结果 (2008Q1—2020Q4)
资料来源：课题组测算。

表2.11 年度第三产业增加值增速的分解 (2008—2020 年) （单位：%）

	时间	2008—2019	2008—2010	2011—2015	2016—2019	2020
拉动	增加值增速	8.68	9.91	8.58	7.89	2.10
	资本存量	5.48	6.45	5.71	4.47	3.54
	劳动力	1.68	1.19	2.07	1.57	−0.06
	TFP	1.52	2.27	0.80	1.84	−1.39
贡献率	增加值增速	100.00	100.00	100.00	100.00	100.00
	资本存量	62.96	65.35	66.61	56.61	168.79
	劳动力	19.66	12.04	24.08	19.85	−2.75
	TFP	17.38	22.61	9.31	23.54	−66.04

资料来源：国家统计局，课题组测算。

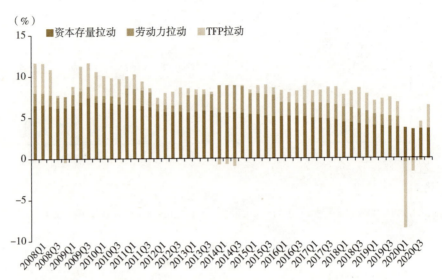

图 2.11　季度第三产业增加值增速拉动分解（2008Q1—2020Q4）
资料来源：国家统计局，课题组测算。

三次产业测算结果对比

图 2.12 展示了"短时间序列"的三次产业 TFP 增速测算结果。总体来看，由于第一产业劳动产出弹性较高、劳动力增速下降较快，其 TFP 增速始终高于二、三产业。二、三产业 TFP 增速则呈现交替领先态势。分阶段看，2008 年金

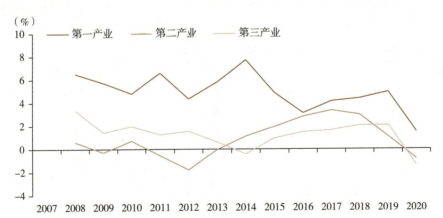

图 2.12　三次产业 TFP 增速对比（2008—2020 年）
资料来源：课题组测算。

融危机后三次产业 TFP 增速均出现明显下滑。从 2012 年起，第二产业 TFP 增速进入回升通道，直至 2017 年开始见顶回落。第三产业 TFP 增速则从 2014 年开始持续上升，剔除 2020 年疫情影响后并未出现明显回落态势，但从季度数据看近两年存在增速放缓迹象。2019 年，第三产业 TFP 增速自 2013 年以来首次超过第二产业 TFP 增速，但 2020 年疫情对第三产业的负面影响明显大于第二产业。

十九大类行业全要素生产率增速及贡献率测算

剔除受疫情影响的 2020 年异常数据，从 2008—2019 年整个样本期看（见表 2.12），TFP 增速大致可划分为四个梯队：第一梯队的标准为 TFP 年均增速 10% 以上，只有信息传输、计算机服务和软件业符合条件，其增速高达 12.03%。第二梯队是 TFP 年均增速在 5%~10% 的行业，从高到低依次为教育业（7.63%），

表 2.12 十九大类行业 TFP 增速测算结果（2008—2020 年） （单位：%）

	2008—2019	2008—2010	2011—2015	2016—2019	2020
农林牧渔业	5.25	5.68	5.87	4.16	1.51
采矿业	-3.90	-4.04	-4.14	-3.50	-1.20
制造业	1.82	0.13	1.30	3.74	-1.77
电力、燃气及水的生产和供应业	-4.60	-2.50	-6.83	-3.38	-2.26
建筑业	6.13	7.66	3.67	8.07	4.81
交通运输、仓储及邮电通信业	-0.88	-4.48	-0.63	1.50	-3.28
信息传输、计算机服务和软件业	12.03	9.19	12.91	13.05	10.05
批发和零售业	0.42	4.42	-2.08	0.56	-2.58
住宿和餐饮业	-0.54	1.05	-1.18	-0.93	-15.28
金融业	-0.86	7.15	-2.40	-4.94	1.49
房地产业	-3.49	-4.17	-5.39	-0.60	-1.19
租赁和商务服务业	2.60	6.48	0.87	1.86	-7.69
科学研究、技术服务和地质勘查业	0.14	0.40	-0.61	0.89	-3.65
水利、环境和公共设施管理业	-1.50	-2.03	-0.69	-2.11	-14.77
居民服务和其他服务业	1.00	1.48	0.38	1.43	-7.96
教育业	7.63	9.56	5.98	8.24	-3.57
卫生	6.86	0.90	7.71	10.28	4.25
文化、体育和娱乐业	-5.26	2.11	-8.19	-7.13	-21.21
公共管理、社会保障和社会组织	5.31	6.36	1.73	8.99	-1.48

资料来源：课题组测算。

卫生（6.86%），建筑业（6.13%），农林牧渔业（5.25%）和公共管理、社会保障和社会组织（5.31%）。第三梯队是 TFP 年均增速为正但低于 5% 的行业，从高到低依次为租赁和商务服务业（2.60%），制造业（1.82%），居民服务和其他服务业（1.00%），批发和零售业（0.42%）以及科学研究、技术服务和地质勘查业（0.14%）。第四梯队是 TFP 年均负增长的行业，从高到低依次为住宿和餐饮业（－0.54%），金融业（－0.86%），交通运输、仓储及邮电通信业（－0.88%），水利、环境和公共设施管理业（－1.50%），房地产业（－3.49%），采矿业（－3.90%），电力、燃气及水的生产和供应业（－4.60%）以及文化、体育和娱乐业（－5.26%）。

与"十二五"期间相比，"十三五"期间（剔除受疫情影响的 2020 年异常数据）除了农林牧渔业，金融业与水利、环境和公共设施管理业 TFP 增速下降以外，其他行业 TFP 增速均呈现上升态势。总体来看，第三产业 TFP 增速上升幅度大于第二产业。第二产业中制造业上升较快，电力、燃气及水的生产和供应业增速降幅明显收窄。第三产业中公共管理、社会保障和社会组织，批发和零售业，卫生，教育业和交通运输、仓储及邮电通信业 TFP 增速增长相对较快。

2020 年受疫情影响，几乎所有行业 TFP 增速均出现明显下降，只有金融业逆势上涨，由 2016—2019 年的 －4.94% 上升至 2020 年的 1.49%。信息传输、计算机服务和软件业 TFP 增速尽管出现小幅回落，但仍维持在 10% 以上。房地产业 TFP 增速表现出较强韧性，基本与前阶段持平。

"十四五"期间全要素生产率和潜在增长率预测

对宏观经济变量做出较长时间跨度的预测一直是经济学中的难题。常见的预测方法有计量模型法、国际比较法和经济模型法。计量模型法一般是采用自回归或向量自回归模型，通过寻找领先滞后关系或构造结构性向量模型，确定模型参数，再迭代计算的方式进行预测。国际比较法是通过寻找和研究目标出现相似特征的单个或多个经济体，观察研究其历史上的典型性变化规律，从而对研究目标做出映射型预测。经济模型法是通过对经济系统进行数学建模，然后通过计算机模拟的方式对经济系统的变化进行迭代计算，从而预测其未来变化，如普渡大学利用可计算一般均衡（CGE）开发的用于分析全球贸易经济的 GTAP 模型。

课题组创新性地将计量模型法、国际比较法和经济模型法相结合，实现结构性复杂预测。首先,利用国家统计局的各年龄段人口分布的相关数据进行建模分析,预测未来就业人口的增长变化。然后通过运用PWT10.0中的相关数据,结合上文中课题组测算的中国数据,运用国际比较的方法预测我国资本存量和全要素生产率。最后将关键变量的预测结果代入生产函数法,测算出我国未来经济的潜在增速。

采用上述三种方法相结合的方式预测潜在产出具有诸多优点。一方面,将总量问题拆解为分量问题能够在更大程度上把握经济增长中的结构性问题,更容易通过计量模型或是国际比较中的相似发展规律进行有针对性的预测。另一方面,生产函数法能够在宏观层面上对经济发展做出有效概括。宏观不等于微观、中观的简单加总,微观、中观经济主体之间的相互作用可能会对最后的宏观均衡造成较大影响,但生产函数法作为一种宏观规律可以有效地对分量进行相加计算。

通过对相关数据的深入研究和对比分析,课题组选取以日本、德国、韩国和中国台湾为代表的典型"后发成功追赶型经济体",即在二战后经历了高速发展阶段并迈入高收入水平的经济体作为本章预测的重要参照目标。

数据和方法说明

国际比较数据库的新旧版本存在显著差异

宾大世界表是课题组用来进行国际比较的主要数据库。在PWT由9.1版更新至10.0版后,课题组发现其中一些关键数据发生了较大变化。作为定义国际比较中发展阶段标准的按购买力平价(PPP)核算的不变价人均GDP[下称人均GDP(PPP)]数据的价格基年由2011年调整为2017年,由此引发了一系列相关数据的调整。以中国为例,因为2011—2017年我国一直处于通胀状态,相应价格基年调整应上调我国人均GDP(PPP),而最新版本中2017年我国人均GDP(PPP)反而出现一定幅度的下调。但两个版本对历史增速趋势的影响并不大,其他数据的变化和影响有待进一步研究。此外,PWT表中我国人均GDP(PPP)实际增速近年来显著低于人均GDP(以人民币计价)的实际增速。

运用滤波法测算潜在增长趋势

经济变量的波动常常受到各种因素影响,指标增速的大起大落容易掩盖其变化趋势,某些异常值的存在也会对指标走势造成较大的干扰。为寻找关键变量的潜在变化趋势,课题组采用了经典的HP滤波法(Hodrick-Prescott滤波法),处理模型中的相关变量,以提取反映其核心变化的趋势项,可以更好地进行国际比较，寻找典型性发展规律。HP 滤波法将数据拆分为趋势项 g_t 和周期项 C_t，即：

$$y_t = g_t + C_t \qquad (5)$$

g_t 是下列问题的解：

$$\min \left\{ \sum (y_t - g_t)^2 + \lambda \sum \left[(g_t - g_{t-1}) - (g_{t-1} - g_{t-2}) \right]^2 \right\} \qquad (6)$$

其中第一部分是对波动成分的度量，第二部分是对趋势成分，也就是"平滑程度"的度量，λ 为平滑参数，用以调节两者的比例关系。该算法事实上在趋势项的平滑程度和周期项的波动程度之间做取舍，寻找最合适的趋势线。对于年度数据，多数研究者公认的经验参数是 $\lambda = 100$，课题组同样采取这一参数。考虑到 2020 年疫情的影响，对于尾端数据异常可能导致 HP 滤波后的趋势变化差异较大的问题，课题组通过对比包含和不包含 2020 年数据进行 HP 滤波的结果，对末端趋势线进行合理校准。而其他经济体由于数据仅更新至 2019 年，故课题组无须做特殊处理。

劳动产出弹性的预测判断

在使用生产函数法预测未来潜在增长率时，由于 PWT10.0 表中劳动产出弹性近年变化趋缓，2016—2019 年甚至完全相等，课题组设定"十四五"期间劳动产出弹性同样保持不变。而且从全社会角度看，要素投入份额在未来发生大幅变化的可能性不大。此外，保持要素投入份额不变有助于我们更加聚焦其他关键变量对中国经济潜在增速的影响。

劳动力预测

根据人口抽样调查和人口普查等官方历史数据，课题组通过年龄结构建模和计量方法对"十四五"期间我国就业人口增长率进行预测。

官方人口抽样调查数据中包含年龄结构数据，此数据每隔五年设立一个年龄组（如 0~4 岁、5~9 岁等），每个年龄组在总人口中的占比均有相应调查数据。利用该结构占比和中国年度总人口数据，可以计算出每个年龄组的人口数量。以此为基础，课题组通过累加的办法计算出 2011—2019 年 15~64 岁的人口数量和增速。

最近一次的官方人口普查数据为 2010 年第六次人口普查数据，截至课题组报告成文时 2020 年第七次人口普查数据尚未公布。人口普查数据中包括每个年龄的人口数量和死亡率，课题组利用该数据建立人口连续更替模型推导人口结构数据。具体来说，2010 年 1 岁人口 1 年后成长为 2011 年 2 岁人口，在这个过程中该人口组的人数会根据相应的死亡率而减少。假设每个年龄死亡率保持不变，利用 2010 年 1 岁人口和 2 岁人口死亡率获得 2011 年 2 岁人口数，以此类推，可以计算出 2011—2025 年 15~64 岁人口的数量及增速。

图 2.13 展示了课题组基于人口抽样调查和普查数据测算的 15~64 岁人口增速，其中短线是根据人口抽样调查数据测算的 2012—2019 年人口增速，长线是根据人口普查数据测算的 2012—2025 年人口增速。对比两组人口增速可以发现，两条线的趋势和数值几乎一致，这进一步提升了课题组利用普查数据和人口连续更替模型测算 2021—2025 年 15~64 岁人口增速的准确性。

图 2.13　中国 15~64 岁人口增速测算

资料来源：课题组测算。

关于就业人口年龄范围的设定，国内一般以 15~59 岁作为就业人口的测算范围，但课题组考虑到国际上通常不设年龄上限，且考虑到未来我国将提高退休年龄，以及当前 60~64 岁人口实际参与就业的比例较高，因此采用 15~64 岁人口组作为研究就业人口的基础。

除了对劳动年龄人口的预测外，还需要预测劳动年龄人口的就业率，才能完成就业人口的预测。图 2.14 展示了我国就业人口在 15~64 岁人群中占比的历史变化趋势，可以发现近九年该占比呈现稳定的线性增长，这也证明了课题组构造的对应关系的稳健性。通过线性回归并充分考虑该占比未来的增长上限，可以对"十四五"期间劳动年龄人口就业率做出有效预测。

图 2.15 展示了课题组基于上述方法预测的 2021—2025 年就业人口增速，由于年龄结构数据是课题组利用普查数据和人口连续更替模型测算得到，可能会存在一定误差。此外，2024—2025 年就业人口出现小幅正增长，其主要原因是人口年龄结构变化以及劳动参与率的持续增长，整体来看，"十四五"期间就业人

口总量仍在下降。

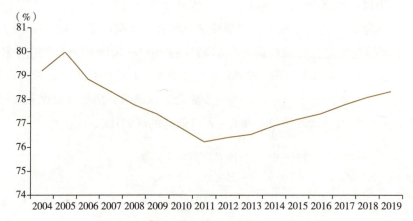

图 2.14　15~64 岁人口中就业人口的占比

资料来源：国家统计局，课题组测算。

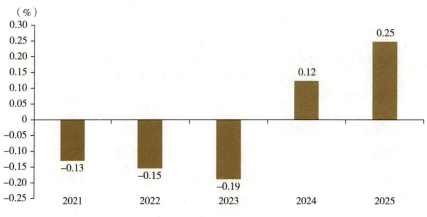

图 2.15　就业人口增速预测

资料来源：课题组测算。

资本存量预测

课题组对比四个目标经济体不变价资本存量增速数据发现，在使用 HP 滤波法得到其长期变化趋势后，各经济体资本存量增速呈现明显的变化特征（图2.16）。通过平移对齐各经济体的顶部拐点后，可以看到在相似经济发展阶段存在明显的一致性变化趋势，均表现出先升后降、降幅稳定的特点。我国的资本存量增速变化趋势也与上述经济体基本一致（图2.17）。

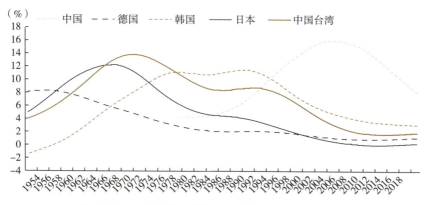

图 2.16 各经济体资本存量历史增速（HP 滤波后）
资料来源：PWT10.0，课题组测算。

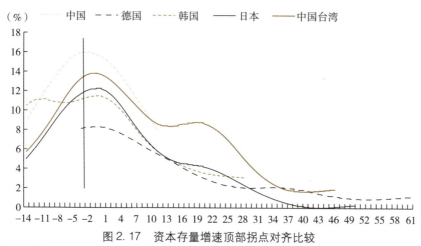

图 2.17 资本存量增速顶部拐点对齐比较
资料来源：PWT10.0，课题组测算。

  图 2.18 显示，四个目标经济体的潜在资本存量增速均在达到顶部高点后开始下降，之后进入一个相对稳定的增长平台，持续若干时间后继续下降，但整体看降幅放缓。由于各经济体发展程度和所处背景不尽相同，潜在资本存量增速的水平值并不具备可比性，但变化趋势呈现明显趋同性，且其潜在资本存量增速的相对变化幅度存在一定规律。

  参照目标经济体达到中国相似发展阶段后的变化趋势和相对变化幅度，可以预测我国"十四五"期间潜在资本存量增速。结果显示，中国 2020 年资本存量的潜在增速约为 7.99%。未来五年，我国资本存量增速逐步放缓，将于 2025 年下降至 6.55% 左右。

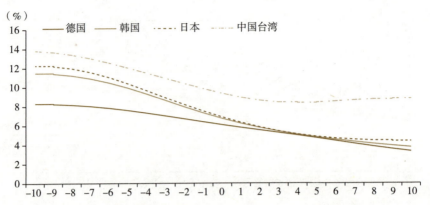

图2.18　各经济体达到中国相似发展阶段后潜在资本存量增速的变化
资料来源：PWT10.0，课题组测算。

全要素生产率预测

在使用 HP 滤波法分解出潜在增长趋势后，目标经济体的 TFP 增长趋势存在明显的周期性波动，呈现"波浪形态、波浪放缓"的特征。具体来说，目标经济体的 TFP 潜在增速波动存在"追赶—放缓、再追赶—再放缓"的特点，但追赶幅度不及以往，时间跨度长于以往。

根据各经济体相似发展阶段，课题组将与其邻近的顶部拐点进行对齐处理（见图2.19、图2.20），可以观察到更为清晰的规律性。TFP 潜在增速到达顶部拐点后呈现波动性下降趋势，而非一降到底。此外，各经济体 TFP 潜在增速下降

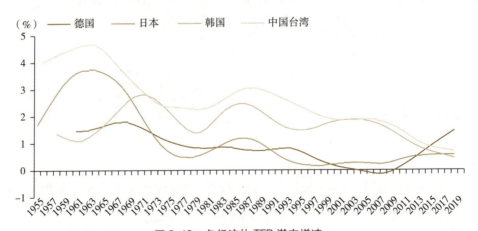

图2.19　各经济体 TFP 潜在增速
资料来源：PWT10.0，课题组测算。

持续时间和回升幅度也不尽相同。课题组判断，下降时间长短可能与人均 GDP（PPP）的增长速度差异有关，因为图中仅观察各经济体 TFP 潜在增速随时间的变化，并未考虑相同时间不同经济体人均 GDP（PPP）增速的差异。

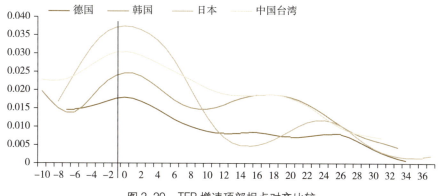

图 2.20 TFP 增速顶部拐点对齐比较

资料来源：PWT10.0，课题组测算。

图 2.21 展示了 TFP 潜在增速与经济体发展水平之间的关系。结果显示，人均 GDP（PPP）与 TFP 潜在增速存在高度相关性，目标经济体的 TFP 潜在增速整体呈下降态势。课题组发现，随着人均 GDP（PPP）的提升，目标经济体的 TFP 潜在增速存在着"收敛—发散"交替出现的现象。图中出现三个关键的"收敛点"，分别在人均 GDP（PPP）达到 12000 国际元、20000 国际元和 40000 国际元左右。

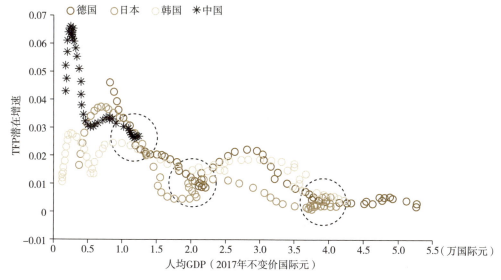

图 2.21 TFP 潜在增速与人均 GDP（PPP）

资料来源：PWT10.0，课题组测算。

中国、日本、韩国和德国的 TFP 潜在增速均在人均 GDP（PPP）12000 国际元时交汇，集中在 2.3%~2.8% 的区间内。随后除了中国因当前只到 12000 国际元左右的发展阶段、未来数据缺失以外，其余三个目标经济体 TFP 潜在增速均出现下降，并在 20000 国际元时重新交汇，集中在 1.1%~1.6% 的区间内。此后，三个目标经济体的 TFP 潜在增速均呈现先升后降态势，于 40000 国际元左右的阶段再次交汇。经过测算，目标经济体从 12000 国际元的交汇点到 20000 国际元的交汇点平均经过了 12 年左右的时间。

值得注意的是，进入高速发展时期越晚的经济体，也就是越后发的经济体 TFP 潜在增速降幅越小，如日本和德国降幅更大，韩国则较为平稳。课题组判断，我国 TFP 潜在增速降幅可能与韩国较为相似，甚至更为平缓。考虑到韩国在 12000 国际元和 20000 国际元两个节点间的 TFP 潜在增速下降了 0.8 个百分点，综合各种因素考虑，课题组预测中国未来在相同发展区间内也下降 0.8 个百分点，历时 12 年左右。

当前我国人均 GDP（PPP）处于 12000~13000 国际元的发展阶段，未来向 20000 国际元左右发展的过程中，潜在 TFP 增速会呈现缓慢下降的趋势，平均每年下降约 0.067 个百分点。结果显示，"十四五"期间我国的 TFP 潜在增速将由 2019 年的 2.7% 逐步下降至 2.3%。

潜在增长率预测

课题组运用生产函数法，综合劳动产出弹性、资本存量潜在增速、劳动力潜在增速和全要素生产率潜在增速的预测结果，测算出我国"十四五"期间的潜在增长率。结果显示，"十四五"期间我国潜在增长率继续放缓。不考虑疫情影响的基数效应，2021 年我国潜在增长率为 5.80%，2025 年下降至 5.15%，增速累计下降 0.65 个百分点。"十四五"期间平均潜在增长率在 5.40% 左右（表 2.13）。

政策建议

当前我国经济已由高速增长阶段转向中速高质量发展阶段，课题组预测"十四五"时期我国 GDP 潜在增长率会进一步放缓至 5.5% 左右。与发达经济体的低速增长相比，中国过去长时期的高速增长、现阶段的中速增长，主要靠的是结构

表2.13 "十四五"期间潜在增长率预测结果 （单位：%）

时间	资本产出弹性	劳动产出弹性	增速			贡献率			潜在GDP增速
			资本存量	劳动力	TFP	资本存量	劳动	TFP	
2021	41.37	58.63	7.99	-0.13	2.57	57.03	-1.31	44.28	5.80
2022	41.37	58.63	7.53	-0.15	2.50	56.41	-1.63	45.22	5.53
2023	41.37	58.63	7.15	-0.19	2.43	56.02	-2.09	46.07	5.28
2024	41.37	58.63	6.82	0.12	2.37	53.67	1.38	44.96	5.26
2025	41.37	58.63	6.55	0.25	2.30	52.58	2.82	44.60	5.15

资料来源：课题组测算。

性潜能。这里说的结构性潜能，是指中国作为后发经济体，在技术进步、结构转型升级、城市化等方面具有的增长潜能。通俗地说，就是发达经济体已经做过、中国正在做或有可能、有条件做的事情所带动的增长动能。

通过国际比较可以发现，中国还有结构性潜能可用，还有更重要的动能摆在宏观政策之前；发达经济体的结构性潜能基本上用完了，不得不主要依靠宏观刺激政策。如果说发达经济体是熟透了的苹果，中国这个苹果当下还只是熟了一半。中国应当避免把主要注意力和精力放在宏观刺激政策而忽略结构性潜能，这样本末倒置的政策组合将会贻误战略机遇期。

结构性潜能本身也有一个识别和发掘的问题，这正是我们将其称为潜能而非现实动能的原因。由潜能到动能之路并不平坦。中国经济高速增长期的结构性潜能主要是房地产、基建、出口等，在这些潜能逐步减弱或消退后，"十四五"乃至更长一段时期就要着力发掘与中速增长期相配套的结构性潜能。这一时期的改革应当明确并顺应经济社会发展的规律和特征变化，推动结构性潜能转化为现实的增长动能。优化资源的重点是中高级生产要素配置，持续提高全要素生产率。

这里我们提出一个"1+3+2"结构性潜能框架。"1"指以都市圈、城市群发展为龙头，为下一步中国的中速高质量发展打开空间。由于在这个范围具有更高的空间集聚效应，在"十四五"和更长一段时间内，中国经济百分之七八十的增长动能都可能分布在这个范围内。

"3"指实体经济方面，补上我国经济循环过程中新的三大短板。一是基础产业效率不高。能源、物流、通信、金融等基础产业领域仍然不同程度地存在行政性垄断，竞争不足，补这个短板将有利于全社会降成本。二是中等收入群体规模不大。今后10~15年时间，中等收入群体规模应力争实现倍增，由4亿人增加到8亿~9亿人，补这个短板将有利于扩大需求特别是消费需求，同时扩大人力资本。三是基础研发能力不强。基础研究和源头创新是内循环中的"卡脖子"环节，补上这个短板才能有效应对外部"卡脖子"问题，为建设创新型国家打牢基础。

"2"指以数字经济和绿色发展为两翼。这是中国具备一定优势的新增长潜能。简单地说，"1+3+2"结构性潜能就是一个龙头引领、补足三大短板、两个翅膀赋能。

此外，要发挥结构性货币政策在挖掘结构性潜能中的重要作用。货币政策作为宏观政策的重要组成部分，相较国际上财政赤字货币化的宽松货币政策，目前我国货币政策总量适度，还有较大的调控空间。在总量货币政策下，结构性货币政策可以针对结构性潜能定向发力、精准滴灌，疏通结构性潜能实施中的痛点和堵点，切实降低关键行业的融资成本，形成重要创新行业长期投资和风险分担机制。为都市圈、城市群建设提供融资支持，将都市圈内的基础设施建设与其他基础设施建设项目区分，引导资金更多流向都市圈。加快形成市场在绿色发展中起决定性作用的条件，包括加强绿色核算、设立绿色责任账户、提高绿色交易效率等，货币政策和绿色金融在这些方面应发挥引导和融通作用，推动绿色转型较快取得实质性进展。

参考文献

蔡跃洲，付一夫. 全要素生产率增长中的技术效应与结构效应——基于中国宏观和产业数据的测算及分解 [J]. 经济研究，2017，52（1）：72-88.

龚斌磊. 投入要素与生产率对中国农业增长的贡献研究 [J]. 农业技术经济，2018（6）：4-18.

郭庆旺，贾俊雪. 中国潜在产出与产出缺口的估算 [J]. 经济研究，2004，39（5）：31-39.

黄勇峰，任若恩，刘晓生. 中国制造业资本存量永续盘存法估计 [J]. 经济学（季刊），2002，1（2）：377-396.

雷辉，张娟. 我国资本存量的重估及比较分析：1952—2012 [J]. 经济问题探索，2014（7）：16-21.

李治国，唐国兴. 资本形成路径与资本存量调整模型——基于中国转型时期的分析 [J].

经济研究，2003（2）：34－42.

刘世锦．中国经济增长十年展望（2019—2028）：建设高标准市场经济［M］．北京：中信出版社，2019.

刘世锦等．陷阱还是高墙？中国经济面临的真实挑战和战略选择［M］．北京：中信出版社，2011.

刘世锦．读懂"十四五"：新发展格局下的改革议程［M］．北京：中信出版社，2021.

刘世锦，刘培林，何建武．我国未来生产率提升潜力与经济增长前景［J］．管理世界，2015（3）：1－5.

陆明涛，袁富华，张平．经济增长的结构性冲击与增长效率：国际比较的启示［J］．世界经济，2016，39（1）：24－51.

单豪杰．中国资本存量K的再估算：1952～2006年［J］．数量经济技术经济研究，2008（10）：17－32.

盛来运，李拓，毛盛勇，等．中国全要素生产率测算与经济增长前景预测［J］．统计与信息论坛，2018，33（12）：3－11.

世界银行和国务院发展研究中心联合课题组．2030年的中国：建设现代、和谐、有创造力的社会［M］．北京：中国财政经济出版社，2013.

孙琳琳，任若恩．中国资本投入和全要素生产率的估算［J］．世界经济，2005（12）：3－13.

王璐，杨汝岱，吴比．中国农户农业生产全要素生产率研究［J］．管理世界，2020，36（12）：77－90.

王维，陈杰，毛盛勇．基于十大分类的中国资本存量重估：1978—2016年［J］．数量经济技术经济研究，2017，34（10）：60－77.

王小鲁．中国经济增长的可持续性与制度变革［J］．经济研究，2000（7）：3－15.

徐杰，段万春，杨建龙．中国资本存量的重估［J］．统计研究，2010，27（12）：72－77.

徐忠，贾彦东．中国潜在产出的综合测算及其政策含义［J］．高等学校文科学术文摘，2019，36（4）：40－41.

杨汝岱．中国制造业企业全要素生产率研究［J］．经济研究，2015，50（2）：61－74.

杨轶波．中国分行业物质资本存量估算（1980—2018年）［J］．上海经济研究，2020（8）：32－45.

叶明确，方莹．中国资本存量的度量、空间演化及贡献度分析［J］．数量经济技术经济研究，2012，29（11）：68－84.

余泳泽，刘凤娟，张少辉．中国工业分行业资本存量测算：1985—2014［J］．产业经济评论，2017（6）：5－15.

张军．资本形成、工业化与经济增长：中国的转轨特征［J］．经济研究，2002（6）：3－13.

中国经济增长前沿课题组，张平，刘霞辉，等．中国经济长期增长路径、效率与潜在增长水平［J］．经济研究，2012（11）：4－17.

Blanchard O. J, Quah D. The Dynamic Effects of Aggregate Demand and Supply Disturbances [J]. American Economic Review, 1995, 79 (4): 655 – 673.

Cao K H , Birchenall J A. Agricultural Productivity, Structural Change, and Economic Growth in Post – Reform China [J]. Journal of Development Economics, 2013, 104 (3): 165 – 180.

Chow, G. C. Capital Formation and Economic Growth in China [J]. Quarterly Journal of Economics, 1993, 3 (108): 809 – 842.

Davis, H. S. Relation of Capital-Output Ratio to Firm Size in American Manufacturing: Some Additional Evidence [J]. Review of Economics and Statistics, 1956.

Kuznets, S. International Differences in Capital Formation and Financing. in Capital Formation and Economic Growth [M]. Princeton: Princeton University Press, 1955.

Lucas Jr, R. E. On the mechanics of economic development [J]. Journal of Monetary Economics, 1998, 22 (1): 3 – 42.

Mankiw, N. G. , Romer, D. and Weil, D. N. A Contribution to the Empirics of Economic Growth [J]. Quarterly Journal of Economics, 1992, 107 (2): 407 – 437.

OECD, Looking to 2060: Long-term Global Growth Prospects [R]. OECD Economic Policy Papers, 2012.

World Bank. China 2020: Development Challenges in the new Century [R]. The World Bank, 1997.

Young, A. Growth without Scale Effects [J]. Journal of Political Economy, 1998, 106 (1): 41 – 63.

宏　观

第三章 2021年经济形势分析和十年增长展望

"腾景数研"宏观经济预测研究课题组①

要点透视

➤ 2020年，在突如其来的新冠疫情冲击下，我国是主要经济体当中唯一实现正增长的国家。从需求侧看，居民消费恢复不及预期，服务消费受影响更大；投资领域分化明显，基建、房地产支撑作用显现，制造业投资持续低迷；外贸进出口明显好于预期，外贸规模再创历史新高，商品贸易景气度远高于服务贸易。

➤ 腾景数研预测模型显示，2021年我国GDP总量去除基数效应后全年增长呈现前低后高的特点，并且恢复到潜在水平，全年增速为8.9%，拐点出现在9月。

➤ 根据课题组测算，未来十年我国平均潜在增长率为4.9%，人民币兑美元汇率在2030年升至4.8。我国按美元计价的GDP总量有较大可能在2025年后超过美国，但人均GDP仅为美国的四分之一。下一步的立足点、注意力应当更多地放在提升增长质量、提高劳动生产率和全要素生产率而非过度追求难以企及的增长速度上。

---

① 课题组成员：王子豪、崔煜、陈泽昱、郑旭扬、罗维晗、张振、吴卫。

2020 年经济回顾：曲折中彰显韧性

2020 年，面对突如其来的新冠疫情的冲击，我国应对得当，政策措施有力有效，成为主要经济体当中唯一实现正增长的国家。2020 年，全年 GDP 达到 1015986 亿元，较 2019 年同比增长 2.3%。受新冠疫情影响，第一季度 GDP 同比下降 6.8%，随后第二季度 GDP 同比增速迅速恢复至 3.2%，之后逐季回升，第四季度已恢复至 6.5%（见表 3.1）。人均可支配收入达到 32189 元，较 2019 年同比增长 4.7%，扣除价格因素实际增长 2.1%。2020 年通胀较为温和，全年居民消费价格涨幅约为 2.5%，工业生产者价格指数下降约 1.8%。全年就业形势基本稳定。在新冠疫情暴发之初，城镇调查失业率从 2019 年底的 5.2% 升高至 2020 年 2 月的 6.2%。随着疫情得到有效控制和经济逐步恢复正常运行，失业率不断下降，到 2020 年底已降至 5.2%，恢复至疫情前水平。与世界其他主要经济体相比，2020 年我国财政收支基本稳定，财政赤字占 GDP 比重为 6.7%，较 2019 年升高 1.2 个百分点；中央政府债务余额占 GDP 比重达到 20.9%，较 2019 年升高约 3%。财政预算收入为 15.8 万亿元，同比增长 4.5%；财政预算支出为 22.6 万亿元，同比增长 10.1%。税收收入为 12.3 万亿元，同比增长 0.21%。

从需求侧看，居民消费恢复不及预期，支出增速低于收入增速。腾景数研数据显示，2020 年全口径居民消费现价总额为 382930.42 亿元，同比下降 0.77%，不变价同比下降 3.11%。总的来看，疫情对居民消费造成较大负面影响，具体原因有供给受损、商品流通渠道受阻、消费场景受限以及恐慌情绪造成的预防性储蓄上升等。从消费结构看，服务消费受疫情冲击更大、恢复较慢，商品消费韧性较强、恢复较快。腾景数研数据显示，2020 年 4—9 月，商品消费同比增速持续高于服务消费，是支撑全口径消费水平的主要力量；截至 10 月，服务消费增速才反超商品消费。同时，预防性储蓄需求的上升使大型耐用品消费恢复较快。中国汽车工业协会数据显示，2020 年乘用车销量在 2 月份低点过后迅速改善，乘用车销量在 2020 年 11 月同比增加 11%，2021 年 1

表 3.1　2020 年我国需求侧结构速览　　　　　　　　　　　　（单位：%）

	GDP 同比	GDP 贡献率：最终消费支出	GDP 贡献率：资本形成总额	GDP 贡献率：货物和服务净出口	城镇调查失业率	CPI 同比	PPI 同比
2019Q1	6.30	66.10	13.40	20.50	5.20	2.30	0.40
2019Q2	6.00	52.30	33.70	14.00	5.10	2.70	0.00
2019Q3	5.90	59.20	23.30	17.50	5.20	3.00	-1.20
2019Q4	5.80	57.20	43.00	-0.20	5.20	4.50	-0.50
2020Q1	-6.80	63.50	20.80	15.70	5.90	4.30	-1.50
2020Q2	3.20	-73.30	154.60	18.70	5.70	2.50	-3.00
2020Q3	4.90	28.10	45.70	26.70	5.40	1.70	-2.10
2020Q4	6.50	39.60	38.30	22.10	5.20	0.20	-0.40

资料来源：Wind，课题组测算。

月同比增加 27%。2020 年商品房销售面积 176086 万平方米，比 2019 年增长 2.6%。

投资领域分化明显，制造业投资持续低迷。腾景数研数据显示，2020 年全国固定资本形成现价同比增长约 5.1%，增速较 2019 年有所下行。全口径基建投资全年同比增速为 6.98%，较 2019 年提高 1.27 个百分点，已基本恢复至近五年平均水平。基建投资拉动固定资本形成增长 1.55 个百分点，贡献率达到 30.3%，起到了显著的逆周期调节作用，对经济恢复形成了重要支撑。全口径房地产投资全年同比增速为 5.83%，拉动固定资本形成增长 1.10 个百分点，贡献率达到 21.56%。从高频数据看，房地产投资当月同比自 4 月开始由负转正，在 10 月达到全年高点 13.13%。相较于基建和房地产投资，全口径制造业投资受疫情冲击较大，2020 年制造业投资同比增速为 2.0%，前三季度累计同比分别为 -18.3%、-6.9%、-2.3%。制造业投资在下半年反弹力度较大，但不同行业之间存在差异。其中装备类增速最高，原材料类次之，下游消费类恢复最慢，全年同比增速分别为 4.5%、3.6%、-1.7%。

2020 年我国进出口数据明显好于预期，外贸规模再创历史新高。腾景数研数据显示，2020 年全口径货物和服务出口总量约为 19.0 万亿元人民币，增速为 2.6%；全口径进口总量约为 16.3 万亿元人民币，增速为 -4.3%；全年贸易顺差约为 2.7 万亿元人民币，较 2019 年贸易顺差明显扩大。疫情对人员和货物跨境流动产生较大限制，服务贸易受影响程度远超货物。2020年全年货物贸易总额较2019年增长1.4%，服务贸易总额同比下滑15.6%。商品出口的超预期表现，与供给替代和疫情催生结构化需求上升有关，中国完整的工业体系和产业链对海外产能缺口实现供给替代，同时疫情催化防疫需求和非接触经济发展，带动相关需求场景扩容，共同支撑商品出口在年内实现正增长。

2021年经济展望：消费持续恢复，投资与出口形成支撑

受益于对新冠疫情的精准防控与疫苗的广泛接种，经济活动受疫情影响"停摆"的可能性几乎消失，经济运行与收入预期稳定性将逐步回升，经济活动有望在2021年进一步恢复。春节期间，全国重点零售和餐饮企业销售额约8210亿元，较2020年同比增加28.7%，较2019年同比增加4.9%；线上销售火爆，国家邮政数据显示2021年1月全国快递处理84.9亿件，较2020年同比增长125%。疫苗推广为全球经济共振复苏提供了有力保障。截至2021年4月24日，全球新冠疫苗接种已超过10亿剂次，全球经济复苏指日可待。

为准确预测2021年各项经济指标的同比变化情况，课题组借助腾景数研开发的中国经济数据库与深度学习模型，对各经济变量进行了预测。课题组利用大数据挖掘更多有效信息以选择有效的领先指标。腾景数据库借助投入产出体系将宏观经济投资、消费、进出口板块及其分项中的需求侧数据扩充至各个行业，并在此基础上整合第三方数据库的有效数据，形成大规模的大数据因子库。区别于传统的计量模型，在海量数据的支持下，影响因素的因子库可从有限维度大幅扩充，实现从多维度、多领域筛选有效领先指标，进而更加客观、精准地依托数据之间的相关关系计算推演出未来经济指标走势。

2020年受疫情影响，经济数据各项指标均出现了大幅波动，产生的基数效应对分析2021年经济数据，特别是计算同比增速造成了较大障碍。基数效应（或称翘尾因素）就是上年数据绝对量变动对下年同期比当年同期的滞后影响，分析同比数据时需要特别处理。本章参考CPI同比计算[①]时对翘尾因素和新涨价因素的拆解，将各经济指标2021年当月同比拆分为基期效应和新增长两

---

① 详见参考文献。

部分。计算基期效应和新增长需要先计算基期指数和新增长指数，前者用
2020 年次月至 12 月各月环比连乘积表示，后者用 2021 年 1 月至本月环比连
乘积表示。再用这两个指数将当月同比拆解，即可计算出基期效应和新
增长。

深度学习模型预测结果显示，2021 年我国 GDP 总量去除基数效应后增长
呈现前低后高的态势，并且恢复到潜在水平。GDP 年初逐月走高，并于 3 月达
到高点，而后至年底逐渐走低。全年走势呈现前高后低主要是因为同比的基数
效应前高后低，但去除基数效应后全年走势呈现前低后高的特点。1 月为增速
低点，而后逐步走高至 9 月达到 6.8% 的高点。潜在增长水平维持在 5% 左右，
假如没有疫情冲击增速将维持在 5% ~ 6%。新增长部分维持在潜在增长水平附
近（见图 3.1）。

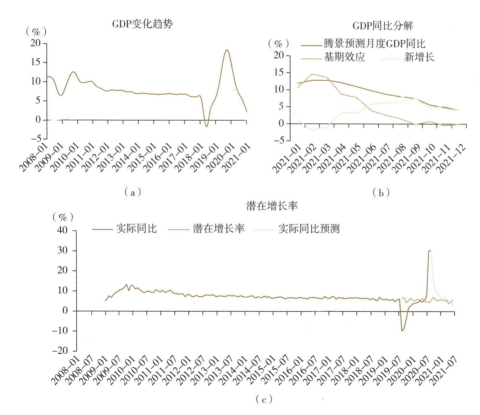

图 3.1 我国 GDP 预测和潜在增长率预测

资料来源：课题组测算。

工业生产将恢复至潜在增长水平，服务业呈现补偿性增长态势。从工业增加值看，基数效应下工业增加值 2021 年一季度达到 26.5% 的高点，在二、三、四季度均维持 10% 以上的增长水平。工业增加值对总量的拉动有较大的贡献。疫情期间，保产业链、供应链等稳定政策见效快，工业已经维持了一年的景气，2021 年 9 月以后将回归正常增长水平（图 3.2a）。

从服务业生产指数看，基数效应下服务业生产指数在 2021 年 2 月达到 25% 以上的高点，在后期维持在 10% 以上。随着线下消费恢复和疫情防控大局向好，服务消费的补偿性超预期复苏将支撑 2021 年后半年服务业增长处于潜在增长水平之上（图 3.2b）。

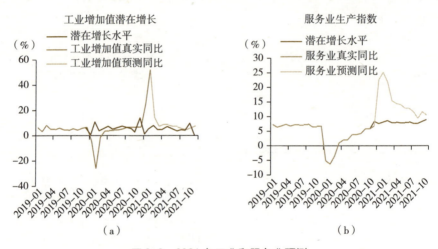

（a）　　　　　　　　　　　　（b）

图 3.2　2021 年工业和服务业预测

资料来源：课题组测算。

2021 年固定资产投资增速一季度后逐渐回落，年内增速维持在 15% 左右，始终高于潜在增速水平（图 3.3）。基建和房地产投资基数效应较小，9 月开始基建和房地产投资增速恢复至潜在增速水平。2020 年全年制造业投资基数较低，加之 2021 年经济恢复，消费强劲，需求侧旺盛，拉动制造业投资始终高于潜在增长水平。

从消费看，后疫情阶段消费恢复缓慢，9 月基数效应基本消除。在基数效应下社会消费品零售总额在 2 月达到 30% 以上的高点后，在后期均为 10% 以上的增长水平。2021 年 9 月之后社会消费品零售总额增长恢复至潜在水平（图 3.4）。

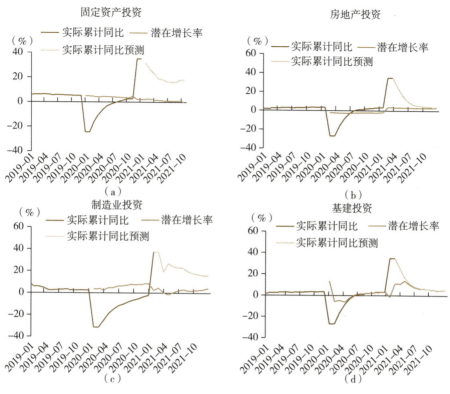

图 3.3　2021 年我国固定资产投资预测

资料来源：课题组测算。

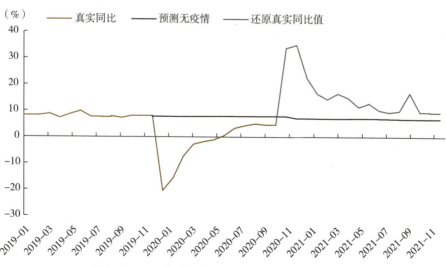

图 3.4　2021 年我国社会消费品零售总额增速预测

资料来源：课题组测算。

外需年初强劲推高出口，内需持续恢复促使进口高速增长。2021 年一季度全球生产逐步恢复，在此影响下，我国出口增速在一季度见顶，二、三季度增速放缓，四季度有所回升。国内需求复苏，但出口增速下降导致加工贸易进口减少。进口增速在 4 月、5 月见顶，而后逐渐下降（图 3.5）。

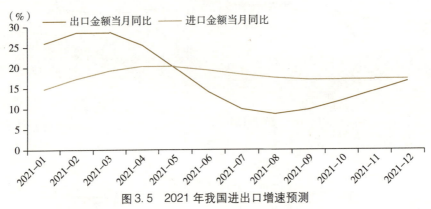

图 3.5　2021 年我国进出口增速预测

资料来源：课题组测算。

2021 年整体通胀上行，二季度 CPI 走势平稳，9 月开始呈现上行态势，全年 CPI 在 2.5% 左右。其中，食品烟酒分项 5 月开始快速上行；居住分项全年走势平稳；核心 CPI 微弱回升，稳定在 0 值线以上，8 月迎来全年小幅上升并见顶（图 3.6a）。2021 年 PPI 逐季走高，四季度基本平稳，全年在 3.5% 左右。采掘工业 4 月达到高点，随后企稳微降，9 月左右再次上行，全年呈现"N"字形上行态势（图 3.6b）。原材料工业和加工工业呈现上行态势，预示着疫情过后我国工业需求有望提振。PPI 与 CPI 共同来看，2021 年二、三季度 PPI 逐步走高，生产侧价格抬升，传导至需求侧，带动 CPI 于年末再上台阶。2021 年整体处于生产侧恢复拉动的温和通胀期。

金融方面，货币供给资产端滞后于负债端，流动性先紧后松。2021 年，M2（广义货币供应量）在 2020 年 3 月、4 月基数效应较高。在此影响下，M2 增速在 4 月、5 月见底，后在生产侧和需求侧共同拉动下开始回升，于 9 月见顶，后逐步回落。社融在 2020 年 1 月到 10 月增速持续抬升，始终高于近三年历史同期水平，受此影响，社会融资增速在 2021 年 1 月至 9 月走低，但年末受需求侧持续恢复拉动，开始走高。货币供给负债端领先资产端。DR007 反映了银行间市场流动性，金融机构人民币贷款加权平均利率反映信贷市场流动性。两者均在 2021 年一季度末达到高点，后逐步走低，四季度企稳。在生产侧和需求侧二、三季度强力恢复的背景下，短期利率受央行调控，流动性保持合理充裕，全年先紧后松。

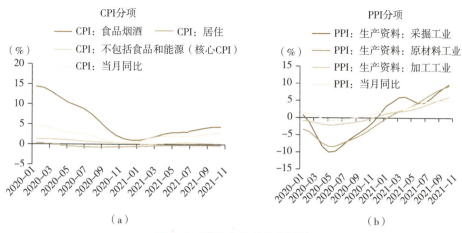

图3.6　2021年价格指数预测

资料来源：课题组测算。

十年期国债收益率与一年期国债收益率分别反映长期的宏观经济通胀预期以及短期的货币供需流动性情况。从预测结果看，2021年十年期国债收益率和一年期国债收益率均呈现前低后高态势，全年高点出现在9月左右，年底有小幅回落。在2021年4月整体温和通胀下，国债利率差开始同步走高，市场对通货膨胀预期较高。无风险利率水涨船高。在一季度后，十年期国债利率跟随新增长逐步攀升，于9月达到顶点，之后共同回落。货币市场与实体经济相适应。

总体来看，国内疫情有效防控将推动线下服务消费和收入预期的有效恢复，疫苗在全球范围推广也将对外需起到相当的提振作用，内外需共同推进经济复苏。新基建投资、制造业升级转型也将拉动各项投资共同恢复。2021年是"十四五"的第一年，更是我国开启建设成为社会主义现代化强国的元年，中国经济必将迎难而上，开创新的"中国奇迹"。

未来十年中国经济增长展望

预测方法和数据说明

课题组基于本书第二章的预测方法，进一步对未来十年我国劳动力、资本存量和全要素生产率的潜在增速进行预测，并利用生产函数法测算出潜在增长率。同时，课题组通过国际比较法分析真实汇率的变动趋势，结合对PPP转换系数的判断，预测出未来十年的名义汇率，并在不同名义汇率假设下测算了我国未来十年按美元计价的 GDP 总量和人均 GDP，与美国同期进行对比分析。

课题组选取二战后经历了高速发展阶段并迈入高收入水平的"后发成功追赶型经济体"作为预测的重要参照目标。根据最新一版的宾夕法尼亚大学世界表（PWT10.0），课题组重新计算了各经济体按购买力平价（PPP）核算的不变价人均 GDP。结果显示，德国在 20 世纪 60 年代中期、日本在 70 年代早期、中国台湾在 80 年代早期、韩国在 90 年代早期达到了和我国当前相似的发展阶段，人均收入大致在 13000 国际元左右的水平。在进行国际经验对比分析时，需要注意每个经济体都有各自的发展特色和时代背景，也没有哪个经济体同时有着与中国相似的政治经济制度、历史文化背景、国土纵深和区域差异，所以需要总结典型性的发展规律，而非简单地"复制"某个经济体的历史发展路径。

未来十年我国全要素生产率和潜在增长率预测

从发展阶段看，随着人均 GDP（PPP）的提升，目标经济体的 TFP 潜在增速存在着"收敛—发散"交替出现的现象。图 3.7 中出现三个关键的"收敛点"，分别在人均 GDP（PPP）达到 12000 国际元、20000 国际元和 40000 国际元左右。中国、日本、韩国和德国的 TFP 潜在增速均在人均 GDP（PPP）12000 国际元时交汇，随后除了中国因未来数据缺失，其余三个目标经济体 TFP 潜在增速均出现下降，并在 20000 国际元时重新交汇。此后，三个目标经济体的 TFP 潜在增速均呈现先升后降态势，于 40000 国际元左右的阶段再次交汇。经过测算，目标经济体从第一个收敛点（12000 国际元）到第二个收敛点（20000 国际元）平均历时 12 年左右。同时，进入高速发展时期越晚的经济体，也就是越后发的经济体 TFP 潜在增速降幅越小，如日本和德国降幅更大，韩国则较为平稳，因此课题组判断，我国 TFP 潜在增速降幅可能与韩国较为相似，甚至更为平缓。综合各种因素考虑，课题组预测中国 TFP 未来在相同发展区间内也下降 0.8 个百分点，历时 12 年左右，由 2019 年的 2.7% 逐步下降至 2030 年的 1.96%。

某一经济体资本存量潜在增速受到多重因素的影响，但整体看，目标经济体呈现较为一致的变化规律。根据课题组测算，德国、日本、韩国和中国台湾的资本存量潜在增速达到历史峰值后，呈现波动下降态势（图 3.8）。我国的变化趋势也与上述经济体基本一致，在 2005 年达到峰值后持续下降。参照目标经济体达到中国相似发展阶段后的典型性变化趋势和相对变化幅度，课题组预测未来十年我国资本存量潜在增速将逐步放缓，从 2020 年的 7.99% 下降至 2030 年的 5.54%。

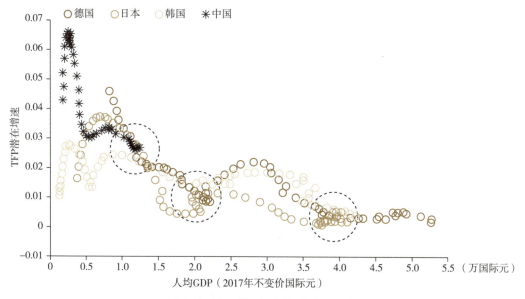

图 3.7 TFP 增速与人均 GDP（PPP）

资料来源：PWT10.0，课题组测算。

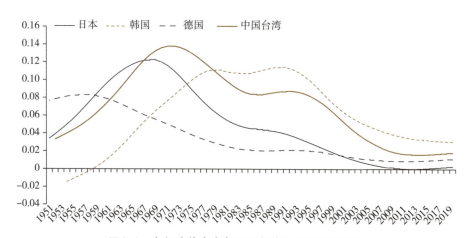

图 3.8 各经济体资本存量历史增速（HP 滤波后）

资料来源：PWT10.0，课题组测算。

根据人口抽样调查和人口普查等官方历史数据，课题组通过年龄结构建模和计量方法对"十四五"期间我国就业人口增长率进行预测。测算结果显示，未来十年我国劳动力人口增速呈现波动下降态势，其间个别年份由于人口年龄结构变化以及劳动参与率持续上升可能会出现小幅增长。整体看，"十五五"期间劳动力降幅要大于"十四五"期间。总人口方面，综合联合国的人口预测和课题组的校准计算，我国总人口将在未来十年持续增加，在2031年左右见顶回落，峰值人口约为14.3亿（见图3.9）。

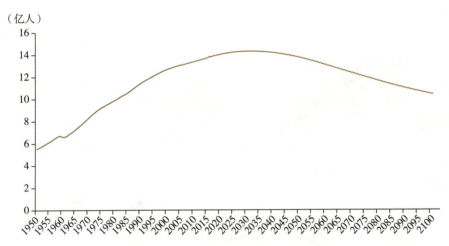

图3.9　中国历史总人口和未来人口预测

资料来源：联合国，课题组测算。

将上述变量的预测代入差分形式的生产函数：

$$\Delta Y = \Delta A + \alpha \Delta K + (1 - \alpha)\Delta L$$

可以计算出未来十年我国潜在增长率。结果显示，未来十年我国潜在增速将从当前的6%左右下降至4%左右。不考虑疫情影响的基数效应，2021年我国潜在增长率为5.8%，2025年降至5.15%，"十四五"期间平均潜在增长率在5.4%左右；2030年降至3.9%，"十五五"期间平均潜在增长率在4.37%左右；2021—2030年平均增速为4.9%（表3.2）。

表3.2　未来十年我国潜在增长率预测结果 （单位：%）

年份	劳动力增速	资本存量增速	全要素生产率增速	GDP增速	GDP增速（5年平均）
2021	-0.13	7.99	2.57	5.80	
2022	-0.15	7.53	2.50	5.53	
2023	-0.19	7.15	2.43	5.28	
2024	0.12	6.82	2.37	5.26	
2025	0.25	6.55	2.30	5.15	5.40
2026	0.39	6.31	2.23	5.07	

（续表）

年份	劳动力增速	资本存量增速	全要素生产率增速	GDP 增速	GDP 增速（5 年平均）
2027	0.24	6.10	2.16	4.83	
2028	−0.78	5.91	2.10	4.08	
2029	−0.73	5.72	2.03	3.97	
2030	−0.61	5.54	1.96	3.90	4.37

资料来源：课题组测算。

未来十年人民币汇率预测

预测实际汇率对预测名义汇率有着重要意义。实际汇率的计算公式为 $e = PPPEX/E$，其中 e 为实际汇率，$PPPEX$ 为购买力平价转换系数，E 为本币兑美元名义汇率。购买力平价转换系数 $PPPEX = P/P_{US}$，其变化可以通过本币通胀水平和美国通胀水平预测得到。因此可以通过预测实际汇率和购买力平价转换系数预测名义汇率，将本币计价的 GDP 转化为美元计价的 GDP，使各经济体的数据具备可比性。

测算结果显示，对标经济体的实际汇率均随着人均 GDP 的增长而波动上升，最后会进入一个相对稳定的波动区间。实际汇率的整个变化周期大致可以分成三个阶段：低位运行、高速增长和高位波动。其中起步较早的德国和日本已进入第三阶段，而起步较晚的韩国和中国正处于第二阶段。各对标经济体在人均 GDP（PPP）达到和中国相似发展阶段时，实际汇率均出现了大幅上升，德国在之后十年时间里实际汇率升值 119%，日本升值 194%，中国台湾升值101%。值得注意的是，各经济体所处的时代背景会对实际汇率的变化趋势产生较大影响。韩国由于受到亚洲金融危机冲击，实际汇率处于下降状态，同时期亚洲的日本、韩国、新加坡、中国香港和中国台湾的实际汇率也同样出现下降（图 3.10）。

德国和日本经济腾飞较早、发展水平较高，经历了完整的实际汇率变化周期，故本章重点参考这两个经济体的典型性变化规律进行预测。德国在和我国相似发展阶段，即人均 GDP 达到 13000 国际元左右后的十年时间里实际汇率升值超过一倍，日本实际汇率升值接近两倍；两国的实际汇率在达到我国当前水平（2020 年 0.64）后十年时间里升值了 50% 左右，达到高位波动的第三阶段。需要注意的是，与我国处于相似发展阶段时的德国和日本正值战后经济快速发展、布雷顿森林体系解体的时期，两国经济实力的快速提升使两国实际汇率加速升值，而日本在 20 世纪 80 年代的实际汇率大幅上升与《广场协议》有密不可分的关系。考虑到所处时代背景的差异造成的异常影响，比照日本、德国与我国处于相同发展阶段后十年的变化趋势，课题组更倾向于对标两个经济体达到当前我国实际汇率水平后的变化规律，也就是相较于发展阶段的对比，我们认为抛开发展背景的实际汇率变化周期更具备预测价值。因此，课题组判断在今后的十年里我国实际汇率预计将升值 50% 左右，由 2020 年的 0.64 升至 2030 年的 0.97。

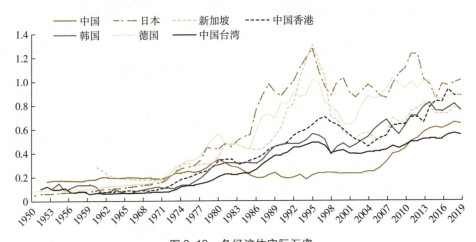

图 3.10　各经济体实际汇率

资料来源：PWT10.0，课题组测算。

课题组根据中美两国的历史通胀数据判断，假设未来十年我国 CPI 同比平均增长 2.5% 左右，美国 CPI 同比平均增长 2% 左右，由此可以预测中美两国的通胀比，并结合根据 PWT10.0 数据库计算的中美购买力平价转换系数基数，得到今后十年的购买力平价转换系数。根据预测出的实际汇率和购买力平价转换系数，可以计算出 2030 年人民币兑美元汇率将升值至 4.8 左右。

未来十年按美元计价的中美 GDP 增长对比分析

考虑到国际经济环境和汇率长期变化存在不确定性，课题组同时设定了我国实际汇率较当前水平大幅升高和名义汇率与当前水平基本一致的"高""低"两种情景，而课题组的基准预测结果则作为"中"情景。如果我国实际汇率出现与德国、日本在 1964 年、1970 年后类似的大幅升值情况，预计我国实际汇率将在未来十年升值 100%，2030 年人民币名义汇率为 3.6，我国 GDP 总量将达到美国的约 1.8 倍，美元计价的人均 GDP 将达到美国的 44%；如果我国实际汇率在未来十年不发生变化，我国 GDP 总量到 2030 年仍未超过美国，为美国的 94%，按美元计价的人均 GDP 为美国人均 GDP 的 23%（表 3.3）。综上分析，2025 年以后，我国按美元计价的 GDP 总量有望超过美国，成为全球最大的经济体。但在人均层面与美国相比仍有较大差距，届时我国按现价美元计价的人均 GDP 仅为美国的四分之一。

表 3.3　未来十年我国总产出与人均 GDP 同美国对比

年份	课题组预测（中）				人民币实际汇率大幅升值（高）				名义汇率不变（低）		
	实际汇率	名义汇率	中美现价美元GDP之比	中美现价美元人均GDP之比	实际汇率	名义汇率	中美现价美元GDP之比	中美现价美元人均GDP之比	名义汇率不变	中美现价美元GDP之比	中美现价美元人均GDP之比
2021	0.68	6.6	77%	18%	0.71	6.3	81%	19%	6.90	74%	17%
2022	0.71	6.3	83%	20%	0.77	5.8	91%	21%	6.90	76%	18%
2023	0.74	6.1	89%	21%	0.84	5.4	101%	24%	6.90	79%	19%
2024	0.77	5.9	96%	23%	0.90	5.0	112%	27%	6.90	81%	19%
2025	0.81	5.7	102%	24%	0.97	4.7	123%	29%	6.90	84%	20%
2026	0.84	5.5	109%	26%	1.03	4.4	134%	32%	6.90	86%	21%
2027	0.87	5.3	116%	28%	1.10	4.2	146%	35%	6.90	89%	21%
2028	0.90	5.1	122%	30%	1.16	4.0	157%	38%	6.90	91%	22%
2029	0.93	5.0	128%	31%	1.22	3.8	168%	41%	6.90	92%	22%
2030	0.97	4.8	134%	33%	1.29	3.6	179%	44%	6.90	94%	23%

资料来源：课题组测算。

总体来看，当前我国经济已由高速增长阶段转向中速高质量发展阶段。过去长时期的高速增长、现阶段和以后相当长时间的中速增长，主要靠的是结构性潜能。这里所说的结构性潜能，是指中国作为一个后发经济体，在技术进步、结构转型升级、城市化等方面具有的增长潜能。中国与发达经济体之间的区别就在于中国还有结构性潜能可用，经济还有较大的增长潜力，人均生活水平还有巨大的提升空间。

十九届五中全会提出，到 2035 年人均 GDP 达到中等发达国家水平。现阶段按现价美元计算，发达国家入门门槛为 1.8 万美元，中等发达国家人均 GDP 在 3 万~4 万美元。相关研究认为，在汇率、人口规模不变等假设条件下，这一时期需要 4.7% 以上的平均实际增速才能实现人均 GDP 翻一番的目标。从课题组测算的我国潜在增长率看，2030 年潜在增长率就可能低于 4%，15 年间平均实际增速达到 4.7% 或更高增速难度非常大。从对标经济体的发展经验看，汇率的升值对于按美元计价的人均 GDP 的提升贡献巨大，有的经济体汇率升值的贡献要超出其实际 GDP 增长的贡献。所以，下一步的立足点、注意力应当更多地放在提升增长质量、提高劳动生产率和全要素生产率上，而非过度追求难以企及的增长速度。在提高生产率基础上的合理汇率升值，加上能够争取到的实际经济增长率，才有可能实现人均 GDP 达到中等发达国家水平的目标。

参考文献

刘世锦. 陷阱还是高墙？中国经济面临的真实挑战和战略选择 [M]. 北京：中信出版社，2011.

刘世锦. 中国经济增长十年展望（2013—2022）：寻找新的动力和平衡 [M]. 北京：中信出版社，2013.

周小川. 分析物价趋势的指标选择 [J]. 金融研究，2013（5）：1－11.

夏华楠. 浅论翘尾因素与新涨价因素的计算与应用 [J]. 统计科学与实践，2015（5）：52－53.

International Monetary Fund. World Economic Outlook Update [R]. IMF, 2021.

中金公司研究部. 春节消费勿过喜，资金回笼勿过忧 [J]. 宏观经济研究，2021（2）.

王靖添. "就地过年"的 2021 年春运："快递激增"替代"出行高峰"——春节消费专题 [R]. 中国银河证券研究院研究报告，2021.

第四章　居民消费

收入预期不稳与预防性储蓄拖累疫后复苏

蔡颖　陈晨

要点透视

➤ 2020 年，居民消费受疫情冲击严重，疫后消费复苏较慢，不及预期。腾景数研最新数据显示，2020 年全口径居民消费不变价同比下降 3.11%。

➤ 疫情影响下，服务消费受冲击较大，商品消费相对韧性较强，使 2020 年服务消费对居民消费增长的贡献率从 2019 年的 67.5% 下滑到 53.3%。

➤ 从占比偏离度指标看，截至 2020 年末，社零商品消费的占比结构已基本恢复正常，但总量修复尚有空间。

➤ 疫情演化仍将是影响 2021 年居民消费的主导变量之一，疫苗的大规模接种有望打开二、三季度服务业斜率修复的空间，对居民消费形成支撑。

➤ 居民可支配收入、城镇化水平与人口结构的变化将是塑造我国居民消费长期趋势的三大力量，预计 2035 年我国居民消费总量有望达到 84 万亿元。

2020 年居民消费情况回顾

全口径视角下的居民消费

目前国家统计局公布的消费数据主要有三项：一是社会消费品零售总额，口径包括实物商品消费以及服务消费中的餐饮消费。此外，社零是从企业销售端统计，购买端的主体可能包括个人也可能包括社会团体，并不完全是居民消费。二是季度公布的城乡一体化住户调查数据，包括了商品消费和大部分的服务消费，是从购买端统计的居民消费支出。三是支出法 GDP 下最终消费支出中的居民消费支出，口径最全但频度较低，为年度公布。腾景全口径居民消费数据与年度公布的居民消费数据的口径一致，较好地弥补了社零统计口径较窄以及住户调查数据和支出法居民消费数据公布频度低的问题。

2020 年，居民消费受疫情冲击影响严重，疫情后消费复苏速度较慢，不及预期。腾景数研最新数据显示，2020 年全口径居民消费现价总额为 382930.42 亿元，同比下降 0.77%；不变价同比下降 3.11%。疫情冲击下，供给受损、商品流通渠道受阻、消费场景受限以及恐慌情绪造成预防性储蓄上升等因素均对居民消费造成了负面影响，而在疫情受控后，我国经济政策重心主要放在了保障产业供应链稳定、保障企业流动性等方面，直接刺激居民需求端的措施相对较少，对需求侧恢复难以形成直接支撑，居民在收入预期不稳、预防性储蓄心理持续的情况下，消费意愿难以快速恢复。

商品消费韧性相对较强，接触性服务消费承压下回暖。腾景数据显示，2017—2019 年全口径消费同比增速较为平稳。2018 年，在商品消费增速下行的背景下，服务消费增长在稳定居民消费中起到了重要作用。此后服务消费增速开始显著高于商品消费增速，且差距逐步拉大，服务消费占比持续增加。但在疫情影响下，服务消费受冲击较大，商品消费相对韧性较强，使 2020 年服务消费增量占居民消费增量的比例大幅度下滑，从 2019 年的 67.51% 下降到 53.31%（图 4.1）。

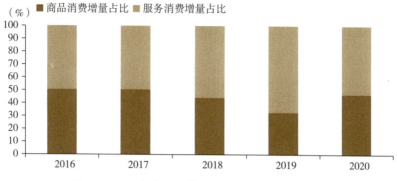

图 4.1 近五年商品消费、居民消费增量占比变化

资料来源：腾景数研。

从腾景需求侧居民消费十一大类的增量数据看（图 4.2），2020 年居住类消费是居民消费最主要的支撑，较 2019 年增加 3348.35 亿元，主要得益于房地产销售、投资增速在全年保持较好的韧性。全年商品房销售面积同比上升 2.6%，商品房销售额同比增长 8.7%，全国房地产开发投资同比上升 7.0%。具体来看，2020 年下半年购房需求持续释放、房企供应量加大，需求端供给端回暖态势皆强劲。银行中介服务消费是 2020 年唯一保持增量增速为正的细项，疫情期间居民贷款需求增加和相对宽松的信用政策共同支撑了银行服务消费的增加。相反，教育、文化和娱乐项成为居民消费最大的拖累项。教育方面，教育部规定的封校政策和在线教学促进了线上教育，但严重抑制了线下教育的消费，整体上疫情对居民教育消费是抑制的。文化、娱乐方面，因消费场景受限，该类服务型消费受到了严重的打击。另外，衣着、食品烟酒类消费也因需求的下降而明显减少。

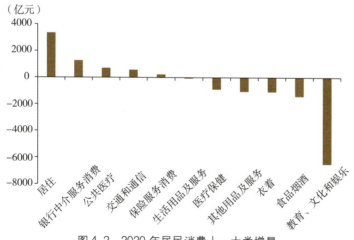

图 4.2 2020 年居民消费十一大类增量

资料来源：腾景数研。

　　从行业结构看（图4.3），腾景数据显示，2020年商品消费中，农副食品加工业和农林牧渔业占比居前两位，分别为21.2%和17.8%，且占比相较2019年明显增加，比重下降的商品消费有纺织服装、鞋、帽，医药，计算机、通信和其他电子设备，文教体育用品等。从服务消费结构看，2020年，房地产业消费占比最高，达到22%。图4.4显示，占服务消费比重较2019年明显上升的行业有：房地产业，批发零售业，卫生，餐饮业，银行业、证券业和其他金融活动以及保险业。占服务消费比重下降最显著的行业是：教育，保险业，道路运输业，居民服务、修理和其他服务业，信息传输、软件和信息技术服务业。

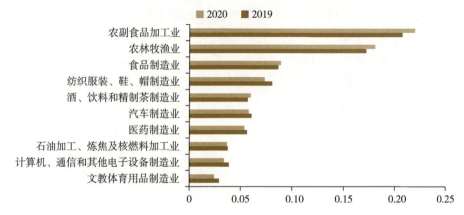

图4.3　2019—2020年商品消费前十行业（以2020年数据排序）
资料来源：腾景数研。

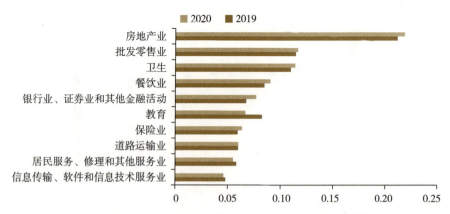

图4.4　2019—2020年服务消费前十行业（以2020年数据排序）
资料来源：腾景数研。

可选消费和必选消费次第回暖，截至年末，商品消费结构趋于正常化

据限额以上社会消费品零售数据，2020年上半年，疫情背景下，必选消费由于需求相对刚性，体现出的韧性较强，而可选消费受抑制明显。2020年下半年起，随着疫情逐步受控，可选消费复苏动能走强。

为了衡量疫情对居民消费结构的冲击，我们构建了占比偏离度指标来捕捉疫情前后居民消费细项占比的变化（占比偏离度＝2020年当月各细项占比－2015年至2019年同月占比均值）。从可选消费和必选消费在限额以上社零中的各自占比看，年末可选消费与必选消费的相对比重已基本修复至疫情前状态，但其销售额总量尚未完全恢复。

图4.5和图4.6显示，2020年1—2月，由于疫情下居民消费行为受限，而粮油食品等必选消费需求刚性较强，因而其当月占比相较2015—2019年的五年均值明显偏高，高出4.67个百分点，以服饰和金银珠宝为代表的可选消费占比受压缩严重，服装鞋帽、针纺织品类当月占比低于过往五年均值1.54个百分点，汽车类当月占比低于过往五年均值4.20个百分点，金银珠宝类当月占比低于过往五年均值0.75个百分点。自2020年第二季度始，粮油、食品类、日用品类以及服装类、金银珠宝类、文化办公用品类的当月占比，与前五年均值的偏离度均开始呈现收敛趋势。截至2020年底，12月的各分项偏离度均已回归至零值附近，显示受到疫情扭曲的商品消费结构逐步正常化。但化妆品、通信器材与汽车类则在疫情后始终维持较大程度的正偏离。

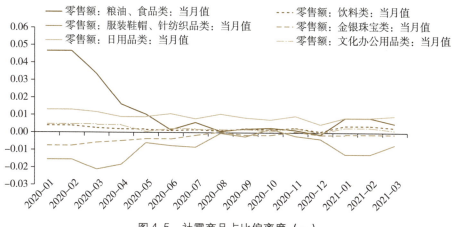

图4.5 社零商品占比偏离度（一）

资料来源：国家统计局。

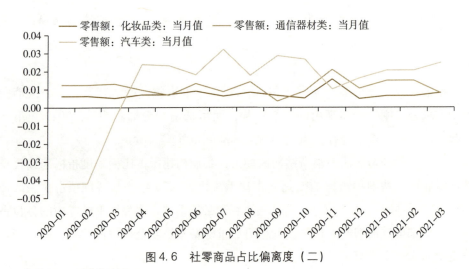

图4.6　社零商品占比偏离度（二）

资料来源：国家统计局。

从2020年全年看，必选消费品韧性较强，粮油、食品类零售额比上年增长9.9%，饮料类增长14.0%，烟酒类增长5.4%，日用品类增长7.5%，中西药品类增长7.8%。可选消费品受抑制较明显，服装、鞋帽、针纺织品类下降6.6%，金银珠宝类下降4.7%，房地产下游的建筑及装潢、家电、家具类消费受前三季度房地产竣工同比下滑影响，亦呈现负增长，家用电器和音像器材类下降3.8%，家具类下降7.0%，建筑及装潢材料类下降2.8%。仅化妆品类、通信器材类出现逆势增长，化妆品类可能受益于"口红效应"与消费替代，自4月以来基本持续保持双位数同比增长，全年实现同比增长9.5%。通信器材类受益于居家办公以及5G换机潮，全年表现良好，实现12.9%的同比增长。此外，汽车类消费虽于上半年受冲击较大，但受益于政府对汽车行业的扶持、新能源汽车带来的边际增量以及汽车消费周期的回暖，下半年表现较为强劲，全年来看，石油及制品类下降14.5%，汽车类下降1.8%。

新型消费加速发展，网上零售占比不断攀升，实物商品网上零售额持续增长

在消费整体复苏疲弱的背景下，线上消费成为居民消费中为数不多的亮点。背靠我国快捷稳健的物流网络与快速迭代创新的数字化技术，线上消费的发展潜力在疫情期间加速释放，网络零售总量和占比都不断攀升，实物商品网络零售额持续增长。2020 年，全国网上零售额为 117601 亿元，同比增长 10.9%；占社会消费品零售总额的 30%，较上年提升 4.2 个百分点。实物商品网上零售额增长 14.8%，占社会消费品零售总额的比重持续走高。2021 年一季度，全国实物商品网上零售额同比增长 25.8%，两年平均增速为 15.4%，线上消费依然保持强劲动能。

新型消费依托于数字技术等新技术、线上线下融合等新商业模式、社交网络等新媒介。我们可以从新消费关系、新消费理念和新消费形式三个方面理解新型消费。新型消费关系有助于拓展消费渠道和提高商品流转过程中的效率，比如新电商下"互联网＋农业＋消费"产业链重塑为农产品的供需两端搭建了高效的连接渠道。绿色消费、健康消费、国潮消费等新消费理念的萌发为消费提供了新的增长点，有助于释放消费动能，创造新的就业方向和岗位，提高居民收入，形成促进消费的正反馈循环。消费形式的创新，例如直播带货、内容电商等将购物社交化，巧妙地结合了消费和娱乐，更适应新一代消费者的消费习惯。创新的消费形式推动了技术的发展，"无接触配送"的需求带动了智慧零售、智慧物流的发展。新型消费的发展对我国消费需求回暖起着至关重要的作用，在国内国际双循环发展格局和需求侧改革中的角色不容小觑，是未来消费发展需要关注的重点。

2021 年居民消费预测

一季度疫情防控压力较大，对线下消费、服务消费和低线城市消费造成一定抑制

春节期间通常是我国居民的消费旺季，2021 年一季度，由于疫情防控压力较大，国家卫健委发布春运期间人口流动的核酸检测要求，提倡"就地过年"，明显降低了 2021 年春节期间全国人口的流动。交通部数据显示，春运 40 天（1 月 28 日至 3 月 8 日）整体旅客发送量较 2020 年和 2019 年同期分别下降 41% 和 71%。根据百度迁徙指数，2021 年 2 月 1 日至 2 月 13 日（农历腊月二十至正月初二），全国平均迁徙规模指数为 252，较 2020 年同期（以农历计算）下降约 46.4%（图 4.7）。

因为无法返乡，只能在当地过节、当地消费，居民的春节消费行为模式与往年产生较大差异，使 2021 年春节消费在一、二线城市和线上表现得相对强劲。国家邮政局数据显示，2021 年 1 月，全国快递服务企业业务量完成 84.9 亿件，同比增长 124.7%。除夕和初一两天，全国快递处理超 1.3 亿件，同比增长 223%。

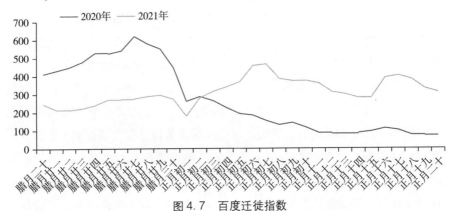

图 4.7 百度迁徙指数

资料来源：百度地图慧眼。

此外，国家税务总局增值税发票数据显示，2021 年春节期间，在 2020 年低基数效应的影响下，全国批发零售业销售收入同比增长 27.9%，文体娱乐业销售收入同比增长 117.1%。餐饮服务销售收入同比增长 358.4%，比 2019 年春节增长 5.4%，显示接触性服务业逐步恢复。

但"就地过年"的政策约束和疫情导致的消费场景缺失问题，对线下消费和服务消费，尤其是交通运输、旅游和食品餐饮的消费造成负面影响。据文化和旅游部数据中心统计，春节假期七天，全国国内旅游出游合计 2.56 亿人次，同比增长 15.7%，恢复至疫前同期的 75.3%。实现国内旅游收入 3011.00 亿元，同比增长 8.2%，恢复至疫前同期的 58.6%。三亚 2021 年春节接待游客 74 万人，只有 2019 年的 70% 左右，旅游总收入 27 亿元，不到 2019 年的三分之一。春节黄金周期间，海南、广东、四川等省旅游收入仍然不到 2019 年同期的一半。

总体来看，"就地过年"对整体消费的影响更偏负面。据国家统计局统计，2021 年 1—2 月，社会消费品零售总额 69737 亿元，同比增长 33.8%，比 2019 年 1—2 月增长 6.4%，两年平均增长 3.2%，显示修复力度较弱。随着春节结束，居民生活轨迹重新正常化，3 月社零名义同比增长 34.2%，季节调整后，3 月社零环比增速达到 1.75%（图 4.8），较 2 月环比增速上升 0.3 个百分点，较 2019 年 3 月环比增加 0.96 个百分点，相较 1—2 月消费动能回升明显，但考虑到 1—2 月的消费受到"就地过年"的负面影响，3 月的环比中可能包含了残留的基数效应，因此消费复苏态势并非十分强劲。预计 2021 年全年社会消费品零售总额同比增速将在 16% 左右，使用两年平均的方法剔除基数效应后，预计 2020 年和

2021年两年的社零几何平均同比增速将在5%左右。

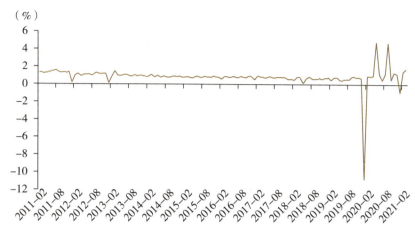

图4.8　社会消费品零售总额环比季调

资料来源：国家统计局。

从最终消费对GDP当季同比的贡献率看，2021年一季度最终消费的贡献率仅为63.40%（图4.9），相较2019年的66.10%仍存在2.7个百分点的缺口，相较2017—2019年三年同期的均值70.3%存在6.9个百分点的缺口，体现消费复苏仍将是个耗时较长的过程。

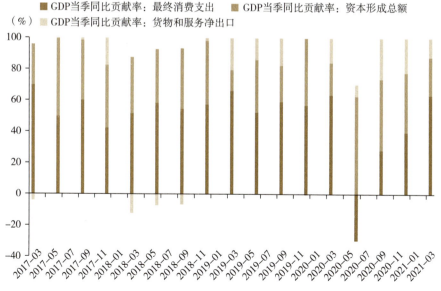

图4.9　GDP当季同比贡献率

资料来源：国家统计局。

疫情仍将是影响2021年消费复苏的主导变量之一，随着大规模疫苗接种的推进，服务消费有望于二季度开始加速恢复

以当前的疫苗接种推进进程推算，疫苗接种的覆盖范围有望于二季度后迎来新阶段。据钟南山估计，预计全国疫苗接种人群将于2021年6月达到约40%。考虑到疫苗接种有先后顺序，40%的覆盖率并非全国同步达到，因此一二线城市的疫苗接种率很可能在6月底时已超过40%，使得届时在一二线城市，无论是接触性服务消费的经营限制，还是消费者进行服务消费时的戒备谨慎心理，都有望接近完全解除。

2020年期间，由于疫情防控的要求，服务消费的恢复始终受到一定程度的抑制，无论是社零中的餐饮服务，还是腾景数研数据中的全口径服务消费，其同比增速修复体现的天花板效应均比较明显（图4.10）。而在2021年，随着疫苗接种覆盖范围的扩大，叠加气温的逐步回暖，接触性服务业的场景限制如能基本解除，则服务消费的斜率修复空间有望于二季度打开，获得较大的复苏势能。由于接触性服务业多具备劳动密集型特征，因而接触性服务业的恢复有望提振居民就业和收入，尤其是低收入群体的就业与收入，同时有利于丰富居民的消费场景，带来消费供给和需求的双端利好，持续支撑消费复苏。

但同时我们也需注意到疫情的不确定性并未完全消除，仍然存在疫苗接种意愿不高、病毒变异加快、疫苗失效或保护力不足等风险。

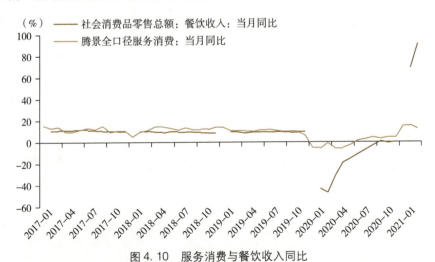

图4.10　服务消费与餐饮收入同比

资料来源：国家统计局，腾景数研。

居民的边际消费倾向仍将对 2021 年消费复苏形成一定制约

截至 2020 年底，我国疫情防控已进入平稳受控阶段，实物消费品制造业基本恢复，制约消费的将主要是需求侧问题。居民预期收入和实际收入减少是制约消费复苏的关键因素。同时，由于低收入阶层抗风险能力较弱，在收入方面受到的冲击大于中高收入阶层，收入差距在疫情后扩大，不利于边际消费倾向的提升。

据国家统计局数据，2020 年全年城镇居民人均可支配收入 43834 元，比上年增长 3.5%，扣除价格因素，实际增长 1.2%。城镇居民人均可支配收入中位数 40378 元，增长 2.9%。农村居民人均可支配收入 17131 元，比上年增长 6.9%，扣除价格因素，实际增长 3.8%。农村居民人均可支配收入中位数 15204 元，增长 5.7%。无论是城镇还是农村，都出现了可支配收入中位数的绝对水平与增速均低于平均数的情况，显示收入的贫富分化在疫情冲击下加剧。而在 2021 年一季度，全国居民人均可支配收入 9730 元，比上年增长 13.7%，全国居民人均可支配收入中位数 8014 元，增长 12.7%，收入平均数与中位数的差距体现出收入的分化态势仍未出现扭转。

央行的城镇储户季度调查显示，2020 年一季度倾向于"更多储蓄"的居民占 53%，比上一季度攀升 7.3 个百分点；而倾向于"更多消费"的居民占 22%，下降 6 个百分点。到四季度疫情缓解时，倾向于"更多储蓄"的居民仍占 51.4%，倾向于"更多消费"的居民占 23.3%，只略升了 1.3 个百分点。2021 年一季度，倾向于"更多消费"的居民仍仅占 22.3%，较 2019 年同期仍低 3.6 个百分点（图 4.11）。

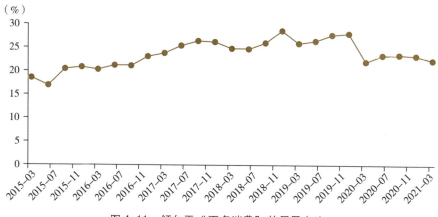

图 4.11　倾向于"更多消费"的居民占比

资料来源：Wind。

居民消费意愿回升受阻，反映在人均可支配收入与消费支出的增速上，即表现为居民收入与消费支出同比增速的缺口，这一缺口于 2021 年一季度已收敛，但从全年来看恐难完全消失，居民的人均消费倾向（人均消费支出/人均可支配收入）也仍未回到疫情前水平（图 4.12）。根据高善文在《预防性储蓄流向何方》中关于北京"非典"疫情下居民储蓄率的研究，直到"非典"疫情已经确定消失后的三个季度，疫情冲击引致的预防性储蓄意愿才回落至正常水平。

图 4.12 收入与消费同比增速缺口

资料来源：国家统计局。

未来居民消费增长路径展望

居民可支配收入、城镇化水平与人口结构的变化将是塑造我国居民消费长期趋势的三大力量

从居民消费总量上看，如果我们将居民消费拆解，居民消费 = GDP × 居民消费率 = GDP × 居民消费/GDP = GDP × 居民可支配收入/GDP × 居民消费支出/居民可支配收入 = GDP × 居民可支配收入/GDP × 消费倾向，因而影响居民消费总量的三个主要途径是 GDP 增速、GDP 中居民部门所占的分配比例以及居民部门的消费率，即居民部门的消费意愿。

根据国际经验，随着经济发展与收入增长，居民消费率的变化往往呈现 U 字形。经济发展初期，农业比重较大，收入和生活水平较低，消费结构中，刚性的生存型消费占比高，因而居民被迫将收入的大部分都用于消费，此时居民消费率较高；随着经济发展、农村人口向城镇转移和产业结构的变化，居民收入水平提升，此时投资率上升而居民消费率降低；达到高收入阶段后，居民的消费从生存必需品向享乐型延伸，同时工业化完成后的投资率也开始下降，此时居民消费率重新上升。

图4.13显示，20世纪80年代以来，中国居民消费率大趋势上呈现波动下降的特点，从80年代的50%左右，逐步下降至2010年的34.6%，此后出现缓慢回升，2016年起则进入相对的平台期。政府消费率在2008年后亦缓步上升。目前来看，居民消费率可能已处于U形趋势的后半段。

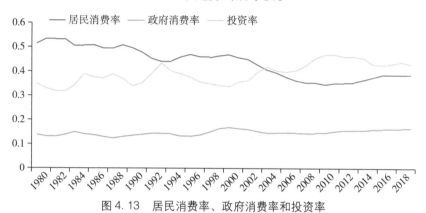

图4.13　居民消费率、政府消费率和投资率

资料来源：国家统计局。

未来十年，城镇化水平提升与人口年龄结构的变化也将支持居民消费率的趋势性上升。对照发达国家，我国的城镇化水平，尤其是户籍人口的城镇化率，在未来十年内仍有较大上升潜力，这意味着无论是农村人口向城市地区的转移，还是农民工的市民化程度都仍有较大提升空间。而伴随着城乡转移过程，农民工收入以及消费信心与行为将逐渐向城市居民看齐，带来社会整体消费倾向的提升，支撑居民消费的增长。

图4.14　我国户籍人口城镇化率与常住人口城镇化率

资料来源：国家统计局，Wind。

从人口年龄结构看,根据生命周期理论,青壮年是社会中的生产者和储蓄者,而老人和小孩则是净消费者,因此净消费者在社会中的比例上升,将带来社会整体的消费率上升。同时老龄化的加剧和劳动年龄人口的减少,也意味着劳动供给的下降,带来工资上升压力,促进劳动收入在 GDP 中占比上升,提升居民收入在 GDP 分配中的比重。

据联合国数据,我国的消费者①/生产者②比例已于 2015 年见底,在未来二十年中将持续抬升,直至 2040 年进入相对平稳的时期(图 4.15)。尽管亦有研究表明,处于劳动年龄阶段的人口下降,短期内部分积累的储蓄会用于消费,进而引起社会总消费的增加,储蓄率相对下降;长期看,人均消费水平会随着产出水平的下降而下降,但技术进步会在一定程度上抵消产出下降,进而抵消消费水平的下降,最终结果取决于两种效应的大小。考虑到 2020—2035 年期间,我国仍处于劳动年龄人口下降的初期,生产者规模仍会持续高于消费者规模,供给压力虽将趋紧但仍相对可控,且技术进步在全社会层面受到空前的重视与支持,因而判断社会总消费的增长仍有支持。

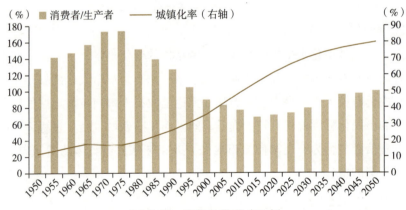

图 4.15　消费者/生产者比例

资料来源:联合国人口署。

为了给未来长期的消费总量增长提供量化参考,我们以郭凯等人(Guo and N'Diaye,2010)的跨国计量统计模型为基础,对 2035 年的居民消费率(居民消费/GDP)做估算,然后辅以对 2020—2035 年实际 GDP 增长率的判断,推算出

---

①　即年龄小于 25 岁以及年龄高于 65 岁的人群。

②　即 25 ~ 64 岁人群。

2035 年大致的居民消费总量。通过估计经济增速、政府消费、利率条件、人口年龄结构、金融深化程度、产业结构、汇率条件、国民收入分配在 2020—2035 年间的变化，利用模型推算出，至 2035 年我国居民消费率达到 42% 左右（表4.1）。若我国于 2035 年顺利完成 GDP 总量翻番的目标，GDP 总量超过 200 万亿元，则对应居民消费总量超过 84 万亿元。

表 4.1　相关解释变量和推断假设

解释变量	推断假设
人均 GDP（购买力平价）	至 2035 年达到 32000 美元左右
政府消费率（政府消费/GDP）	参考高收入经济体相仿收入时期，至 2035 年达到 26% 左右
实际 GDP 增长率	至 2035 年增长率中枢位于 4.5% 附近
通胀率	2% 左右
老年抚养比	据联合国预测，2035 年达到 32% 左右
股市总市值占 GDP 比重	至 2035 年达到 150%
第三产业劳动力占比	至 2035 年达到 75%
实际有效汇率变化	增加 5 个百分点
居民可支配收入/GDP	至 2035 年达到 70% 左右

从居民消费结构看，居民收入水平的上升，一方面会导致服务消费的占比上升；另一方面意味着对消费差异化的需求上升，商品的附加值将普遍增加

终端需求即 GFP（Gross Final Products）视角是一个分析居民消费结构的有力工具，从终端需求视角看，高收入经济体终端需求结构的演变过程呈现一定的趋同性和规律性。那么美、日、韩在该发展水平之后的时间序列上的需求结构变化将为预测中国未来消费结构的演变规律提供参考。2019 年中国人均 GDP 为 14600 美元，相当于美国 1950 年、日本 1973 年、韩国 1992 年的水平。接下来，本章将基于美、日、韩在该发展水平之后的时间序列上的需求结构变化预测中国未来消费结构的演变。按照人均 GDP 达到 14600 美元、20000 美元、25600 美元、30200 美元、35000 美元的时间节点，研究各经济体消费结构演变的规律（表4.2）。课题组预测 2022 年、2025 年、2030 年、2035 年中国人均 GDP 将分别达到 17000 美元、20000 美元、26000 美元和 32000 美元左右。

表 4.2　主要样本经济体发展阶段对照（年份）

人均 GDP	14600 美元	20000 美元	25600 美元	30200 美元	35000 美元
美国	1950	1964	1972—1973	1983—1985	1988
日本	1973	1986	1989—1990	1993—1995	2000
韩国	1992	1995	2004	2008	2016

　　GFP 包括居民消费、政府消费和非生产性投资三部分。从美国、日本人均 GDP 达到 14600 美元后的数据看，居民消费占比在 55% 以上，且呈现震荡上升的趋势（图 4.16）。

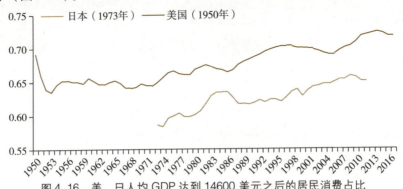

图 4.16　美、日人均 GDP 达到 14600 美元之后的居民消费占比
资料来源：日本 RIETI 数据库，美国 BEA 数据库，OECD 数据库。

　　美国、日本居民消费结构演变过程呈现一些规律性特征，居民消费中生存型消费和发展型消费占比较高，但生存型消费占比呈现不断下降的趋势，享受型消费占比不断增加，发展型消费占比略微上升。从美国、日本、韩国人均 GDP 到达 14600 美元之后的 20 年中，生存型消费占比持续走低，分别减少了 7.0%、7.8% 和 24.7%；享受型消费占比不断增加，分别增加了 6.2%、16.9% 和 22.9%（图 4.17 和图 4.18）。

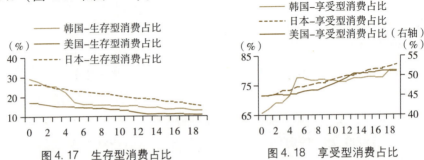

图 4.17　生存型消费占比　　　　图 4.18　享受型消费占比

注：横轴均表示人均 GDP 达到 14600 美元之后的年数。
资料来源：日本 RIETI 数据库，美国 BEA 数据库，OECD 数据库。

生存型消费方面，居民人均 GDP 在 14600～20000 美元时，食品、衣着相关消费趋势占比在美国、日本、韩国呈现一致性，食品、衣着类消费占 GFP 的比重一致下降（图4.19 和图4.20）。居民人均 GDP 在 20000～30000 美元时，三个国家食品类消费占比均出现持续下滑。居民人均 GDP 超过 30000 美元之后，美国、日本、韩国的消费结构中，食品、衣着类消费比重减少，但变化速率要低于人均 GDP 在 14600～20000 美元期间的情况。

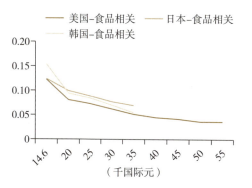

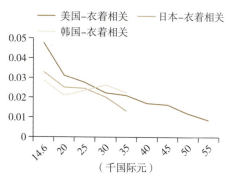

图4.19 食品相关消费占 GFP 比重　　　　图4.20 衣着相关消费占 GFP 比重

资料来源：日本 RIETI 数据库，美国 BEA 数据库，OECD 数据库。

享受型消费方面，居民人均 GDP 在 14600～20000 美元时，美国、日本、韩国在居住，金融保险，卫生、健康和社会工作，文化体育娱乐四类消费比重上均呈现上升态势，出行类消费占比下降。居民人均 GDP 在 25000～35000 美元时，住宿餐饮类消费比重有所上升，文化体育娱乐类消费占比趋于稳定。另外，美国、日本、韩国批发零售消费占比始终保持稳定，且在居民人均 GDP 超过 30000 美元之后，居住类消费占比有所提升，出行类消费占比下降（图4.21 至图4.28）。

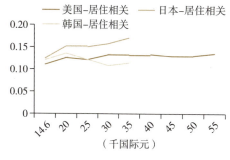

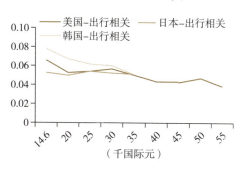

图4.21 居住相关消费占 GFP 比重　　　　图4.22 出行相关消费占 GFP 比重

资料来源：日本 RIETI 数据库，美国 BEA 数据库，OECD 数据库。

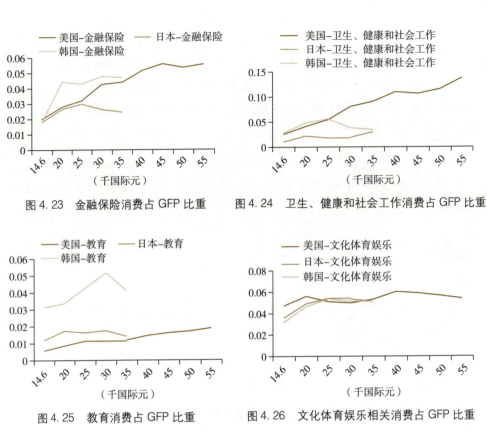

图 4.23　金融保险消费占 GFP 比重　　　图 4.24　卫生、健康和社会工作消费占 GFP 比重

图 4.25　教育消费占 GFP 比重　　　图 4.26　文化体育娱乐相关消费占 GFP 比重

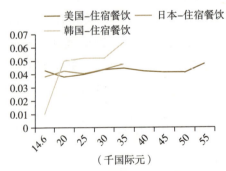

图 4.27　住宿餐饮消费占 GFP 比重　　　图 4.28　批发零售消费占 GFP 比重

资料来源：日本 RIETI 数据库，美国 BEA 数据库，OECD 数据库。

　　发展型消费方面，美国、日本、韩国的教育消费占比在居民人均 GDP 为
14600～20000 美元时有所增加。

　　参考美国、日本、韩国在各阶段居民收入水平下的消费结构，预计未来十
年，中国居民消费结构中生存型消费占比将有所下降，享受型消费占比将有所上

升。生存型消费中食品、衣着相关的消费占比会明显降低。享受型消费中居住，金融保险，卫生、健康和社会工作，文化体育娱乐消费占比会显著增加，出行类消费占比会降低。

政策建议

持续推进要素市场化改革，提高经济效率，促进居民收入增长

优化要素配置，需要打破要素流动壁垒，经济主体凭借要素分享更多的增长红利。放开放宽除个别超大城市外的城市落户限制，建立城镇教育、就业、创业、医疗卫生等基本公共服务与常住人口挂钩机制。推进农村土地制度改革是提高农民收入的关键，应当进一步推进农村土地流转制度创新改革，对农业用地和建设用地使用权实行有偿有期限的流转制度，把农民承包的土地从实物形态变为价值形态，以公有制与市场的深度融合促进集体经济的发展。同时，加快征地制度改革步伐，对宅基地上的房屋征收给予公平合理补偿；适度扩大增减挂钩指标交易范围，对于人口流出地区腾退的建设用地指标，可实行省域内流转，提高指标收益水平。另外，还需完善现有财政支农机制，加大基础设施投入，支持交易市场建设，激活农村金融供给。

持续优化居民收入分配结构，缩小贫富差距

优化收入分配结构的途径主要包括拓宽居民收入增长渠道、扩大中等收入群体和完善再分配机制。第一，拓宽收入增长渠道旨在提高劳动报酬在初次分配中的比重，多渠道提高居民财产性收入。第二，扩大中等收入群体，是夯实消费增长动力的重要手段。保障劳动者收入，扩大就业容量，提升就业质量。第三，通过税制改革、社会保障以及转移支付完善再分配制度。增加直接税比重，提高征税效率，完善纳税数据系统，补齐社会保障短板，加大财政支出对低收入群体的转移支付，以达到提高收入再分配公平性的目的。第四，建立反贫困的长效机制，促进机会公平，为低收入阶层提供更多可及机会，巩固脱贫成果。

适度增加公共产品供给，发挥公共消费的"挤入"效应

当前我国公共消费还存在总量不足、结构失衡和区域不均等问题，增加公共产品供给，有利于增强居民获得感，实现改革成果、改革红利全民共享，为实现

共同富裕做出实质贡献。当下应着眼于三个方面增加公共消费：一是压减行政性开支，增加医疗、教育和社会保障等社会性开支，大力推进医疗服务均等化，提高欠发达地区教育质量。二是积极推进都市圈建设，提高公共消费效率，以公共消费带动社会消费，因地制宜、精准施策，提高财政乘数，确保公共财政资金支出效率。三是向西部地区、经济基础较差地区以及东北老工业基地加大转移支付，为乡村振兴、地区振兴和区域协调发展提供源头活水，提高上述地区的内生发展动力。

推进城镇化进程与都市圈建设

加快推进城镇化与都市圈建设，利用好集聚效应提高资源配置效率，有效带动消费。推进城市群建设，以核心城市为中心，发展建设一批卫星城镇，形成连接更紧密更广泛的城市网络体系。不仅要合理规划都市圈相应的基础设施建造，还需逐步解除农民工市民化过程中的户籍约束、难以平等获取公共服务资源等诸多制度障碍，重点解决好农村进城人员的住房问题，让农民能平等分享城镇化和都市圈建设的红利，消费信心得以增强，消费能力得到提高。

坚持"房住不炒"原则，抑制房价过快上涨

在财富差距的负面效应影响下，房价的高速增长加重了居民负债压力，抑制与削弱了居民消费能力及消费意愿，阻碍内循环。立足于"房住不炒"政策的总基调，第一，因地制宜推出相应政策，平衡房产居住属性与投资属性，摒弃"土地财政"与"卖地思维"。第二，不断完善住房保障体系，充分释放城市低收入群体及新迁入家庭房产消费压力，增强社会低中收入群体的消费信心。第三，推进差异化住房限购政策，完善税收体系，缓解收入分层下的财富效应与挤出效应失衡，使房价与收入结构相匹配，进一步优化调整消费结构。

培育新型消费，以更创新优质的商品服务供给引领消费

大力支持新型消费的发展，促进产业的数字化转型。一要通过培育新消费模式和创新型消费文化，创造更多消费渠道和消费需求。例如无接触式消费的兴起，健康、教育、绿色等消费理念与在线直播经济的结合为消费增长创造了新动能。二要有序推进信息基础设施建设，引导社会资本融资支持新型消费，降低中小电商交易平台的服务成本，加大银行对新型消费领域的信贷支持，完善互联网

行业的法律监管制度。三要鼓励供应链服务的创新，加快完善物流体系以及数字化信息平台。

强化消费者权益保护，避免监管缺位，反垄断措施兼顾效率与公平

大消费时代，需要有完善的配套权益保障制度，提高居民消费信心，才能使居民更加放心、安心消费。在互联网平台步入成熟期，市场占有率提升明显的当下，不少互联网平台提供的服务具备了一定程度的公共属性，对居民生活与消费者福利有着重要影响，反垄断措施因而成为备受关注的议题。一方面，强化反垄断意味着平台不能一味追求商业利益最大化，监管的天平必须从效率向公平倾斜，资本不能无序扩张，要为议价能力相对较弱的居民、中小企业留出空间，只有竞争性市场才能提高居民对消费的认可和满意度。另一方面，需要进一步放开服务消费市场，通过打破行政垄断改革，鼓励社会资本进入大多为公立机构的教育、医疗、金融等领域。

参考文献

刘世锦. GFP 及其驱动的经济增长 [J]. 管理世界，2015（10）：1 – 6.

彭文生. 渐行渐远的红利 [M]. 北京：社会科学文献出版社，2013.

Guo K，N' Diaye P. Determinants of China's Private Consumption：An International Perspective [J]. IMF Working Papers，2010，10（93）：5.

刘世锦. 中国经济增长十年展望（2019—2028）：建设高标准市场经济 [M]. 北京：中信出版社，2019.

第五章　资本形成

逆周期　调结构　新格局

张振　杨骁　蔡正坤

要点透视

➤ 2020 年全国固定资本形成约 44 万亿元（按现价计算），同比增长 5.1%，已基本恢复至疫情前水平，投资起到了逆周期调控的作用，但也带来了宏观杠杆率的进一步上升，特别是地方政府杠杆率的上升。

➤ 2021 年，随着经济逐步恢复，消费回暖，温和通胀伴随货币政策回归正常化。积极的财政政策将提质增效、更可持续，宏观政策预计将保持连续性、稳定性、可持续性。在需求因素主导下，投资将恢复常态，进入中长期高质量发展阶段，整体减速，结构优化。

➤ 长期来看，投资的长期目标将发力于构建新发展格局，重点疏通阻碍国内大循环的堵点。"十四五"规划中对"中等收入人群""城镇化建设""科技革命"等方面的布局，将成为未来固定资产投资发展的重要指导方向。

➤ 应推动投资模式从政府主导转为政社合作，加快推动形成中国标准，提升技术创新能力。将供给侧结构性改革与需求侧管理相结合，加快转型升级及对外开放步伐，积极融入全球价值链分工。

疫情下，2020 年固定资本形成逆周期调控作用明显，结构不断优化

2020 年突如其来的新冠疫情对国民经济造成巨大冲击，在统筹疫情防控和经济社会发展的指导思想下，宏观调控发挥积极作用，资本形成总额拉动 GDP 增长 2.2 个百分点。根据腾景数据，2020 年全国固定资本形成约为 44.35 万亿元，按现价计算（下同）累计同比增长约 5.1%，增速较 2019 年有所下行。随着我国工业化后期进程加深，投资率呈下降趋势，预计将进入"平台期"。月度分布上，固定资本形成同比增速上半年受疫情冲击大幅滑坡，在宏观调控支撑下，下半年强劲反弹，投资结构进一步优化。其中，基建投资逆周期调节明显，房地产投资表现强劲，制造业内不同细分行业表现差异较大（表 5.1 和表 5.2）。

表 5.1 2020 年投资构成及对应贡献 （单位：%）

2020 年构成	累计占比	累计同比	拉动效果	贡献率
基础设施建设	22.54	6.98	1.55	30.30
房地产	19.00	5.83	1.10	21.56
制造业	36.55	2.00	0.76	14.81
其他服务业	15.88	7.25	1.13	22.13
其他投资	5.87	9.90	0.56	10.89

资料来源：国家统计局，腾景数研。

表 5.2 2019 年投资构成及对应贡献 （单位：%）

2019 年构成	累计占比	累计同比	拉动效果	贡献率
基础设施建设	22.14	5.71	1.28	17.93
房地产	18.87	10.41	1.91	26.66
制造业	37.66	6.58	2.49	34.81
其他服务业	15.56	6.26	0.98	13.73
其他投资	5.62	8.96	0.49	6.92

资料来源：国家统计局，腾景数研。

基建投资发挥逆周期调节作用，总量适度，结构优化

根据腾景数据，2020 年基建投资（全口径）同比增速为 6.98%，比上年增长 1.27 个百分点，全年同比增速已基本恢复到近五年平均水平。全年基建投资拉动固定资本形成增速 1.55 个百分点，贡献率达到 30.30%，逆周期调节作用明显，对经济恢复发挥了至关重要的作用（表 5.3）。

表 5.3　2019—2020 年基础设施建设拉动情况及对应贡献　　　　　（单位：%）

时间	累计占比	累计同比	拉动效果	贡献率
2019	22.14	5.71	1.28	17.93
2020	22.54	6.98	1.55	30.30

资料来源：国家统计局，腾景数研。

同时也要注意到，相较以往逆周期调控时基建投资总量的大幅增加，2020 年基建投资总量在 2019 年基础上仅是略有增加，年内投放节奏和 2019 年基本保持一致，这充分体现了政府更加注重高质量发展（图 5.1 和图 5.2）。

从基建细分行业同比增速和拉动效果看，2020 年基建投资结构不断优化（图 5.3 和图 5.4）。电力、热力、水务、燃气等民生相关行业增长较快，拉动效果明显。投资更多向民生领域倾斜，以人为本的投资理念逐步深化。疫情下人员流动减少导致道路运输业增长明显回落，同时也改善了我国长期以交通建设为主的基建投资格局。地方政府更多通过民生领域的基建项目补足地方发展短板，没有采用"大水漫灌"方式，既发挥了宏观逆周期调控作用，又保障了货币政策合理适度。

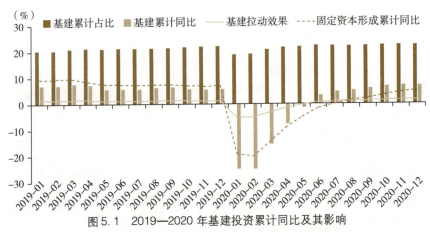

图 5.1　2019—2020 年基建投资累计同比及其影响

资料来源：国家统计局，腾景数研。

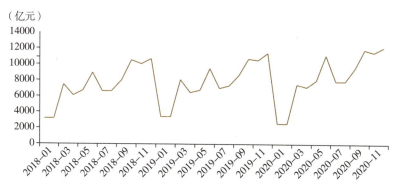

图 5.2　基础设施建设投资额（当月值）

资料来源：国家统计局，腾景数研。

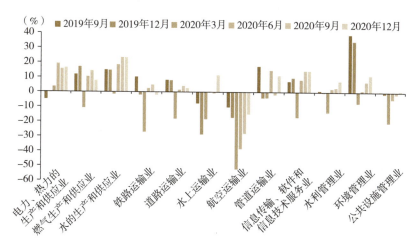

图 5.3　各细分行业累计同比增速

资料来源：国家统计局，腾景数研。

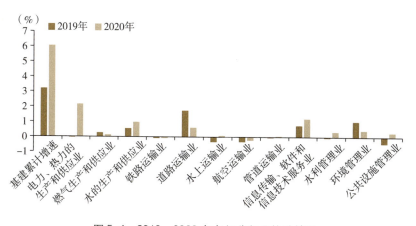

图 5.4　2019—2020 年各细分行业拉动情况

资料来源：国家统计局，腾景数研。

房地产投资弹性较强，拉动整体固定资本形成增长

房地产投资和基建投资是 2020 年固定资本形成的主要拉动项。根据腾景数据，2020 年房地产投资累计增速为 5.83%，拉动固定资本形成增长 1.10 个百分点，贡献率达到 21.56%，前三季度累计增速分别为 -10.31%、1.06%、4.15%，当月同比从 4 月开始转正，在 10 月达到全年高点 13.13%（图 5.5）。其中，住宅开发投资累计增速自 5 月转正后持续走高，且增速快于房地产整体增速，拉动作用最为明显，办公楼和商业营业用房投资增速也均超过 2019 年同期水平（图 5.6）。

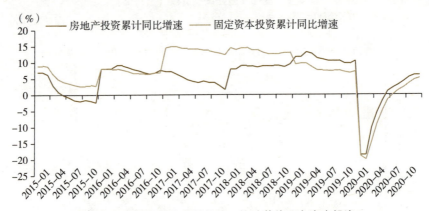

图 5.5　房地产投资弹性较强，拉动整体固定资本投资
资料来源：国家统计局，腾景数研。

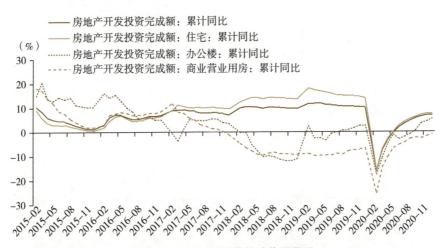

图 5.6　住宅开发投资拉动作用最强
资料来源：国家统计局，腾景数研。

从构成明细看，建筑工程拉动作用最强，其累计同比自5月份转正后持续上行，设备工器具依旧为拖累项，土地购置费累计增速持续增长，但较2019年同期依旧处于较低水平（图5.7）。从边际增速看，土地投资有所放缓，施工投资保持平稳增长，房地产去库存趋势明显。

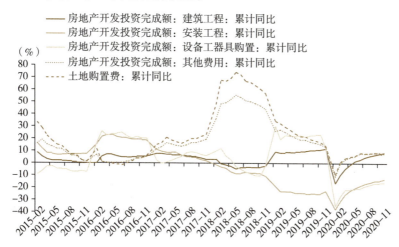

图5.7　建筑工程拉动作用最强，土地购置费增速放缓
资料来源：Wind。

从供给端看，2020年12月房地产业产能利用率达到83.60%，高于2019年同期水平与工业整体水平。房地产业增加值累计同比自6月转正后一直走高，全年达到6.15%，远高于工业增加值的−0.08%（图5.8）。

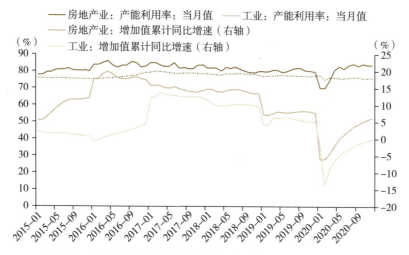

图5.8　房地产业生产端活跃，产能利用率与增加值均高于工业
资料来源：Wind。

从需求端看，商品房销售受到住宅销售的支撑，已经恢复至疫情前水平，当月销售额增速自 5 月转正后，持续保持高位增长。其中，8 月当月同比更是创下 2017 年以来的最高值 27.1%，全年累计增速达到 8.7%。住宅销售增速达到 10.8%，在 2020 年 5 月创下近三年新高 35.14%，办公楼和商业营业用房也均超过 2019 年同期水平（图 5.9 和图 5.10）。

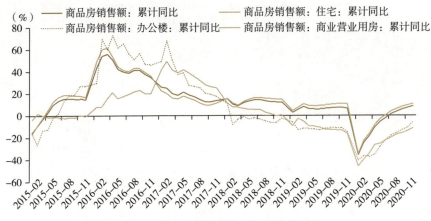

图 5.9　商品房销售额恢复至疫情前水平

资料来源：Wind。

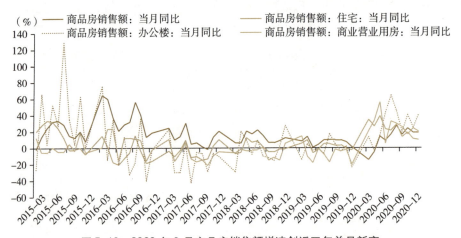

图 5.10　2020 年 8 月商品房销售额增速创近三年单月新高

资料来源：Wind。

制造业投资下半年有所发力

相比于基建和房地产投资，制造业投资受疫情冲击较大，上半年深度衰退，下半年在疫情防控和出口拉动下迅速恢复，全年整体负增长（图5.11）。根据腾景数据，2020年制造业投资累计同比为2.0%，前三季度累计同比分别为－18.3%、－6.9%、－2.3%，拖累整体固定资本形成。下半年以来，受出口增加、产能恢复及利润转正的影响，制造业投资当月同比开始转正，并于2020年11月达到2019年以来的最高值16.3%，成为拉动我国工业增加值的主要动力（图5.12、图5.13和图5.14）。

图5.11　制造业投资拖累整体固定资本投资

资料来源：国家统计局，腾景数研。

图5.12　出口增长叠加盈利修复拉动制造业投资

资料来源：国家统计局，腾景数研。

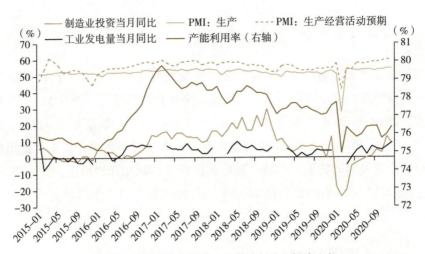

图5.13　企业生产活动旺盛带动制造业投资上行

资料来源：国家统计局，腾景数研。

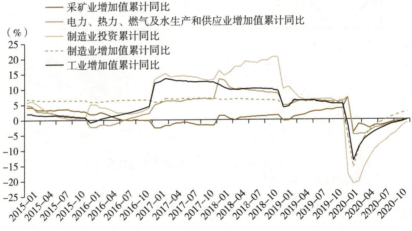

图5.14　制造业投资是拉动工业增加值的主要动力

资料来源：国家统计局，腾景数研。

制造业投资在下半年反弹力度较大，但不同行业之间有所差异。从大类来看，机械设备类增速最高，原材料类次之，下游消费类恢复最慢，累计同比分别为4.5%、3.6%、-1.7%（图5.15）。从细分行业看（图5.16），拉动效果最强的三个行业是计算机、通信和其他电子设备制造业，医药制造业，黑色金属冶炼及压延加工业，投资增速分别为15.6%、29.8%、28.0%，分别拉动制造业投资1.46、0.91、0.71个百分点，三者在制造业投资中的占比近三年持续上升，2020年分别达到11.36%、4.05%、3.31%。"宅经济"带动国内通信器材类消费增长 12.9%，国外产能受损、需求恢复拉动我国集成电路和自动数据处理设备出口金额分别增长 15% 和 12%，共同支撑国内计算机通信设备投资大幅增长。国内外防疫带来医疗器械需求大幅增长，国内医疗产能较快修复，支撑医药制造业投资。受疫情冲击，铁矿石供应受阻导致价格持续上扬，机械设备出口、房地产、基建对钢材的需求旺盛，共同带动钢铁行业投资增加。

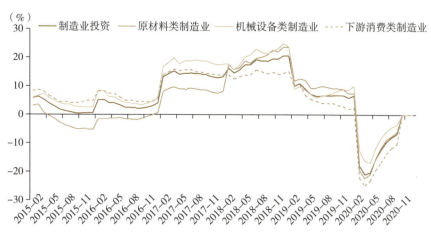

图 5.15　机械设备类制造业投资反弹最多

资料来源：国家统计局，腾景数研。

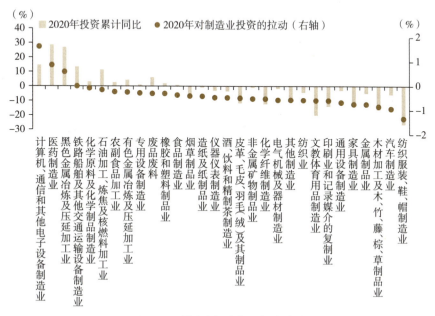

图 5.16　制造业细分行业投资表现

资料来源：国家统计局，腾景数研。

2020年，高技术制造业和装备制造业成为国内工业的重要增长点，增加值累计同比分别为7.1%、6.6%，高于规模以上工业增加值4.3、3.8个百分点（图5.17）。国内工业机器人、新能源汽车、集成电路、微型电子计算机产量分别增长19.1%、17.3%、16.2%、12.7%，战略性新兴产业对工业增速的贡献较为显著。

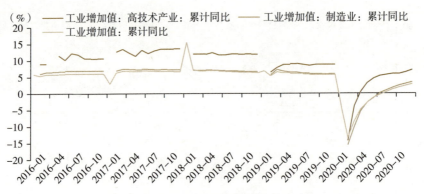

图5.17 高技术产业增加值增速快于总体

资料来源：国家统计局，腾景数研。

农业弹性较强、采矿业恢复较慢、服务业分化明显

2020年，农业、采矿业和服务业合计投资受疫情冲击，上半年陷入衰退，下半年累计同比转正，全年恢复好于整体固定资本形成（图5.18）。根据腾景数

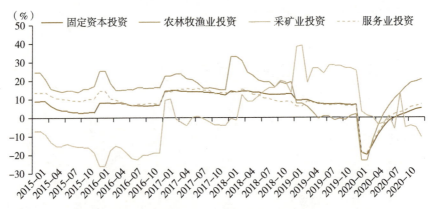

图5.18 农业投资大幅上涨，服务业投资恢复至2019年水平

资料来源：国家统计局，腾景数研。

据，农业、采矿业和其他服务业（即服务业中不包含房地产业及部分基础设施建设行业的其他服务业，为方便理解，以下简称服务业）合计投资累计同比为7.98%，前三季度累计同比分别为－12.36%、0.87%、4.97%，其中教育、卫生、社会保障和福利投资起主要支撑作用。

2020年，农业投资上半年受疫情冲击陷入衰退，但下半年在生猪周期拉动下快速恢复，全年累计同比为20.68%，远高于整体固定资本形成（图5.19）。采矿业投资所受冲击较小，但受黑色金属矿采选业和石油开采业投资低迷的影响，整体恢复得比较慢，全年累计同比为－10.72%（图5.20）。

2020年，服务业投资累计同比为7.29%，涨幅超过15%的细分行业有社会保障和福利、建筑业、卫生、教育。建筑业投资的大幅上涨既有2019年低基数的原因，也有逆周期调控下房地产和基建的支撑因素。拉动贡献率排前三位的行业为教育、卫生、商务服务，分别拉动1.36、1.30、0.72个百分点。教育业投资维持平稳，近几年一直维持在10%以上的增速，与国家的"人才强国"战略相匹配。受新冠疫情的影响，国家医疗卫生投入大幅增加，并且实行了一系列减税降费、扶持中小企业的政策，这在很大程度上支撑了卫生和社会保障事业的投资。表现最差的为批发零售业、住宿业，全年同比下降10.47%、2.69%。批发零售业作为密切接触型行业，受疫情冲击，消费者对其需求大幅下降，导致其投资下滑。

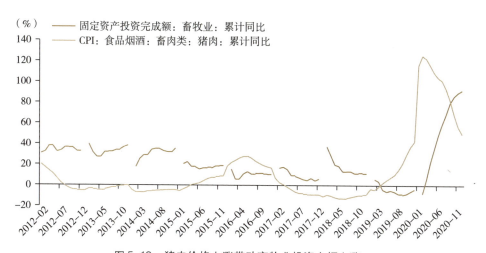

图5.19　猪肉价格上涨带动畜牧业投资大幅上涨

资料来源：国家统计局，腾景数研。

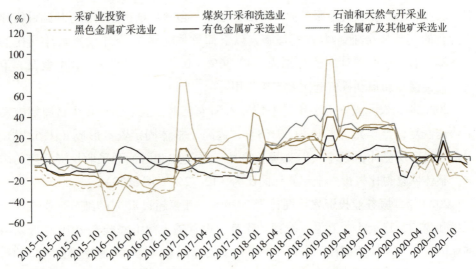

图 5.20　黑色金属矿采选业、石油和天然气开采业拖累采矿业投资

资料来源：国家统计局，腾景数研。

存货经历完整短周期

2020 年，工业企业存货累计值为 12.23 万亿元，同比增长 5.2%。其中工业企业产成品存货累计值为 4.60 万亿元，同比增长 7.5%（图 5.21）。受疫情冲击，库存周期在 2020 年经历了"被动补库存—主动去库存—被动去库存—被动去库存与主动补库存叠加"的完整短周期，这拉长了在 2019 年底启动、预计 2023 年 2 月前后结束的本轮库存周期。

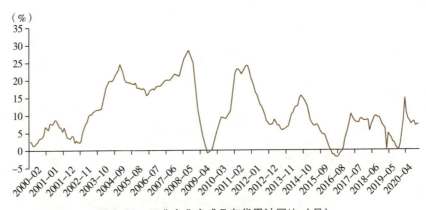

图 5.21　工业企业产成品存货累计同比（月）

资料来源：Wind，腾景数研。

美国经济学家约瑟夫·基钦于 1923 年提出库存周期理论，库存每隔 40 个月出现一次有规律的上下波动。中国自 2000 年以来，共出现过 6 轮库存周期，分别是 2000 年 5 月至 2002 年 10 月、2002 年 10 月至 2006 年 5 月、2006 年 5 月至 2009 年 8 月、2009 年 8 月至 2013 年 8 月、2013 年 8 月至 2016 年 6 月以及 2016 年 6 月至 2019 年 11 月，平均库存周期为 39 个月。

2019 年 11 月，工业企业产成品存货累计同比为 0.3%，已经达到历史较低水平，该轮库存周期基本走完，新一轮主动补库存阶段开始（图 5.22）。如果没有疫情，工业企业产成品存货累计同比曲线会缓慢上升，并不会像图中表现得如此陡峭。

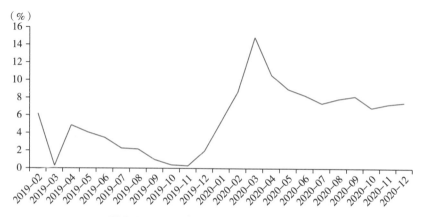

图 5.22　工业企业产成品存货累计同比
资料来源：Wind，腾景数研。

受疫情冲击，原本正常的缓慢主动补库存急剧拉升，变成了被动补库存。2020 年 1 月，疫情暴发，供需两端严重受挫，产业链供应链被阻隔，工业增加值和社零当月同比分别降至 -25.87% 和 -20.5%，库存急剧拉升（图 5.23）。3 月，我国基本控制住疫情，复工复产、复商复市有序展开，需求逐渐回升，但生产恢复进程快于需求，库存仍在高位运行。从 3 月具体 PMI 指标可以看出，PMI 生产指标恢复速度快于相关订单指标，需求弱于供给，导致被动补库存，3 月库存达到峰值（图 5.24）。4 月，生产指标结束上行后小幅回落，新订单、在手订单、进口、主要原材料购进价格等 PMI 指标走低，库存周期进入主动去库存。之后，新订单、在手订单、进口、主要原材料购进价格等相关 PMI 指标拐点出现，随后走势开始抬升，进入被动去库存。随着供需两端差距逐渐收窄，库存增速同比并没有显著下降，而是在 7 月下降至 7.4% 后开始稳定，在 8 月、9 月回升到

7.9%、8.2%。这说明企业在被动去库存的同时，也存在着对预期向好的主动补库存倾向。此时，被动去库存与主动补库存周期相互叠加。

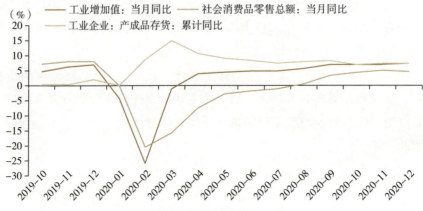

图 5.23　从供需端看库存周期

资料来源：Wind，腾景数研。

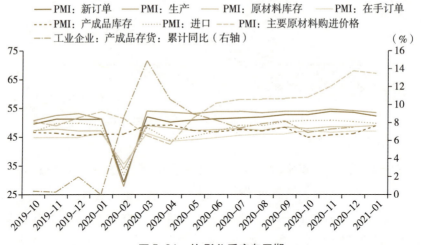

图 5.24　从 PMI 看库存周期

资料来源：Wind，腾景数研。

2021 年我国投资预测

受疫情带来的基数效应影响，2021 年一季度投资各项同比增长将呈现较高点位，预计从二季度起基建投资、房地产投资难以保持持续回升，但总体保持韧性。综合来看，制造业投资将成为 2021 年投资发力的主要贡献因素。

基建投资难以持续回升，将保持平稳发展

从历史上看，基础设施建设涉及大量民生工程，政府财政投入是基建投资的重中之重。2020年为对抗疫情，中央政府发行1万亿元抗疫特别国债，增加1.6万亿元地方政府专项债券，创造性设立财政资金直达机制，支撑了2020年基建投资稳中有升。在加强宏观调控背景下，财政赤字率提高到3.6%以上，赤字规模比2019年增加1万亿元，达到3.76万亿元。但值得注意的是，除北京、上海等少数省市外，各地方负债率上升、财政自给率下降，基建投资短期内继续回升的空间已经不足（图5.25和图5.26）。与此同时，2021年3月，国务院常务会议提出要保持宏观杠杆率基本稳定，政府杠杆率要有所降低。总体上，在宏观政策不急转弯的背景下，2021年中央安排3.65万亿元专项债，基建投资将保持稳定。

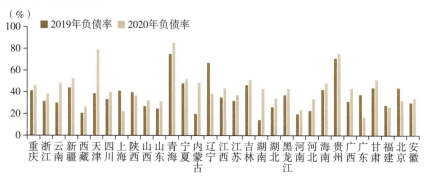

图5.25　全国各省份负债率情况

资料来源：Wind，腾景数研。

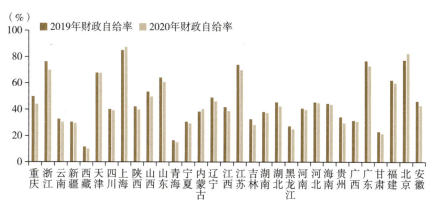

图5.26　全国各省份财政自给率情况

资料来源：Wind，腾景数研。

2021 年，地方政府将进一步加强债务管理，遏制隐性债务增量，化解债务存量风险，提高债券发行及资金使用速度，优化融资期限和投资投向（图 5.27）。同时，地方政府债券、城投债的偿债高峰期主要集中在 2021—2025 年，财政紧平衡下，为防止债务风险持续累积及融资结构单一，基建融资渠道需要进一步加深市场化水平。PPP 模式通过增强社会合作，释放公共基础设施建设活力，将成为稳定基建投资的重要方式。

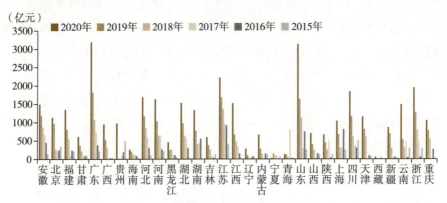

图 5.27　各省份专项债计划发行规模

资料来源：Wind，腾景数研。

随着城市化进程减速，基建投资在经历十年高速增长后需要新的增长点。2021 年是"十四五"开局之年，围绕新基建、都市圈展开的基建投资将通过改善民生、提高经济规模效应以及提高产能利用率等途径产生对经济增长的长期动力。其中，新基建将发力于"稳增长"，推动供给侧结构性改革，优化政府支出结构并改善基础设施资本存量水平。都市圈将发力于夯实基建投资内需，通过为不同定位、不同类型的城市实现基础设施共享，使规模效应对社会福利始终具有正向影响，并与经济发展保持一致性。

房地产投资保持韧性，小幅下降

房地产开发投资主要包括建安投资和其他费用两大部分。近几年，当期净复工面积大幅收窄，新开工面积已占据当期施工面积比重的 98% 以上。此外，由于本期竣工及停工的房屋面积在下一年度确认，影响建安投资的核心因素在于房地产新开工面积，而新开工面积又会受到房企资金是否充足的影响。从近几年看，由于政策端，尤其是"三道红线"和房地产贷款集中度管理的压力，房企的资金来源已经从国内贷款逐渐转向自筹资金和销售回款。因此，2021年房企可能通过加速销售和竣工来增加自筹资金和销售回款，支持新开工面积。其他费用中占比最大的为土地购置费，超过70%（图5.28）。

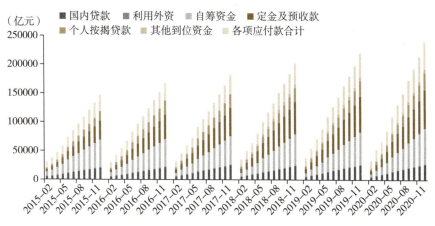

图5.28 销售回款资金和自筹资金为主要资金来源

资料来源：国家统计局，腾景数研。

2016年以来，房地产库存整体呈下降态势，2018年开始保持平稳。从近几年情况看，房地产投资并没有出现"大起大落"，更多是平稳施工、因城施策。房地产施工周期一般为18个月，考虑到2017—2019年房地产竣工面积基本为负增长，而2018—2019年新开工面积却持续正增长，且2020年房屋竣工进程受疫情影响而延迟，房地产销售大幅上涨带来充足资金，在资金和施工周期作用下，2021年房地产竣工面积同比有望上行转正，从而加快资金周转和新开工力度，支撑建安投资的上行（图5.29）。

根据历史经验，100城成交土地总价领先土地购置费约12个月，从2020年成交土地总价的表现看，2021年土地购置费或将在年初有所下降，下半年逐渐企稳。综合商品房销售、新开工面积和土地购置费看，预计2021年房地产投资增速将保持韧性，小幅下降至5%。

高端制造引领制造业投资回暖

从大类行业看，中游机械设备类制造业在2021年的增速将有所放缓。随着疫苗逐渐推广，国外产能持续恢复，计算机设备出口将有所回落，投资高增速无法继续维持，但国外需求的回暖将有望带动专用设备、通用设备出口增加，投资

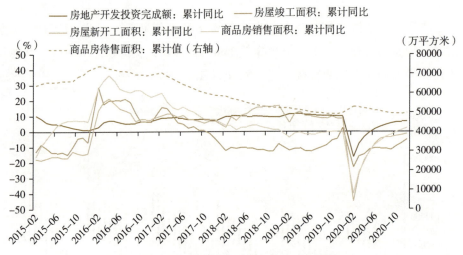

图 5.29　房企库存持续下降，竣工端有望转正
资料来源：国家统计局，腾景数研。

上行。原材料类制造业投资增速将持续提高，国内外需求共同带动铁矿石价格上涨，较高的投资回报率和国内外的机械、汽车、家电、房地产需求刺激黑色金属投资继续上扬，继而带动化工、有色、石油等相关产业投资上行。下游消费类制造业缓慢回暖，2020 年新能源汽车销量超预期，2021 年特斯拉进一步降价，有望通过鲇鱼效应带动国内新能源汽车销量进一步上涨，刺激投资上扬。医药制造业在 2020 年的高基数效应以及疫苗逐渐落定的情况下，其投资增速将有所回落。

此外，高技术制造业投资增速有望继续保持在 10% 左右，包括航空航天器及设备制造业、电子及通信设备制造业、计算机及办公设备制造业等。研发支出在 2020 年增速为 29.88%，无形资产投资占比上升到 15.53%，预计其 2021 年增速依旧维持在 20% 以上，在投资中的占比有望进一步上升到 16%（图 5.30）。

农业投资回落、采矿业投资回暖、服务业投资上行

对于农业投资，猪周期回落叠加 2020 年的高基数效应将带动畜牧业投资逐渐下降，农业投资难以维持 2020 年的高增幅。对于采矿业投资，中游原材料价格和利润的上涨将逐渐传导至上游采矿业。黑色金属采选业 2020 年保持高速增长，与铁矿石受供给冲击而价格上涨存在一定关系，螺纹钢与铁矿石价格全年保持上涨趋势。有色金属采选业和非金属采选业利润累计同比分别在 10 月和 11 月转正，将刺激 2021 年采矿业投资的增长，叠加低基数效应，采矿业投资同比增速在 2021 年有望达到 20%（图 5.31）。

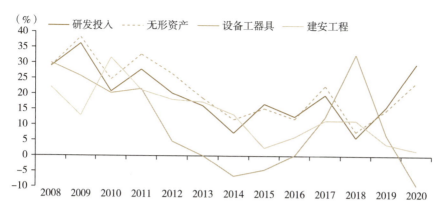

图 5.30 研发投入与无形资产投资维持高增速

资料来源：国家统计局，腾景数研。

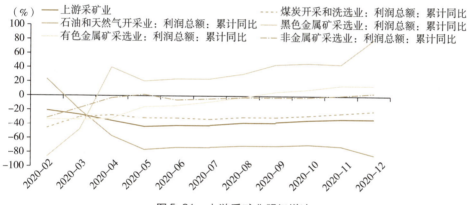

图 5.31 上游采矿业明细增速

资料来源：国家统计局，腾景数研。

服务业投资中，教育业投资预计依旧保持韧性，维持 10% 以上的增速。卫生投资受到疫情不确定性的影响，仍有可能维持稳定，增速将在 10% 左右。在出口拉动和工业生产恢复的情况下，许多行业开始进入补库存阶段，这将给仓储业投资带来支撑，预计增速继续上行，达到 10% 以上。餐饮、住宿和批发零售业的恢复受疫苗推广速度的影响，结合消费者信心指数和企业家信心指数看，企业预期向好，投资有望转正。

存货开启新一轮主动补库存周期

2021 年，随着疫苗在世界范围内广泛接种，世界经济将逐渐恢复。国外疫情输入对我国经济的冲击将逐渐降低，新发展格局下国内大循环逐步发力，我国经济将恢复到潜在增长水平。世界银行和国际货币基金组织分别预测 2021 年中国经济将增长 7.9%、8.1%，均高于新兴市场和发展中经济体平均值。从历史层面看，经济企稳向好往往对应着企业主动补库存。

从 PPI 看，PPI 与库存周期存在顺周期变动的趋势，且一般领先库存周期两个月左右。2020 年 5 月，PPI 达到近几年的新低点 −3.7%，之后 PPI 降幅逐渐收窄。2021 年 1 月，PPI 近 18 个月以来首次转正（图 5.32）。综合各方面分析，2021 年 PPI 上升趋势仍在，预示着主动补库存周期的到来。

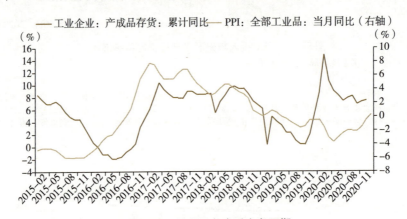

图 5.32　从 PPI 角度看库存周期

资料来源：Wind，腾景数研。

从 PMI 看，2021 年 1 月，PMI 产成品库存和原材料库存均为 49%，较上月分别上涨 2.8 和 0.4 个百分点，企业生产意愿进一步企稳修复，主动补库存趋势已初见端倪（图 5.33）。

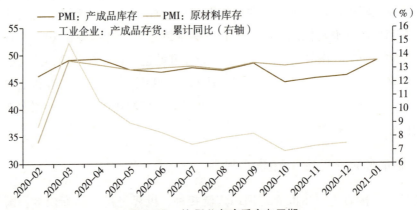

图 5.33　从 PMI 角度看库存周期

资料来源：Wind，腾景数研。

未来十年中国投资展望

我国已转向高质量发展阶段，贯彻新发展理念、构建新发展格局将是未来投资的战略基点。优化投资结构，提高投资效率并保持投资合理增长，加强投资对优化供给结构的关键性作用将是投资发展的基本主线。"十四五"规划明确指出"中等收入群体显著扩大"的目标，农民工进城落户、子女教育等对基建投资、房地产投资提质增效、服务大众提出了更高要求。同时，当今世界正经历百年未有之大变局，新一轮科技革命和产业变革深入发展，科技创新将是我国发展的重中之重，其中制造业投资应该加强基础研究投入，新基建也将成为现代化基础设施建设体系的重要发力点。

形成以都市圈、新基建为支撑的两元基建格局

城市化有两条路径，一条是"小城镇化"，即通过发展县域城市控制大中城市人口规模。另一条则是都市圈，通过整合一二线城市及周边市县，形成类似卫星城协调发展的空间格局，城市的概念不再局限于行政区域。首先，都市圈的形成要源于切实可行的融城规划，要求相关政府建立规划对接、信息共享、编制同步的新机制。其次，利用项目机制实现基础共建，加快建立区域内各城镇的特色和优势，在互补中实现错位发展并达到产业协同的阶段目标。最后，在基于基础共建实现的交通共联中拉近区域间的时空距离，共享区域内各项基础设施和服务，带动劳动力、资本、技术等要素在都市圈内流动。

随着生产成本上升，资本对劳动力的替代效应增强，城市间发展差异导致的基础设施建设与固定资产投资低水平重复问题将愈发凸显。在构建国内大循环新发展格局下，加大新型基础设施建设将会是中国推动供给侧结构性改革、优化产业结构的重要举措。具体来说，就是利用工业化与信息化融合发展的方式建设信息基础设施、融合基础设施和创新基础设施，即建设基于新一代信息技术演化生成的基础设施，应用高新技术支持传统基建转型升级，创新各类服务于科学研究、技术开发、产品研制的设施。因此，各地政府应加大5G基站、大数据中心、物联网等新基建的投入，推动数据赋能，不断带动社会资本加快数字产业的形成与发展，实现重构制造业产业、提高生产要素配置效率、降低价值链低端风险、改善生产条件以及抢占未来战略高点的长期目标。

综上所述，都市圈建设是带动传统基础设施投资发展的重要抓手，新基建则

是通过提高城市管理能力和生产效率来保障基建投资的韧性。因此，未来基建投资的生产组织、管理模式和实现方式将形成以新基建、都市圈为支撑的两元基建格局，带来城市经济发展的源源动力。

制造业投资中无形资产占比进一步上升

根据腾景数据，2011 年制造业投资在固定资本形成中占比达到 40% 的峰值，随后又逐渐回落至 2020 年的 36.08%。制造业投资增速波动比较大，更多时候随着整体固定资本形成一起波动，这也与其在固定资本形成中占比较高有一定关系。

从投资的构成看，制造业投资中占比较大的是设备工器具，但无形资产占比呈现上行趋势，制造业投资中研发支出的上涨速度较快。2018 年我国研发支出占 GDP 的比重为 2.1%，与韩国 4.3%、德国 3.2%、日本 3%、美国 2.8% 的占比还有一定距离，研发支出占 GDP 的比重未来还有上涨空间，预计制造业投资中无形资产占比将接近 20%（图 5.34）。

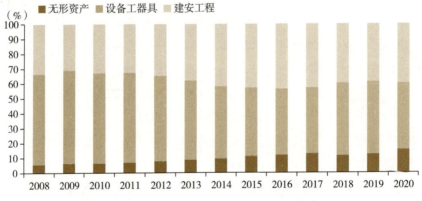

图 5.34　制造业投资中无形资产投资占比持续上升

资料来源：国家统计局，腾景数研。

服务业投资将逐渐成为经济增长的新支柱

根据腾景数据，服务业投资占比持续上升，从 2007 年的 12.04% 上涨至 2020 年的 16.15%（图 5.35）。从 2008 年开始，服务业投资增速持续高于固定资本形成增速，且一直维持在 10% 以上，在整体固定资本形成表现低迷时仍保持较强的韧性（图 5.36）。

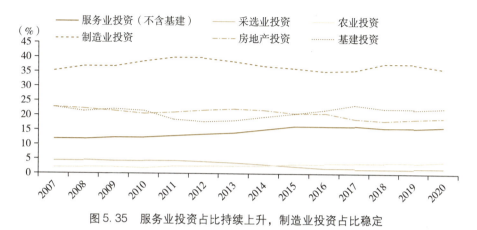

图 5.35　服务业投资占比持续上升，制造业投资占比稳定

资料来源：国家统计局，腾景数研。

图 5.36　服务业投资增速持续高于整体且稳定，制造业投资增速波动较大

资料来源：国家统计局，腾景数研。

这种趋势与一、二、三产业对 GDP 的贡献率相契合，近几年第三产业占比不断上升，并且在 2014 年时超过了第二产业，成为支撑国民经济的第一支柱（图 5.37）。然而，对标其他发达经济体，我国服务业增加值还有很大的增长空间。近十年来，英、美、法、德等国服务业对 GDP 增长贡献率均值都在 80% 以上，到 2019 年，其增长贡献率均值分别为 96.9%、81.1%、96.5%、260.8%。未来服务业投资有望继续保持增长，占比将超过基建、房地产投资，与制造业投资共同成为支撑固定资本投资的中坚力量。

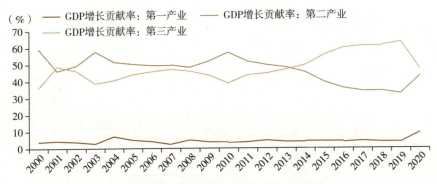

图 5.37　第三产业对 GDP 增长贡献率持续上升

资料来源：国家统计局，腾景数研。

此外，服务业的发展还可以吸纳就业、提高劳动报酬在收入中的份额，以此促进消费并拉动经济增长。发达经济体经验表明，工业增长主要通过投资拉动，服务业增长则更多借助消费驱动。2010—2019 年，在七国集团经济增长中，投资贡献率由 58.6% 下降至 18.8%，消费贡献率则由 37.9% 上升至 75.0%。而我国在 2019 年消费贡献率仅为 58.6%，离发达国家还有很大的增长空间，未来服务业的发展有望通过大力发展消费实现（图 5.38）。

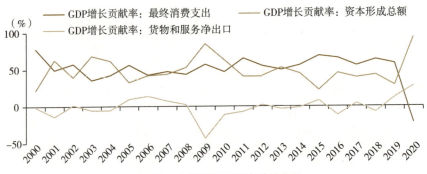

图 5.38　我国消费贡献率持续上升

资料来源：国家统计局，腾景数研。

存货增加结构进一步优化

未来十年，我国存货增加结构进一步优化。首先，2021 年是"十四五"开局之年，我国进入新发展阶段，在新发展理念引领下，加快构建以国内大循环为主体、国内国际双循环相互促进的新发展格局。这要求我们以扩大内需为战略基点，打通生产、分配、流通、消费各个环节，形成需求牵引供给、供给创造需求的更高水平的动态平衡。随着物流运输、渠道销售、库存管理等技术的发展进步，这些都会在一定程度上改善前期供需错配的局面，使存货增加更适应、更符合经济发展的客观需要。其次，中国政府做出承诺，二氧化碳排放力争于 2030 年前达到峰值，努力争取在 2060 年前实现碳中和。这在相当大程度上会改变我国能源利用结构和消费方式，与之相对应的存货增加结构也会向着更加优化、合理的方向调整。再次，前期供给侧结构性改革的效果凸显，在去产能、去杠杆、去库存政策指引下，落后、低效、高污染产能被逐渐取缔，水泥、煤炭、钢铁等传统行业库存逐渐去化。最后，《中国制造 2025》强调以加快新一代信息技术与制造业深度融合为主线，以推进智能制造为主攻方向，这将使整个制造业存货结构进一步优化。

政策建议

投资模式从政府主导转为政社合作

一方面，地方债、平台债以及专项债等政府性债务的增长，会导致财政支出压力增大，由政府唱"独角戏"所需的财政实力难以支撑基础设施大规模持续投资。另一方面，政府能力建设和项目激励机制难以满足各类项目后续管理的专业化要求。近年来部分由政府主导的基建项目因缺乏激励约束的市场化调节机制，暴露出成本控制难、权责利不清晰、运营效率低下等问题。因此，政府可以建立科学的补偿机制和补贴方式，将公共基础设施捆绑受益区域经营性项目，实现正外部效益内部化，通过吸引社会资本，让企业唱"主角"，实现双赢合作。

强化新基建的配套性并加快推动形成中国标准

只有信息数字化融入工业体系，区域生产要素结构随工业体系数字化改造进行调整，新型基础设施才能发挥作用。此外，实现信息数字化还需要完善数据治理制度，相关制度配套建设滞后将会对新型基础设施使用造成一定影响。同时，需不断强化中国在国际标准制定上的话语权、推进产业关键共性技术研发，最终将市场和技术优势转化为竞争优势。

提升技术创新能力

突破关键基础材料、核心基础零部件、先进基础工艺、产业基础技术等制约我国制造业转型升级的技术瓶颈，通过激发国内市场来完善产业链，抓住新一轮科技革命，发展高端装备制造、新一代信息技术、生物科技，推动汽车产业结构变革。

将供给侧结构性改革与需求侧管理相结合

在供给端抓传统产业的改造升级与新兴产业的发展壮大，将"大物移智云"等新一代信息技术融入产品研发、设计、制造，推动产品生产方式的重大变革。在需求侧大力发展服务型消费，重点发展教育、医疗、健康、养老和家政等"短板"行业，满足人民迫切增长的生活需要。

推动工信融合、制造与服务融合，加快制造业向高端、智能、自动、绿色、服务方向转型升级

积极推进信息化与工业化深度融合，提高制造智能化和数字化水平，实现高起点和高质量"两业融合"，推动网络化协同制造、柔性制造，推进制造业服务化转型以及培育服务业"智造"元素，形成制造与服务相融合的数字经济生态，如智能医疗、智能驾驶、智能物流等。

加快制造业与服务业对外开放步伐，积极融入全球价值链分工

以"一带一路"建设为重点，引导更多中国企业到相关国家投资兴业，建设高水平研发中心、制造基地和工业园区等，推进产能合作和技术创新合作。长期以来，我国服务业许多领域竞争不够充分，存在着严重的行政垄断和市场管制，这严重阻碍了服务业的发展。未来，除了极少数垄断行业及关系国家安全和国计民生的重点服务业之外，对其他服务业应实施"非禁即入"的准入制度，鼓励平等竞争，以开放促改革，以改革促发展。

参考文献

刘世锦. 中国经济增长十年展望（2020—2029）：战疫增长模式［M］. 北京：中信出版社，2020.

刘世锦．读懂"十四五"：新发展格局下的改革议程［M］．北京：中信出版社，2021.

刘世锦．建设高标准市场经济 推动高质量发展［N］．经济参考报，2018 - 12 - 19.

陈之荣、赵定涛．存货投资与经济周期的关系研究［J］．经济理论与经济管理，2010（3）.

黄奇帆．结构性改革［M］．北京：中信出版社，2020.

陈斌开，黄少安，欧阳涤非．房地产价格上涨能推动经济增长吗？［J］．经济学（季刊），2018，17（3）：1079 - 1102.

姚冠辉，郑晓年．面向"十四五"谋篇布局统筹推进创新基础设施建设［J］．中国科学院院刊，2020，v. 35；No. 219（11）：58 - 64.

The World Bank. Global Economic Prospects［M］. Washington：World Bank Publication，2021.

International Monetary Fund. World Economic Outlook Update［R］. IMF，2021.

第六章 进出口

货物贸易实现超预期增长

姜淑佳 罗维晗

要点透视

➤ 2020 年，面对新冠疫情，中国货物贸易表现强劲，增长远超预期，但服务贸易受疫情影响较大。总体上，出口表现好于进口，顺差进一步扩大。

➤ 全球疫情对外需造成了巨大影响，但是中国工业体系完备的产业链、快速修复的国内供给和结构化外需上升等因素共同支撑了 2020 年中国货物出口的超预期表现。

➤ 2021 年，预计全球总需求扩张的正拉动强于出口份额回落的负拉动，我国货物出口贸易景气度仍将持续，货物进口则在价量共同推动下实现强劲正增长，货物贸易顺差较上年收窄。疫情对全球人员流动的限制减弱，服务贸易将延续回暖趋势。

➤ 长期来看，中国进出口增速中枢可能进一步下移，贸易顺差进一步收窄。未来优化商品贸易的结构和提高服务出口竞争力将成为重要方向。

2020 年进出口回顾

货物贸易增长超预期，服务贸易逆差明显收窄

2020 年我国外贸进出口明显好于预期，外贸规模再创历史新高。2020 年全口径出口（货物＋服务）总量约为 19.9 万亿元（人民币计价，下同），增速为 3.5%；全口径进口（货物＋服务）总量约为 16.9 万亿元，增速为 -5.2%；全年贸易顺差（货物＋服务）约为 3.0 万亿元，较 2019 年贸易顺差明显扩大（图 6.1）。

面对新冠疫情的严重冲击，货物和服务贸易的表现呈现分化。2020 年全年货物贸易总额为 32.2 万亿元，总体较 2019 年增长 1.9%，其中货物出口增长 4.0%，货物进口同比下降 0.7%；全年服务贸易总额约为 4.6 万亿元，同比下滑 15.7%，其中服务出口和进口同比分别下降 1.1% 和 24.0%，逆差较 2019 年明显收窄。疫情对人员和交通跨境活动构成流动限制，服务贸易受影响程度远超过货物。

由于出口的超预期表现，2020 年货物和服务贸易顺差达 3.0 万亿元，创近年新高，拉动 GDP 增长 0.7 个百分点。其中货物贸易顺差较 2019 年扩大约 7916 亿元，服务贸易逆差收窄约 8096 亿元。

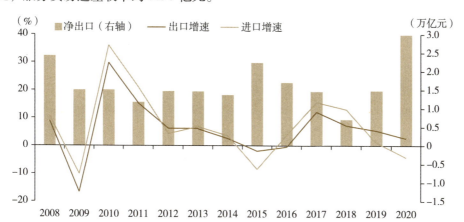

图 6.1　2008 年以来中国出口、进口增速和贸易差额（现价）

资料来源：腾景数研。

货物出口的超预期表现，与供给替代和疫情催生结构化需求上升有关

2020 年，中国出口面临全球经济和贸易需求大幅萎缩的冲击，IMF 预计 2020 年全球经济将萎缩 4.4%，全球货物贸易量将下降 9.2%（图 6.2）。中国有最完整的工业体系和产业链对海外产能缺口实现供给替代，同时疫情催化防疫需求和非接触经济发展，带动相关需求场景扩容，共同支撑商品出口在年内实现正增长。

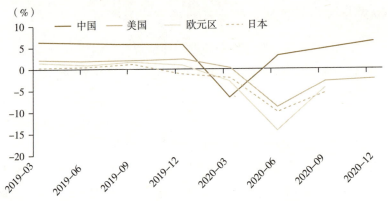

图 6.2 2019 年以来部分经济体 GDP 不变价季度增速

资料来源：Wind，腾景数研。

从供给看，替代产能带来出口订单增加，我国出口国际市场份额明显提升。面对严峻的外部环境，我国在二季度率先控制住疫情并推动复工复产，经济触底反弹，而海外主要发达经济体疫情在二季度集中暴发，经济增速则在二季度探底。从图 6.3 可以看到，供需恢复节奏不一致造成海内外产需缺口错配，我国生产的快速修复弥补了海外产能缺口。受益于对海外生产的供给替代，从图 6.4 可以看到，2020 年前 11 个月，我国出口国际市场份额比疫情发生前提高 1.5 个百分点至 14.8%，创历史新高；疫情严重的美国出口份额下跌 0.5%，同样受益于替代产能的越南出口份额提升 0.2%。

从商品看，疫情催生的防疫需求、"宅经济"需求和传统外需产品共同支撑出口的强势增长（图 6.5）。2020 年，我国出口经历了两个阶段。第一阶段：上半年海内外疫情暴发和应对错位，出口韧性由防疫需求和"宅经济"产品支撑。面对疫情的外生冲击，防疫需求超常规扩张，包括口罩在内的纺织品出口 1.07 万亿元，增长 30.4%。疫情催生非接触经济的发展，带动出口笔记本电脑等"宅经济"产品 2.51 万亿元，全年增长 8.5%。第二阶段：三季度海外经济呈 V

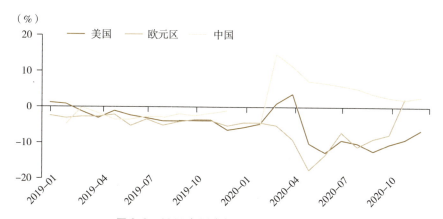

图 6.3 2019 年以来部分经济体产能缺口

注：产能缺口指标 = 国内工业或制造业增速 – 消费增速。

资料来源：Wind，腾景数研。

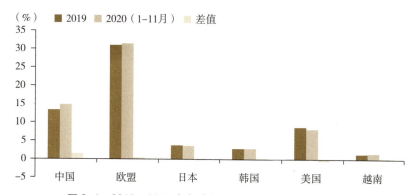

图 6.4 2019—2020 年部分经济体出口国际份额和变化

资料来源：WTO，腾景数研。

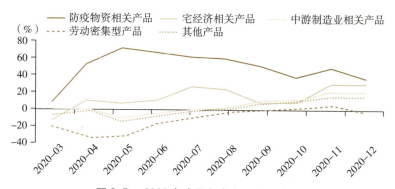

图 6.5 2020 年中国各类产品出口增速

资料来源：Wind，腾景数研。

形复苏，外需回暖且海外地产市场火爆，防疫物资出口需求开始回落，出口增长由传统外需产品和地产链产品拉动。中游制造相关产品的出口随着三季度海外复工推进缓慢回升，全年机电产品出口 10.66 万亿元，增长 6%；海外超宽松的流动性推高房地产市场需求，带动我国地产链下游产品出口需求增长，全年家用电器和家具及其配件出口分别增长 24.2% 和 12.2%。

服务出口明显好于进口，贸易逆差减少

2020 年新冠疫情冲击全球经济，全球服务贸易增长减弱，WTO 公布的"全球服务贸易晴雨表"在二季度达到有记录以来的最弱数值 95.6，明显低于 100 的基线值。

我国服务贸易受到较大的冲击，进口受影响程度远大于出口，服务逆差收窄超 8000 亿元。造成逆差收窄的原因，一是旅行分项逆差大幅收窄，疫情期间国际社会限制人员流动的防疫措施对运输和旅行等以线下活动为主的服务贸易造成较大冲击，其中旅行分项全年贸易规模萎缩约 50%，且由于旅行分项在服务进口占比（2019 年为 50%）远超过出口（2019 年为 19%），旅行服务分项逆差收缩近一半；二是知识密集型服务出口成为新的贸易增量，电信、计算机和信息服务出口和进口全年分别增长 11.8% 和 22.6%，支撑服务出口韧性（图 6.6 和图 6.7）。

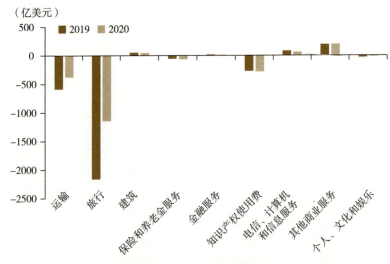

图 6.6　2019—2020 年中国服务贸易各分项贸易差额
资料来源：Wind，腾景数研。

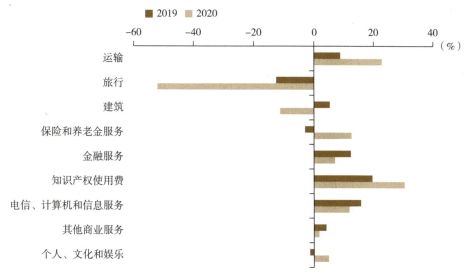

图 6.7　2019—2020 年中国服务出口分项增速
资料来源：Wind，腾景数研。

2021 年我国进出口展望

2021 年，在全球经济低位反弹、贸易活跃度上升的一致预期下，我国货物贸易景气度仍将持续。由于出口份额回落的影响，出口总体增速有可能较 2020 年回落，价量共同推动进口增速上升，考虑到基数，预计货物进口增速要高于出口，货物贸易顺差有所收窄。疫情对全球人员流动的限制减弱，我国服务贸易将延续回暖趋势。

货物出口仍将维持正增长

预计全球总需求扩张的正拉动强于份额回落，我国出口的总体市场空间仍将扩大，2021 年我国货物出口将保持韧性。

全球经济温和复苏，国际贸易重回活跃，全球总需求扩张

随着疫苗的落地，2021 年全球经济共振复苏成为一致预期。从目前疫苗的接种情况看，截至 2021 年 2 月 23 日，全球每百人新冠疫苗接种量达 2.77 人（图 6.8）。考虑产能和疫苗预定情况，预计发达国家将在三季度基本完成大规模接种，新兴市场国家落后两个季度左右。在海外疫情得到有效控制的前提下，

IMF 对 2021 年全球经济增速的最新预测为 4.7%（图 6.9），全球经济将重回温和上升的经济周期正轨。

全球经济的波动是影响贸易增速的重要变量，从二者历史增速看（图6.10），全球出口与 GDP 增速有强正相关性，但出口具有更高的波动斜率。2021年在全球经济复苏的预期下，我们认为国际贸易活动将重回活跃，且幅度上要高于经济增速。

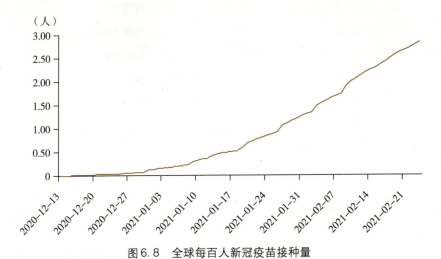

图 6.8　全球每百人新冠疫苗接种量

资料来源：Wind，腾景数研。

图 6.9　全球 GDP 实际增速与预测

资料来源：Wind，腾景数研。

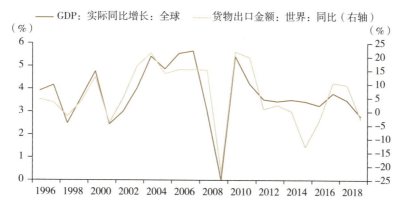

图 6.10　全球 GDP 实际增速与货物出口增速

资料来源：Wind，腾景数研。

供给替代可能逐步消退，中国出口份额或回落，但仍高于疫情前水平

2020 年，中国出口超预期表现受益于对海外的供给替代，但随着海外生产能力在下半年修复，我国供给替代明显下滑。从图 6.11 可以看到，2020 年二季度是海外疫情扩散和产能短缺最严重的阶段，其对应于我国的出口份额上升至 16.7% 的高点，成为供给替代效应最强的阶段。随着三季度海外供给恢复，供给替代效应随之下降，我国出口份额逐步回落至四季度的 15.4%，但仍比疫情前（2019 年 13.3%）的份额高 2 个百分点。

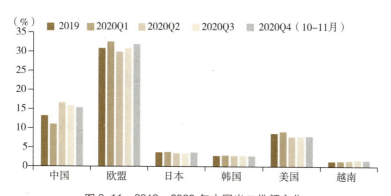

图 6.11　2019—2020 年中国出口份额变化

资料来源：WTO，腾景数研。

2021 年，随着其他地区供给条件的改善，预计我国出口份额有所下降，但短期内难快速回落至疫情前水平。从具体的产品出口份额看，如图 6.12 所示，2020 年我国机电产品和劳动密集型产品等传统出口优势类份额提升 1.3%，纺织

制品、塑料制品和医疗设备等防疫物资份额提升 0.8%。当前，我国在传统优势类产品出口方面已形成稳定的优势，这部分份额有望在 2021 年继续保持，而防疫物资需求则是疫情催化的短期新增需求，这部分份额可能随疫情好转而减少。

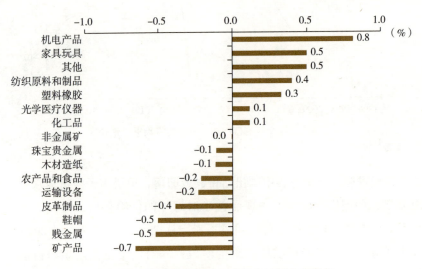

图 6.12　2020 年中国出口商品占比较上年变化

资料来源：Wind，腾景数研。

在价量共同推动下，货物进口将实现强劲正增长

在国内稳定复苏、全球通胀预期上升的背景下，预计 2021 年我国货物进口将实现正增长，贸易顺差较上年收窄。

全球通胀预期下，大宗商品价格上涨抬高进口商品成本。2020 年进口增速负增长，主要是受大宗商品价格大幅下降的影响。2020 年底以来，由于供需缺口、全球复苏共振、全球低利率等原因，原油、铜、铁矿石等价格出现快速上涨，从图6.13 看到，截至 2021 年 2 月，布伦特原油现货价格回升至 62 美元/桶，接近疫情前2019 年 64 美元/桶的水平；LME 3 个月铜价已远超疫情前水平，2021 年 2 月均价高达8396 美元/吨，大宗商品和原材料涨价将大幅增加进口产品成本，支撑进口增速。

内需稳定扩张，支撑进口量的增长。在出口需求提振、制造业投资回暖和消费继续复苏的支撑下，2021 年中国经济复苏将更加强劲，市场普遍预测同比增速在 8% 左右（图 6.14），内需上升将对大宗商品和原材料等产品的进口量形成正拉动。同时，加工贸易出口订单的增加也会带来进口的增长。

图 6.13 2016 年以来布伦特原油和 LME 3 个月铜价格变化
资料来源：Wind，腾景数研。

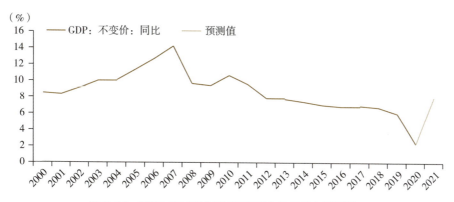

图 6.14 2000 年以来中国 GDP 不变价同比与预测值
资料来源：Wind，腾景数研。

疫情影响减弱，服务贸易延续回暖趋势

2021 年，疫情对全球人员流动的限制减弱，我国服务贸易将延续回暖趋势，但完全恢复仍依赖于全球经济重新开放和各国交流限制完全解除。预计全年服务贸易延续回暖趋势，由于 2020 年服务进口低基数效应，2021 年预计服务进口增速高于出口，服务贸易逆差较上年扩大。从两年平均增速看，总量上服务出口恢复速度明显快于进口。

从分项上看，运输贸易与货物贸易保持一致的高景气，其中运输进口贸易的增速高于出口；旅行、建筑等传统服务贸易继续受疫情影响，难恢复至疫情前水平，但在 2020 年低基数效应下，2021 年将实现一定的正增长，延续回暖趋势；电信、计算机和信息服务等数字服务出口有望继续保持高速增长；受 2020 年高基数影响，知识产权和金融服务等知识技术密集型服务行业贸易增速将有所回落。

未来十年中国进出口展望

贸易增速中枢下移，贸易顺差收窄

从中长期看，全球贸易的景气度、本国产品竞争力和汇率变化共同决定出口增长速度。未来十年，我国出口将受到规模瓶颈、成本优势下降和汇率升值等因素制约，增长中枢可能面临长期性下移。

2008 年经济危机后，全球贸易增速持续下滑。未来十年，受疫情可能长期存在和全球潜在增长率下降的影响，预计全球经济和贸易增速仍将保持低位运行的状态（图 6.15）。目前我国已成为全球最大货物出口国，随着中国制造的成本优势逐步变弱，出口将难以保持过去的高速增长。从增长动能看，出口面临劳动力和原材料等产业链成本不断提高，劳动密集型产业出口的成本优势下降，低附加值产业的出口动能减弱（图 6.16）。而高端制造业出口份额提升仍需较长时间，近年在高科技行业被"卡脖子"的情况导致中国自主研发和进口高端生产设备与技术受到了一定限制，这意味着未来中国将需要更长的时间突破科学技术瓶颈，出口向高端制造业的转型速度可能放缓。

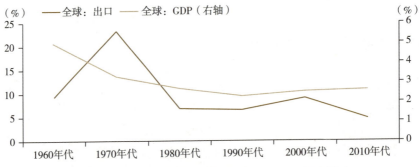

图 6.15　1960 年以来世界 10 年平均出口和 GDP 增速

资料来源：Wind，腾景数研。

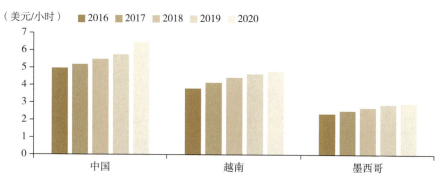

图 6.16　2016 年以来中国、越南和墨西哥制造业劳动力小时单价
资料来源：Wind，腾景数研。

在中国居民收入水平提高、国内需求侧改革的背景下，中国对进口商品的需求将长期保持稳定增长（图 6.17）。在这样的背景下中国的货物贸易差额将明显收窄。

未来十年，服务进出口规模将继续扩大，数字经济等新型服务出口快速成长有可能弥补当前中国服务贸易的巨额逆差，中国整体贸易甚至有可能变成逆差，给中国国际收支带来压力。参考美国、日本、德国的经验，在出口增速下行的同时，国内企业将增加在境外的投资，未来中国企业在海外的投资收益将有可能成为弥补贸易顺差收窄、应对贸易摩擦的重要手段。

图 6.17　2013—2019 年中国城镇居民人均可支配收支与跨境电商进口额
资料来源：国家统计局，商务部，海关总署，腾景数研。

出口附加值提升，向全球产业价值链上游移动

从全球价值链地位看，如图 6.18 和图 6.19 所示，中国在低端产业价值链的优势很明显，但在高端产业价值链的位置仍有待提升，这造成当前国内出口产品附加值较低。根据 OECD 编制的微笑曲线，全球产业链的两端附加值最大，例如研发、设计、物流和服务、市场营销及物流，而在全球产业链中间的制造组装领域的附加值较低。从生产环节看，当前美国产业链集中在产业链上游的设计领域，中国产业链主要集中在中游的制造与集成领域，因此所获的附加值相对较低。

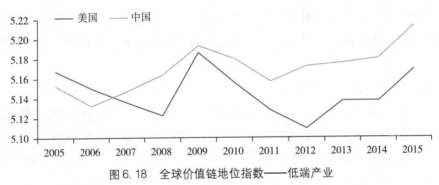

图 6.18　全球价值链地位指数——低端产业

资料来源：腾景数研。

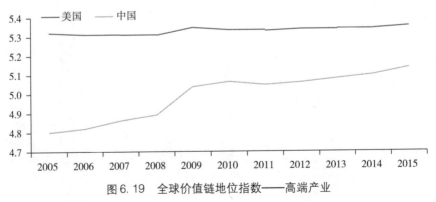

图 6.19　全球价值链地位指数——高端产业

资料来源：腾景数研。

近年来随着中国产业升级的推进，中国有望继续往全球产业链上游移动。以集成电路为例，当前全球半导体产能加速向中国转移，中国在制造与封装测试领域占据了较高的市场份额，同时在国家集成电路产业投资基金的支持下，电子化学品和半导体设备领域与国外的差距逐步减小。2012 年苹果供应链的中国大陆供应商数量只有个位数，但是到了 2019 年达到 41 家，同时从原来的结构组件为主转向光学、声学、射频等领域全面突破，未来中国大陆供应商有望在屏幕、PCB 的被动元器件、芯片等领域有更多的突破。

未来十年，随着国内研发投入的增加和产业竞争力的提高，我国出口结构将逐渐向全球产业链的上游移动，提高国内制造在全球高端产业价值链的地位，增加出口产品的附加值。

政策建议

稳住外贸基本盘，推动国内国际双循环

2021 年，世界经济有望复苏带动贸易增长，但疫情变化和外部环境存在诸多不确定性，我国的外贸发展依然面临困难和挑战。为了稳住外贸基本盘，我国仍要推动外贸稳定增长，继续加强对外贸主体的支持。进一步提升出口退税、出口信贷等政策覆盖面。优化外贸发展环境，提高企业贸易便利化程度。对出口中小企业在金融端做到相扶相持，降低出口贸易成本与费用，提升就业率并保障企业利润。

促进外贸稳中提质，加强贸易合作伙伴关系

加强外贸供应链的国际合作，发挥双边经贸合作机制作用，为企业营造良好的国际贸易环境。全球新冠疫情防控和外部环境仍存在诸多不确定性，稳定外贸优势，帮助企业稳住国际市场份额，促进外贸外资稳中提质，就要进一步提升国际合作水平，推动形成全方位、多层次、多元化的开放合作格局，坚持多边主义和自由贸易，推动建设开放型世界经济。

促进传统产业升级，力争提高高端产业占比

加入世贸组织以来，以中低端产业为主的劳动密集型产品出口拉动中国经济飞速发展，为高端产业发展奠定了资本和技术基础。在新发展格局下，一方面要

扩大先进技术、关键设备及零部件等进口，为我国产业升级提供资源要素支持。另一方面需加强自主研发能力，通过自身力量突破技术壁垒。总体上促进产业分工向微笑曲线两端延伸，提升产品附加值。

提高开放水平，推动外贸新业态的发展

在双循环的新发展格局下，我国需要采取多维政策举措推进全面开放，加快形成一个要素市场化配置、国内国际双循环相互促进和竞争有序统一的大市场。推动自贸试验区（港）、服务业扩大开放综合试点等自主开放平台的建设，细化对外开放领域，降低市场准入门槛，缩减外商投资准入负面清单，推动跨境电商等外贸新业态加速发展。

第七章　后疫情时期的汇率改革

许伟

要点透视

> 人民币汇率是促进经济内外平衡、畅通内外循环的关键一环。2020 年以来人民币汇率运行经受住了百年罕见的新冠疫情考验，走势韧性和双向波动特征明显。

> 后疫情时期，跨境资本流动更加频繁、发达国家超宽松政策效应外溢、金融安全风险上升和数字贸易发展，对深化人民币汇率形成机制改革提出了新的课题。

> 让汇率变化更反映经济基本面和市场供求，加快人民币在岸汇率市场和多层次资本市场建设，丰富离岸市场人民币计价产品，稳步提高人民币可兑换性，健全跨境资金流动审慎管理体系，有利于促进资源配置、风险防控、人民币国际地位提升等多重目标的有机统一。

2020 年人民币汇率走势的主要特点

2020 年人民币汇率经受住了疫情考验，多双边汇率先贬后升。新冠疫情百年罕见，对我国经济社会运行造成了显著冲击。前 5 个月，人民币兑美元汇率总体延续贬值趋势，5 月底一度贬值到 7.15。之后，中外应对疫情表现迥异，我国率先控制住疫情，实现经济复苏，而海外疫情快速蔓延。在此背景下人民币汇率一路走高。截至 2021 年 1 月 22 日，美元兑人民币即期汇率（CNY）升至 6.48，与 5 月相比，累计升值幅度近 10%，全年累计升值约 7%。由于美元走弱，人民币多边汇率升值幅度低于双边。2020 年人民币名义有效汇率（BIS 权重）全年累计升值约 5%。跨国比较看，人民币汇率走出了一条不同于主要新兴市场货币的轨迹。与其他主要货币相比，人民币币值更为坚挺。例如，同期日元、韩元、英镑、加元兑美元分别升值 5.7%、5.1%、3.2% 和 1.9%。主要新兴经济体货币更为疲软，其中印度卢比贬值 2.4%，巴西雷亚尔贬值 23.6%（图 7.1）。

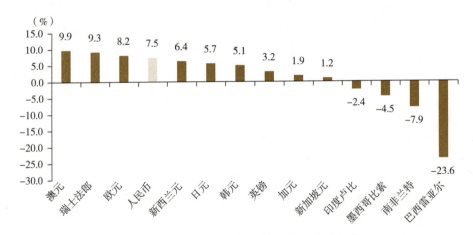

图 7.1　过去一年主要货币兑美元累计升值幅度

资料来源：Wind，作者计算。

国际收支状况基本平衡，境外投资者对人民币资产信心增强。尽管全球投资和贸易整体疲软，但我国出口逆势增长。2020 年，按美元计价，我国出口全年增长 3.6%，其中下半年出口增速达到 12.6%，贸易顺差规模仅低于 2015 年。2020 年，跟踪的 50 个主要经济体出口总额当中，我国出口所占比重上升至23.5%，较 2019 年同期上升 1.9 个百分点（图 7.2）。与此同时，我国成功应对新冠疫情带来的严重冲击，加上区域贸易和双边贸易协定的签订提振投资者预期，在全球跨国直接投资大幅下降的背景下，全年吸收外资逆势增长。根据联合国贸易和发展会议估算，2020 年我国实际使用外资同比增长 4%，达到 1630 亿美元，外资流入规模再创历史新高，吸收外资占全球比重提升至 19%。证券投资项也是净流入状态，对应项下全年银行结售汇顺差约为 357 亿美元。相应地，官方储备和银行外汇资产分别增加 1085 亿美元和 787 亿美元。

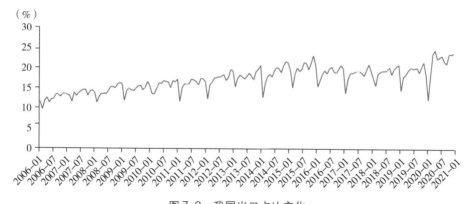

图 7.2　我国出口占比变化

资料来源：Wind，作者计算。

疫情以后外汇市场更为活跃，人民币地位稳步提升。2020 年，我国境内外汇市场交易约 30 万亿美元，较 2019 年同比增长近 3%。其中，外汇和货币掉期交易占比为 55.3%，即期交易占比为 40%，远期和期权交易比重较低。逐月看，下半年随着人民币升值，外汇交易更为活跃，同比增速超过 20%。根据 SWIFT统计，2020 年 12 月人民币仍然保持全球第五大支付货币地位，较 2019 年同期上升一位，占比 1.88%，较 2019 年同期略有下降。储备货币方面，2020 年前三季度外汇储备中人民币资产规模增至 2445 亿美元，所占比重上升至 2.13%，较上年同比提高 0.17 个百分点。

2021 年人民币汇率走势的判断

人民币汇率定价更加接近均衡水平。基于利率平价公式,根据中国和美国一年期国债利差、人民币兑美元离岸即期汇率和无本金交割远期汇率变化,测度人民币汇率对平价水平的短期偏离。结果表明,2015 年 8 月 11 日汇改以来,人民币汇率实际定价与均衡水平的偏离呈震荡收窄态势(图 7.3)。其中,2015—2016 年偏离幅度较大,尤其是 2015 年 6 月股灾以后偏离幅度一度接近 2.5 个百分点。之后随着资本市场休养恢复,人民币汇率逐步回归利率平价水平。2018—2019 年,中美经贸摩擦升级,汇率对平价的偏离又有所扩大,2018 年三季度,偏离幅度接近 1 个百分点,但之后偏离逐步收窄,并围绕均衡水平小幅波动,显示人民币汇率定价并未系统性偏离。从跨境资金流动审慎管理看,2020 年以来三次调整金融机构、企业跨境融资或放款宏观审慎调节参数,总体上也更加有助于涉汇主体树立风险中性的观念,有助于促进跨境资金进出更加平衡,更能够突出汇率调节作用。

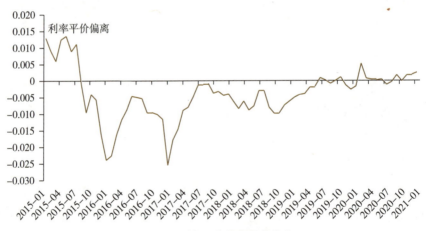

图 7.3　利率平价偏离震荡收窄

注:偏离度 = 中美利差 − 远期利率升水。

资料来源:作者计算整理。

疫情发展和经济复苏相对表现决定汇率走势。从往年经验看,中外经济增速差扩大,人民币实际有效汇率贬值步伐放缓或者升值压力上升,反之则升值步伐放缓或者贬值压力上升。2021 年,疫情发展仍然是影响经济增长表现的重要因素。从 2021 年初开始,主要经济体疫苗接种步伐加快。截至 3 月 25 日,全球

150 多个国家或地区疫苗接种已经约 4.6 亿剂。每日新增新冠肺炎死亡人数虽有反弹，但总体从 2021 年 1 月上旬之后也逐步回落。总体上看，随着全球疫情快速蔓延态势有所减缓，再考虑到 2020 年低基数效应，2021 年全球经济将保持较快增长。其中，发达国家可能由于疫苗接种速度更快，财政刺激计划规模更大，经济复苏迹象可能更为显著。IMF 预测，2021 年全球经济增长 5.5%，中国 8.1%，增速差降至 2.6%，为过去三十年来最低（图 7.4）。

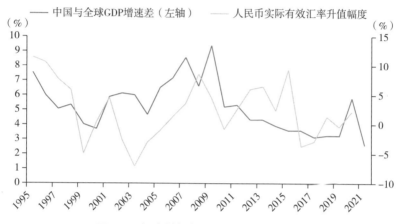

图 7.4 经济增长表现与人民币汇率走势

注：2021 年数据为预测值。
资料来源：IMF，Wind，作者计算。

宏观政策周期的差异也将对短期汇率走势产生一定影响。2020 年，我国率先控制住了疫情，实现了经济复苏，货币政策逐步回归常态。从 2020 年 4 月开始，不同期限利率数据也逐步回升，其中国债利率 11 月最高达到 3.3% 以上。2021 年 1 月 29 日，市场流动性一度紧张，隔夜质押回购利率 DR001 调升至 3.3% 附近，2015 年以来首次超过长期常备借贷便利（SLF）利率，收益率曲线更为扁平。与此同时，美国疫苗接种步伐加快，新增感染病例数也逐步下降，加上房地产周期上行，新一轮 1.9 万亿美元的财政纾困计划推出，经济复苏动能预计会有所改善。近期美国通胀预期有所抬头，十年期国债利率和相同期限的通胀指数债券收益差距扩大到 2.1 个百分点。中美利差预计会有所收窄，人民币升值压力略有缓解。当然，美国国际和财政收支恶化、宽松货币政策退出缓慢，美元很难持续强势，人民币汇率仍有望维持在 6.5 附近波动。

在劳动生产率持续追赶背景下人民币仍有一定升值空间。2020 年，我国经济总量超过 100 万亿元，按照年度平均汇率折算，相当于同期美国 GDP 的 70.4%。根据测算，"十四五"时期，扣除 2020 年低基数的影响，潜在增长速度有望保持在 5% 左右，追赶型增长的特征仍然比较显著。基于购买力平价转换系数和名义汇率计算，2020 年人民币兑美元实际汇率为 0.62，大体上和 2019 年持平。同期，按购买力平价计算，我国人均 GDP 约 1.7 万美元，相当于美国的 27.3%。随着我国与美国人均产出相对差距的进一步缩小，人民币实际汇率仍有一定升值空间（图 7.5）。不过，从跨国比较看，实际汇率升值步伐预计会逐步放缓。

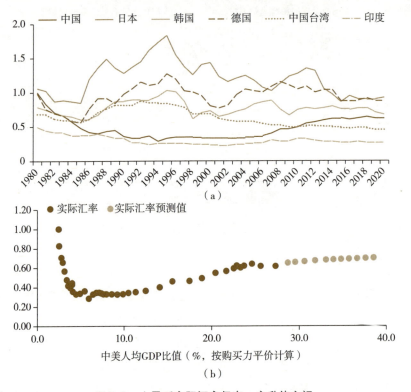

图 7.5　人民币实际汇率仍有一定升值空间

注：图 7.5a 中的实际汇率根据购买力平价转换系数和兑美元名义汇率计算，上升表示升值，下降表示贬值。

资料来源：Wind，IMF，作者计算整理。

后疫情时期深化汇率市场化改革面临四项新课题

一是证券投资类资金流动的重要性明显上升。2014 年以来，我国国际收支和国际投资头寸结构发生趋势性变化。其中，我国对外投资逐步从外汇储备向直

接投资、证券投资转变。外汇储备过去一直是我国对外投资的主要形式，2014
年外汇储备占全部海外资产的比重仍高达 60%，但 2020 年一季度该比重降至
40%，同期直接投资、证券投资、信贷比重有所上升，其中直接投资、证券投资
比重分别达到 27% 和 8%。与此同时，境外对华投资当中证券投资比重稳步上
升。2016 年境外投资者持有头寸当中外商直接投资存量占 60% 左右，之后逐步
回落，2019 年三季度末该比重降至 52% 左右。证券投资比重则稳步上升，2020
年三季度末该比重上升至 25.1% 左右（图 7.6）。与其他类型的资本流动相比，
证券类资本交易属性更强，跨境流动速度更快、频率更高，如果汇率不能及时灵
活调整，就有可能对国内金融稳定造成较大冲击，难以实现资本跨境配置便利化
和风险有效管控的平衡。加快在岸发展和丰富离岸市场产品，充分发挥外汇市场
在套期保值、资源配置、促进循环等方面的积极作用，也显得更为紧迫。

图 7.6　证券投资类负债与人民币汇率的关联性增强
资料来源：国家外汇管理局，作者计算整理。

二是全球流动性过剩冲击新兴市场稳定。 疫后经济不能实现充分复苏的情况
下，主要经济体货币政策短期内难以退出。美联储甚至还对现有货币政策框架进行
了修正，通胀目标改为盯住一段时期的平均通胀，就业目标从偏离潜在就业水平改
为与充分就业水平的差距。与此同时，发达国家债务水平攀升至二战以来最高水
平，这也会延迟货币政策退出。从 2008 年国际金融危机以来的经验看，低利率和
充裕的流动性将增加国际金融市场大幅波动的可能，流动性过剩的外溢也会冲击新
兴市场货币政策独立性，加大宏观金融稳定的难度。此外，国际治理体系受到民粹
主义、保守主义的挑战，主要经济体之间的宏观政策协调难度加大，汇率是否能够
更好发挥风险缓冲器的调节作用，对维护宏观金融稳定至关重要。

三是美国对我国进行金融打压的风险并未消除。特朗普时期美国已经在贸易、科技、文化、金融等多个领域升级对我国的打压。拜登上台以后，中美战略博弈的格局并不会改变，我国企业面临金融制裁甚至被切断美元清算途径的风险仍然没有消除。美元扮演着全球货币体系"锚"的角色，除美国以外，其他经济体大约40%的进口用美元作为计价货币。全球外汇市场交易中，与美元相关的交易比重超过85%（按货币对的单边计算，总体是200%）。根据 IMF 统计，在已明确配置币种的官方储备构成中，美元资产占比超过60%。相比而言，人民币国际化面临巨大的网络外部性挑战，在国际储备当中的比重还比较低，在中国香港以外的贸易和清算活动中占比也不高。美元的先发优势，加大了应对金融脱钩的难度。这就要求进一步提高人民币的可兑换性，拓宽人民币在结算、计价、投融资和储备等方面的使用范围，让更多境外市场主体能够接受并使用人民币，让更多投资者愿意持有人民币资产。

四是数字经济为提升人民币地位提供了新的契机。中国已经是全球第二大数字经济体，疫情以后数字经济的发展步伐有望进一步加快，这为提升人民币国际地位提供了重要契机，同时也对汇率市场化改革和人民币的可兑换性提出了更高要求。首先，数字技术促进了制造业和服务业融合，经济跨境分工更加复杂，范围空前扩大，要实现各种资源和要素的有效整合，加强各种经济活动的协调，必须充分发挥包括汇率在内的价格信号协调作用，不断推动国际竞争新优势的形成。其次，中国对境外数字服务的需求明显上升，这为其他国家接受人民币、扩大人民币使用范围提供了重要机遇。数字经济拉近了时空的距离，过去很多被认为是不可贸易的服务，其可贸易性也在不断提高，比如在线教育，跨境数字贸易得以蓬勃兴起。要提高数字贸易当中人民币的接受度，就需要逐步实现人民币充分可兑换。第三，超主权数字货币在资产定价、贸易计价、价值储藏、支付清算等方面对人民币构成挑战。2019 年，脸书推出与多种主权货币挂钩的天秤币（Libra），凭借其在跨境清算中的便捷性以及广泛的潜在用户基础，从某种程度上说对现有主权货币已经构成了挑战。这就需要进一步明确数字人民币的法律地位，加快数字人民币发展，提高人民币在跨境交易中使用的便利程度。

顺应新形势深化人民币汇率改革的四个重点

一是加快外汇市场发展，降低交易成本。更多发挥做市商自主报价作用，让汇率更多反映市场供求和经济基本面。加强与市场的沟通，提高预期引导的透明度、及时性、针对性，将相机抉择和规则导向有效结合。与此同时，积极发展外汇市场，拓宽实需内涵，放松金融性交易限制，提高非银行金融机构数量和交易量占比，丰富交易品种，提高汇率市场的广度和深度，降低交易成本，满足贸易结算、项目融资、资产配置和套期保值等方面的用汇需求。

二是加快要素市场化改革，增强对人民币资产信心。从中长期看，经济增长绩效和基础资产质量是决定汇率走向的关键因素。要继续推进土地、资金、劳动力、技术、数据等方面的市场化改革，提高要素配置效率。加大产权保护力度，提高法治化、市场化、国际化水平，充分发挥市场的规模、深度、多元优势，鼓励更多企业家创业实干。不断提供对外开放水平，完善国内国际企业公平竞争环境，提高跨境要素配置便利化程度，畅通国内国际循环。健全多层次资本市场，创造更多投资渠道和更多投资品种，为全球投资者配置中国资产提供更多选项，释放全球第二大资本市场的吸引力。

三是适应金融开放趋势，稳步提高人民币可兑换性。人民币从长期看是一种上升的货币，提高其可兑换性有利于进一步增加人民币受欢迎程度。鼓励扩大与"一带一路"沿线国家在跨境贸易结算和项目投融资活动中的人民币使用占比，加强人民币支付清算等基础设施与沿线国家的互联互通。鼓励在石油、铁矿石等大宗商品进口当中更多使用人民币支付，同时丰富离岸市场以人民币计价的金融产品，完善在岸市场的法律制度保障，畅通人民币回流机制。在上海自贸区、海南自贸港等区域先行试点人民币资本账户下自由兑换。稳步推进数字人民币试点，尽快确定法定数字货币地位，不断丰富人民币数字化应用适用场景。

四是完善跨境资金流动审慎管理，促进效率和安全的平衡。后疫情时期，海外资金流入步伐可能加快，为了更好平衡跨境资金流动便利和开放风险的有效管控，需要加强跨境资金监测体系，及时评判资金进出压力和潜在风险。完善对重点收用汇机构和企业的分类监管，对跨境资金进行逆周期审慎管理，避免跨境资金流动在短期内大起大落对实体经济和宏观金融稳定造成过度冲击。

参考文献

金中夏，陈浩. 利率平价理论在中国的实现形式［J］. 金融研究，2012（07）：63-74.
黄益平，王勋. 中国资本项目管制有效性分析［J］. 金融发展评论，2010（06）：107-134.
Richard Spronk, William F. C. Verschoor, Recmo C. J. Zwinkels. Carry Trade and Foreign Exchange Rate Puzzles［J］. European Economics Review, 2013（60）：17-31.

要　素

第八章　创新

中美科技战背景下加强与欧日韩创新合作的重点方向

石光

要点透视

➢ 科技创新高度全球化，产业技术在各国间"你中有我，我中有你"。在美国加强对我国技术封锁的形势下，欧洲和日韩在我国开放创新中的重要性更加凸显。

➢ 日韩、欧洲与我国技术合作深度不亚于美国，是我国产业技术国际合作的重点伙伴。日韩、欧洲、美国对华技术净输出规模依次递减。

➢ 日本、德国是我国拓展国际创新合作的重点国家。日本是对华技术净输出最大的单一国家。德国是对华技术输出规模最大的欧洲国家。

➢ 从中、美、日三角看，在我国对美技术高度依赖的十大产业中，三个产业对日本也存在高度技术依赖，五个产业对日本存在中度技术依赖。对日技术合作的重点产业包括：发动机涡轮机、运输技术、纺织造纸机械。

➢ 从中、美、德三角看，在我国对美技术高度依赖的十大产业中，四个产业对德国也存在高度技术依赖，五个产业对日本存在中度技术依赖。对德技术合作的重点产业包括：发动机涡轮机、基础材料化学、纺织造纸机械、运输技术。

➢ 我国应积极在交叉重叠领域，加强与日德合作。这既能加快我国技术进步速度，也能减少美国关键技术"断供"对我国的威慑作用。

科技竞争是中美长期竞争的关键。拜登政府上台，没有改变对我国的压制态势，并重点在关键技术和产业链上强化打压。科技创新高度全球化，产业技术在各国间"你中有我，我中有你"的特点突出。美国、欧洲、日韩是我国主要的贸易和技术合作方。在美国加强对我国技术封锁的形势下，欧洲和日韩在我国开放创新中的重要性更加凸显。日韩、欧洲与我国技术合作深度不亚于美国，是我国产业技术国际合作的重点伙伴。日韩、欧洲在发动机、运输技术、材料化学等产业与我国合作密切，有望成为替代美国的技术合作方。

日韩、欧洲与我国技术合作不亚于美国

中国国内市场庞大、产业链完整，这吸引全球各国来华申请发明专利。美国、欧洲[①]、日韩是全球技术创新能力最强的三大地区，也是中国专利的主要境外持有国。产业层面的技术创新以应用研究为主，其产出成果包括发明专利、技术诀窍（know-how）等多种形式。发明专利是产业技术创新成果的主体，披露了90%以上的技术创新成果[②]，且专利数量是显性的量化指标。

从专利互持角度看，日韩在华持有的发明专利数量多于美国、欧洲。中国发明人也在美欧日韩持有专利，综合考虑双向专利互持后，中国的技术净输入来源依次是日韩、欧洲、美国，即美国在中国技术来源国中的地位弱于日韩、欧洲。日韩两国中，日本对华技术输出的作用是韩国的五倍。欧洲国家中，德国最为重要，法国、英国作用较小。

[①] 世界知识产权组织（WIPO）数据库中的欧洲国家包括：德国、法国、意大利、英国、西班牙、瑞典、瑞士、荷兰、奥地利、比利时、丹麦、芬兰、挪威、希腊、葡萄牙、冰岛、爱尔兰、卢森堡、匈牙利、捷克、波兰。本章将上述国家数据加总，得到欧洲整体数据。

[②] 数据来源：国家知识产权局《全球专利创新活动研究报告》，2015 年。专利未覆盖的10%中，少部分技术不以专利形式披露，如技术诀窍、商业秘密；还有一些没有披露的技术内嵌在产品中，以商品贸易的形式跨国流动。但总体看，这些技术远远少于专利，处于次要地位。

日韩在华专利持有量超过美国、欧洲，是我国重要的技术来源

中国发明专利的境外持有国中，日韩的重要性高于美国和欧洲（见图 8.1）。2002 年以来，日韩、美国、欧洲发明人在华获得的专利授权数量都在快速增长，2018 年分别达 3.6 万件、2.4 万件、2.2 万件，虽较 2016 年峰值有所降低，但仍处高位。分年度看，美国和欧洲历年在华专利授权数量相近，但都明显低于日韩。2002—2011 年，日韩在华专利授权数量是美国的 2~3 倍，2012 年后仍保持在 1.5 倍以上。历史累计看，1980—2018 年日韩、欧洲、美国在华累计获得发明专利授权量分别为 47 万件、27.6 万件、24.5 万件，日本接近美国的 2 倍。发明专利是技术创新的主要载体，跨国专利持有情况表明，美国对中国技术输入的重要性低于日韩，也略低于欧洲。

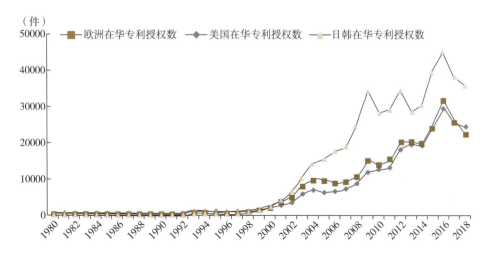

图 8.1　1980—2018 年日韩、美国、欧洲在中国的专利授权数
资料来源：世界知识产权组织（WIPO）。

日韩、欧洲、美国对华技术净输出规模依次递减

发明专利的跨国持有是双向的，外国人来中国申请专利，中国人也去外国申请专利。综合考虑专利双向互持后，我们定义"专利互持差额"的概念，它反映了两国之间的技术净流动状态。以中美两国为例：中美专利互持差额 = 中国获得的美国专利授权数 – 美国获得的中国专利授权数。

日韩、欧洲、美国都是中国的技术净输出国，即专利互持差额值为负，且日

韩技术净输出规模最大。2016 年，中国与日韩专利互持差额到达谷底，近年来虽有减少，但仍处于低谷中（见图 8.2）。2018 年，日韩、欧洲、美国对华发明专利互持差额分别为 −3.1 万件、−1.7 万件、−1.1 万件。累计来看，1980—2018 年，日韩、欧洲、美国对华发明专利互持差额累计为 −45 万件、−26 万件、−17万件，日韩是美国的 2.6 倍。

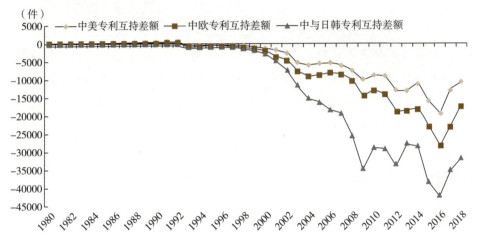

图 8.2　1980—2018 年中国与日韩、美国、欧洲的专利互持差额
注：中日专利互持差额＝中国当年获得的日本专利授权数 − 日本当年获得的中国专利授权数。
资料来源：世界知识产权组织（WIPO）。

中国与日韩的专利互持差额远大于中美，原因有两方面。一是日韩在华持有的专利多于美国，这反映了日韩创新能力强，对中国的技术输出规模大。二是中国在日韩持有的专利少于在美国持有的专利，即中国人更多地去美国申请专利，这反映了美国市场规模大于日韩，对中国的吸引力更大。同样的专利技术，在美国获得保护带来的收益更大。跨国申请专利成本高，只有获得的收益足够覆盖成本，发明人才愿意跨国申请专利保护。欧洲介于日韩和美国之间，技术创新能力与美国相当，但市场吸引力弱于美国，对中国技术净输出的作用比美国更强。

日本是对华技术净输出最大的单一国家

从单个国家看，日本是对我国技术净输入最大的国家，作用大于美国。1997 年以来，日本历年在华获得的专利数均多于美国（见图 8.3），在差距最大的 2006—2009 年，日本每年在华专利授权数约是美国的 2.5 倍。在 2016 年峰值年份，日本在华获得 3.8 万件专利，美国为 2.9 万件。1980—2018 年，日本、美国分别累计获得约 39 万件、25 万件中国专利，日本是美国的 1.6 倍（见图 8.4）。

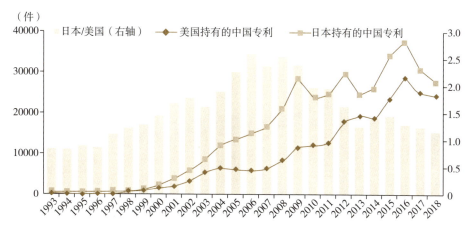

图 8.3　1997 年以来，日本历年在华专利授权数都高于美国
资料来源：世界知识产权组织（WIPO）。

韩国对华技术输出也比较突出，但逊于日本。1980—2018 年，韩国累计获得约 8.1 万件中国专利，仅约日本的 1/5（见图 8.4）。日韩两个亚洲国家中，韩国对华技术输出少于日本、德国，但强于英国、法国等欧洲国家。

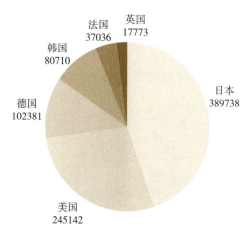

图 8.4　1980—2018 年各国累计获得的中国专利授权数（件）
资料来源：世界知识产权组织（WIPO）。

考虑专利双向互持后，日本对华技术净输出贡献更大。中日专利互持差额是中美专利互持差额的 2~3 倍（见图 8.5）。日本在华专利数远远高于我国在日本持有专利数量。1993—2018 年，日本累计在中国持有专利 39 万件，而中国累计在日本仅持有专利 1.5 万件，前者是后者的 26 倍。中日专利互持差额远远高于中美，除因日本人更积极来华申请专利之外，中国人去日本申请专利少也是重要原因。日本国内市场规模小于美国，且日本市场相对封闭，外国企业进入难。

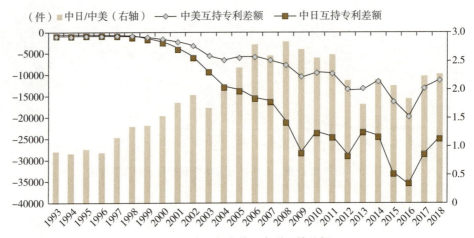

图 8.5　中日与中美：专利互持差额

资料来源：世界知识产权组织（WIPO）。

对比来看，2009 年以来，中国在美国、日本获得的专利数量都在增长，但在美国增长远远更快（见图 8.6）。中国人在日本申请专利的绝对数量很少，相差一个量级。2009—2018 年，日本在华获得专利数量每年在 3 万件左右，而同期中国在日本获得专利数量从 187 件增至 3201 件。即使按 2018 年最新数据看，二者也相差 10 倍。

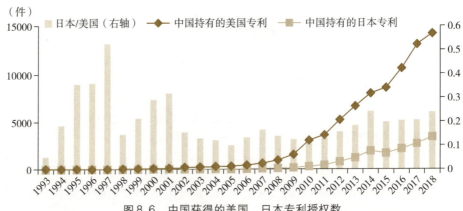

图 8.6　中国获得的美国、日本专利授权数

资料来源：世界知识产权组织（WIPO）。

德国是对华技术输出规模最大的欧洲国家

欧洲国家中，德国对华技术输出规模最大，法国、英国作用相对较小。2001年以来，德国在华专利授权数持续增长，2008年后增速加快，2016年峰值年份达到1.3万件（见图8.7）。2016年，法国、英国在华专利授权数分别为4000件、1800件，分别仅约德国的1/3、1/7，对华技术输出规模远小于德国。

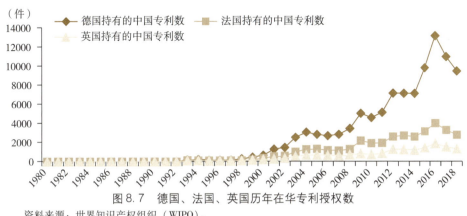

图8.7　德国、法国、英国历年在华专利授权数

资料来源：世界知识产权组织（WIPO）。

考虑专利双向互持后，德国对华专利互持差额也远高于法国、英国。2016年，中德专利互持差额为－1.3万件，中法、中英分别为－4000件、－1800件（见图8.8）。中国在英法德获得的专利授权量极少，大多年份不足百件（见图8.9）。而中国2018年在美国、日本、韩国获得的专利授权数量分别为1.3万件、3200件、1800件，相差一到两个量级，这反映了中国仍有较大潜力开拓欧洲国家市场。

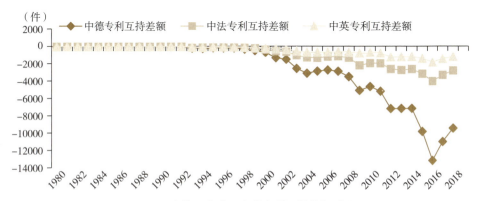

图8.8　中德、中法、中英专利互持差额对比

资料来源：世界知识产权组织（WIPO）。

177

图 8.9　中国获得的德国、法国、英国专利授权数
资料来源：世界知识产权组织（WIPO）。

日本、德国对美国产业技术的可替代性

科技创新是高度全球化的活动，在美对我科技打压和脱钩加剧形势下，加强科技自立自强是必由之路，但这不等于闭门创新。我国与美国创新合作难度加大，宜积极加强与日本、德国等重点国家的技术合作。本节将从产业层面分析中国与美、日、德的产业技术关联度，重点回答以下问题：在我国高度依赖美国技术的产业中，哪些产业可以通过与日本、德国合作实现替代，哪些难以替代？我国的哪些产业技术更加依赖日本和德国，而对美依赖度不高？回答上述问题，有助于明确与日本、德国合作创新的重点方向。

产业技术关联度的高中低分类

首先，本节从产业层面分别测算中日、中德、中美的技术关联度，这是识别我国与美、日、德产业技术联系的基础。根据世界知识产权组织的标准，发明专利可分为35个产业技术门类。这35个产业技术门类规模差异很大，以日本在华专利为例，累计获得的电机类专利4.4万件，而生物材料专利仅1033件，相差超过40倍。为构造跨产业可比指标，我们定义以下公式，衡量中日产业技术关联度：

日本优势综合指数＝［50%×日本优势倍数/max（日本优势倍数）＋50%×

日本优势差额/max（日本优势差额）]×100

其中：

日本优势倍数 = 日本累计获得的中国专利授权数量 ÷
中国累计获得的日本专利授权数量

日本优势差额 = 日本累计获得的中国专利授权数量 –
中国累计获得的日本专利授权数量

日本优势综合指数反映了日本与中国的产业技术关联度，它综合考虑了两国技术的相对差距和绝对差距两方面因素，二者权重各占50%。日本优势倍数是日本与中国的互持专利数量比，体现了两国相对技术差距，它不受不同产业规模差异的影响。日本优势差额是日本与中国互持专利数量之差，体现了绝对技术差距，考虑了不同产业的规模差异。上述公式经过了标准化处理，实现了跨行业可比，取值范围是0～100，取值越高，表明中国对日技术依赖度越高。我们用同样的方法，计算了德国优势综合指数、美国优势综合指数，以衡量我国与美、德各自的产业技术关联度。

中日、中德、中美的产业技术关联度存在明显差异。图8.10、图8.11、图8.12分别展示了中日、中德、中美35类产业技术的关联度，按从高到低排序。对比可见，中美技术关联度高的10个产业可以分为三类。一是中美、中德、中日技术关联度都高的产业，共有四个，这四个产业都是中德关联度最高的产业，有三个产业（与前面四个产业重叠）是中日关联度最高的产业，这些产业有望通过与日德加强合作，弥补美国对我国技术封锁的不利影响。二是中美技术关联度高，但中德和中日关联度中等的产业，包括五个产业，与日德合作可部分弥补美国技术封锁的损失。三是有一个产业是中美技术关联度高，但中德和中日关联度同时较低的产业，即食品化学，与日德合作难以弥补美国技术封锁影响，但其战略性相对不高。

日本、德国的哪些产业技术能替代美国？

根据关联紧密程度，我们把35个产业分为高、中、低三大类别。以中美为例，中美优势综合指数最高的10个产业为对美依赖度高的产业，中美优势综合指数最低的10个产业为对美依赖度低的产业，中间15个产业为对美依赖度中等的产业。表8.1列出了35个产业的对美依赖程度，同时列出了同一产业对日、对德的依赖程度。

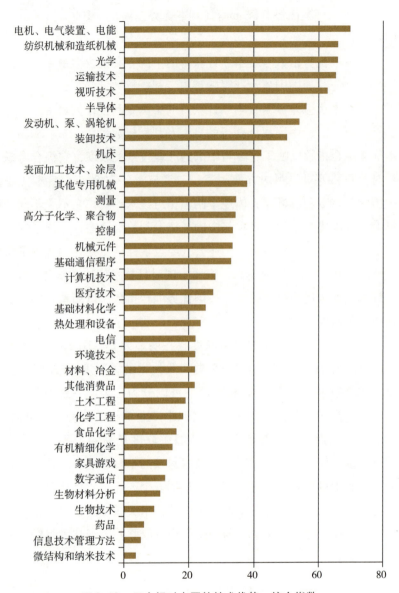

图 8.10　日本相对中国的技术优势：综合指数

注：日本优势综合指数的取值范围是 0～100，取值越高则中国对日本技术依赖度越高。

资料来源：作者根据世界知识产权组织（WIPO）数据计算。

图 8.11　德国相对中国的技术优势：综合指数

资料来源：作者根据世界知识产权组织（WIPO）数据计算。

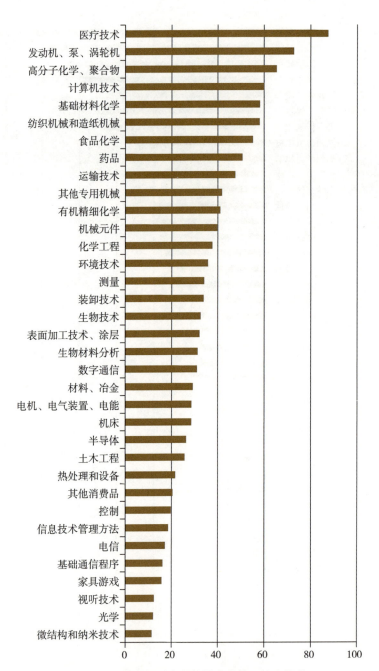

图 8.12　美国相对中国的技术优势：综合指数
资料来源：作者根据世界知识产权组织（WIPO）数据计算。

对比可见，三个对美高度依赖的产业，对日、对德依赖度也高，包括发动机、泵、涡轮机，纺织机械和造纸机械，运输技术。一个对美高依赖度的产业（基础材料化学）对德依赖度高，对日依赖度中等。在这四个产业中，日本、德国可成为替代美国的重要技术合作方。

表8.1　日本、德国对美国产业技术的可替代性

序号	产业技术类别	美国	日本	德国
1	医疗技术	高	中	中
2	发动机、泵、涡轮机	高	高√	高√
3	高分子化学、聚合物	高	中	中
4	计算机技术	高	中	中
5	基础材料化学	高	中	高√
6	纺织机械和造纸机械	高	高√	高√
7	食品化学	高	低	低
8	药品	高	低	中
9	运输技术	高	高√	高√
10	其他专用机械	高	中	中
11	有机精细化学	中	低	高
12	机械元件	中	中	高
13	化学工程	中	低	中
14	环境技术	中	中	低
15	测量	中	中	中
16	装卸技术	中	高	中
17	生物技术	中	低	低
18	表面加工技术、涂层	中	高	高
19	生物材料分析	中	低	低
20	数字通信	中	低	中
21	材料、冶金	中	中	中
22	电机、电气装置、电能	中	高	高
23	机床	中	高	高
24	半导体	中	高	中

（续表）

序号	产业技术类别	美国	日本	德国
25	土木工程	中	中	中
26	热处理和设备	低	中	高
27	其他消费品	低	中	中
28	控制	低	中	中
29	信息技术管理方法	低	低	低
30	电信	低	中	中
31	基础通信程序	低	中	低
32	家具游戏	低	低	低
33	视听技术	低	高	低
34	光学	低	高	低
35	微结构和纳米技术	低	低	低

注：1. 三大类行业划分依据是美国优势综合指数，它综合考虑了专利数量差额和倍数，具体见图8.3。

2. 在三大类行业中，各行业按依赖度从高到低排序。

资料来源：作者根据世界知识产权组织（WIPO）数据计算。

日本、德国的哪些产业技术不能替代美国？

本节从两个维度将35个产业划分为九类，以分别梳理日本、德国对美国技术的可替代性。表8.2按对美依赖度高中低、对日依赖度高中低，分九类情况，并在每个方格中列出相应产业。表8.3将日本替换为德国，分析德国对美国技术的可替代性。对比可见，我国食品化学产业对日、德技术依赖度都低，日德难以替代美国。药品制造产业我国对德存在中等依赖，可部分替代美国作用。在计算机技术、医疗技术、高分子化学、专用机械领域，我国对日、德都存在中等依赖，也可以部分替代美国作用，但难以完全替代。

表8.2 产业分类：对日和对美技术依赖度三维分类

	对美依赖度高	对美依赖度中	对美依赖度低
对日依赖度高	发动机、泵、涡轮机 运输技术 纺织机械和造纸机械	电机、电气装置、电能 半导体 装卸技术 机床 表面加工技术、涂层	光学 视听技术

（续表）

	对美依赖度高	对美依赖度中	对美依赖度低
对日依赖度中	基础材料化学 医疗技术 高分子化学、聚合物 计算机技术 其他专用机械	测量 机械元件 环境技术 材料、冶金 土木工程	控制 基础通信程序 热处理和设备 电信 其他消费品
对日依赖度低	食品化学 药品	化学工程 有机精细化学 数字通信 生物材料分析 生物技术	家具游戏 信息技术管理方法 微结构和纳米技术

资料来源：作者根据世界知识产权组织（WIPO）数据计算。

表8.3　产业分类：对德和对美技术依赖度三维分类

	对美依赖度高	对美依赖度中	对美依赖度低
对德依赖度高	发动机、泵、涡轮机 基础材料化学 纺织机械和造纸机械 运输技术	有机精细化学 机械元件 表面加工技术、涂层 电机、电气装置、电能 机床	热处理和设备
对德依赖度中	医疗技术 高分子化学、聚合物 计算机技术 药品 其他专用机械	化学工程 测量 装卸技术 数字通信 材料、冶金 半导体 土木工程	其他消费品 控制 电信
对德依赖度低	食品化学	环境技术 生物技术 生物材料分析	信息技术管理方法 基础通信程序 家具游戏 视听技术 光学 微结构和纳米技术

资料来源：作者根据世界知识产权组织（WIPO）数据计算。

哪些产业技术不依赖美国，但依赖日本和德国？

各国产业技术创新能力各有侧重，美国也并非在各领域都具备创新优势。实际上，日本、德国在不少技术领域的创新能力强于美国，即使不考虑中美科技脱钩的情况，中国也应积极加强与日德的创新合作。表8.2和表8.3的第三列都是我国对美依赖度低的产业，其中，我国光学、视听技术两个领域对日本依赖度高；热处理和设备领域对德国依赖度高；此外，在控制、基础通信、电信三大领域，虽然我国对美技术依赖度低，但对日本、德国存在中等程度的依赖。

政策建议

第一，抓住有利时机，加强与日本、德国的科技合作。美国政府未来势必不断增加障碍，减少美国企业对华技术合作。与日本、德国开展研发合作，可有效弥补美国对我国技术打压的不利影响。从中、美、日三角看，我国对美技术高度依赖的十大产业中，三个产业对日本也存在高度技术依赖，五个产业对日本存在中度技术依赖。从中、美、德三角看，我国对美技术高度依赖的十大产业中，四个产业对德国也存在高度技术依赖，五个产业对日本存在中度技术依赖。我国应积极在交叉重叠领域，加强与日德合作，这既能加快我国技术进步速度，也能减少美国关键技术"断供"对我国的威慑作用。

第二，围绕重点产业，有针对性地加强与日本、德国的技术合作。在日本具备创新优势的领域中，我国对其技术依赖度高的包括发动机涡轮机、运输技术、纺织和造纸机械；对其技术依赖度中等的包括基础材料化学、医疗技术、高分子化学、计算机、专用机器。德国具备创新优势的领域中，我国对其技术依赖度高的包括发动机涡轮机、基础材料化学、纺织和造纸机械、运输技术；对其技术依赖度中等的包括医疗技术、高分子化学、计算机技术、药品、其他专用机械。我国应以上述领域为重点，积极鼓励相关国内企业和科研机构，加强与日本、德国企业和科研机构的交流合作。

第三，充分认识日本、德国的创新优势，坚定维护和推动全球化。日本、德国的经济体量虽然远逊于美国，但在很多细分领域的创新能力不亚于美国。更重要的是，从专利互持角度看，日本持有的在华专利数量远高于美国，德国也接近美国的一半（见图8.13、图8.14、图8.15），这远高于其经济体量占美国的比重。

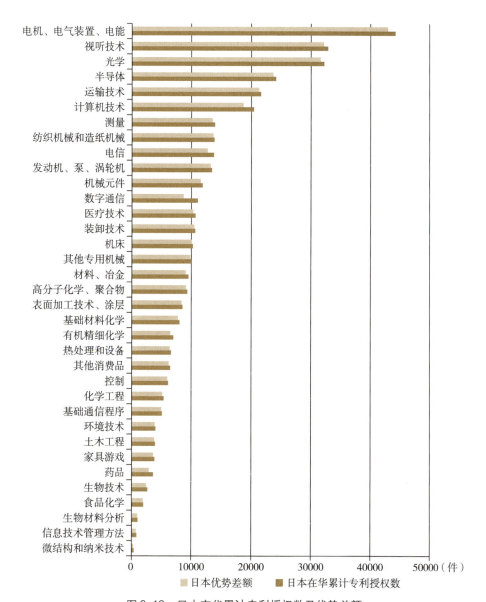

图 8.13　日本在华累计专利授权数及优势差额

注：日本优势差额＝日本累计获得的中国专利授权数量－中国累计获得的日本专利授权数量。优势差额反映了日本对华的技术净输出情况。

资料来源：作者根据世界知识产权组织（WIPO）数据计算。

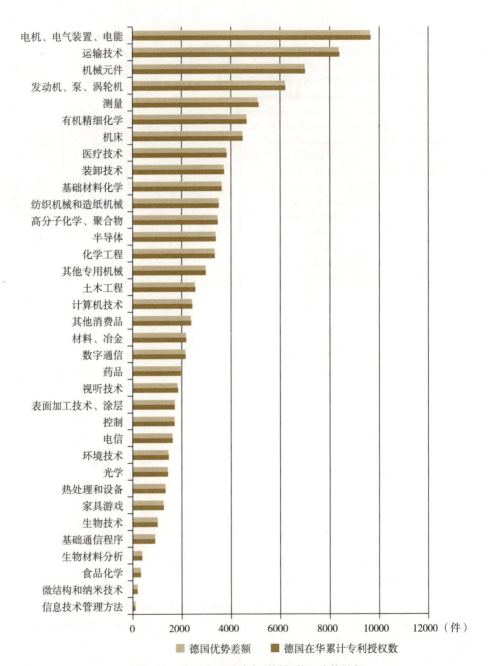

图 8.14 德国在华累计专利授权数及优势差额

注：德国优势差额＝德国累计获得的中国专利授权数量－中国累计获得的德国专利授权数量。优势差额反映了德国对华的技术净输出情况。

资料来源：作者根据世界知识产权组织（WIPO）数据计算。

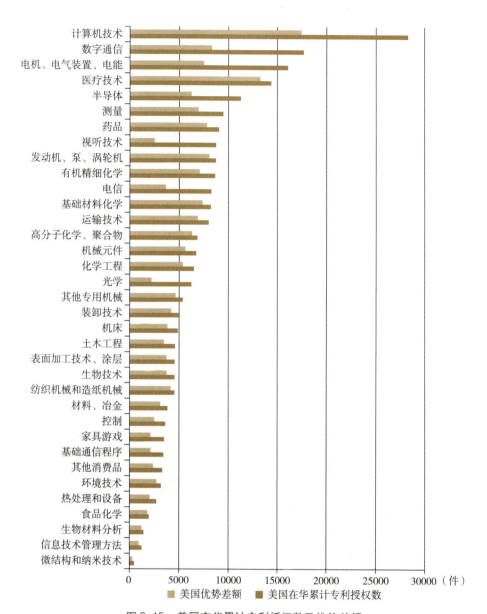

图 8.15 美国在华累计专利授权数及优势差额

注：美国优势差额 = 美国累计获得的中国专利授权数量 − 中国累计获得的美国专利授权数量。优势差额反映了美国对华的技术净输出情况。

资料来源：作者根据世界知识产权组织（WIPO）数据计算。

日本如此积极地在华申请专利，这背后反映了日本企业和个人希望分享中国市场和产业红利的强烈愿望，跨国专利为其分享中国增长红利提供了重要渠道。实际上，从日本、德国的角度看，其企业也试图积极利用中美博弈的大格局，争取新的发展机遇。我国应顺势而为、为我所用，积极维护我国利益。

第四，即使不考虑中美科技竞争因素，日本、德国的技术创新能力对我国也有巨大价值。日本、德国都在发动机、运输技术、材料化学方面有创新优势，这恰是当前我国最为突出的产业短板。建议研究放宽相关产业投资限制，鼓励日德企业来华投资，降低对美单一技术依赖的不利影响。此外，在光学、视听技术、热处理设备等领域，日本、德国的创新能力明显强于美国，这是日德的独特优势。我国应积极利用美、日、德三大经济体之间技术优势的差异，取长补短，在多国框架下适时适度广泛合作，降低美国推动对我国技术脱钩带来的负面影响。

参考文献

石光. 日本 GDP 与创新力反向发展之谜［J］. 领导决策信息，2019（5）.

石光. 日本产业政策得失启示［N］. 新华月报，2018（21）.

World Intellectual Property Organization. PATENTSCOPE Database［R］. WIPO，2021.

World Intellectual Property Organization. WIPO Technology Trends 2021［R］. WIPO，2021.

Cornell University，INSEAD，WIPO. Global Innovation Index 2020：Who Will Finance Innovation？［EB/OL］. Https：//www. wipo. int/publications/en/details. jsp？id=4514.

第九章　人力资本

中等收入群体倍增下的老问题与新挑战

赵勇　高赫

要点透视

➤ 2020 年，受新冠疫情冲击，前两个季度我国就业市场承受了较大的压力。随着疫情得到有效控制、复工复产的持续推进，三季度后就业市场趋于好转，就业总体上已回升到疫情前水平。

➤ 2021 年，随着我国经济增速向正常水平回归，就业总量压力预计将减轻，但小微企业就业需求持续收缩、大学生等就业困难群体就业安置压力加大、部分制造行业岗位缺口加剧等问题将凸显。

➤ 实现中等收入群体比例明显提高甚至倍增的关键，是持续提升低收入群体的人力资本。当前，提升低收入群体人力资本，既要克服制度性障碍等老问题，又要直面数字化和智能化发展带来的新挑战。着眼于未来，需综合施策，大力拓展低收入群体人力资本积累的机会，不断增强低收入群体人力资本投资的可负担性，促进人力资本投资向数字化技能转型。

2020 年我国就业市场景气指数呈现"U"形走势，2021 年随着经济增速恢复到潜在增速水平，就业总量压力预计将减轻。中长期，我国需要通过持续提升低收入群体的人力资本，实现中等收入群体比例明显提高甚至倍增目标。

2020 年疫情冲击下显著承压的就业市场

受新冠疫情冲击，2020 年前两个季度就业市场承受了较大压力，随着疫情逐步得到有效控制、生产生活总体恢复正常，三季度后就业市场明显趋于好转，到年底总体上已回升到疫情前水平。

企业用工需求呈现"U"形走势

受疫情影响，2020 年一、二季度，企业用工景气指数迅速下降到 96 以下。随着疫情得到控制以及生产生活的恢复，三、四季度企业用工景气指数迅速回升到 99 以上，超过上一年同期水平（图 9.1）。分地域看，四大板块三季度后企业用工景气指数都已恢复甚至明显超过疫情前水平，但不同板块在一、二季度呈现较大差异。其中，东部地区与全国基本一致，一季度下降，二季度迅速回升；西部地区一季度反而出现上升，到二季度才略有回落；中部地区和东北地区一季度出现下降，但幅度较东部地区要小（图 9.2）。

图 9.1　2018 年以来我国用工景气指数

资料来源：Wind。

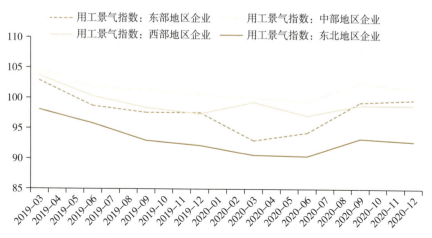

图 9.2 2019 年以来我国分地区用工景气指数

资料来源：Wind。

受企业用工需求下降影响，2020 年城镇新增就业人数较 2019 年出现了明显的下降。城镇新增就业人数由 2019 年的 1352 万下降到 2020 年的 1186 万，同比下降 12.28%（图 9.3）。

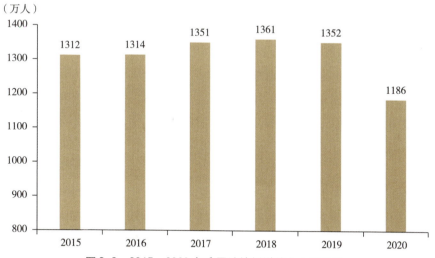

图 9.3 2015—2020 年我国城镇新增就业人员数量

资料来源：2015—2019 年数据来自 Wind，2020 年数据来人人社部。

二季度后就业形势逐步改善、就业压力明显缓解

2020 年一、二季度就业明显承压，但进入下半年，随着社会生产生活秩序

恢复加快，工业生产稳定复苏，受冲击较大的密接型和聚集型服务行业持续改善，就业形势不断改善、就业压力明显缓解。2020 年四个季度中国就业市场景气指数分别为 1.43、1.35、1.89、1.95，就业市场呈持续回暖态势（图9.4）。

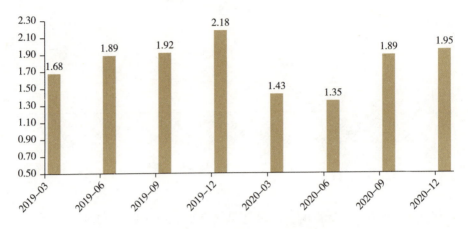

图9.4 中国就业市场景气指数（CIER）

资料来源：Wind。

智联招聘大数据也显示，2020 年一、二季度就业市场在受到疫情冲击后，三季度开始出现明显好转。2020 年 3 月以来求职人数快速反弹，而同期企业招聘职位数却大幅下降18.3%，就业压力明显增加。随着生产恢复、稳就业政策落地见效，就业岗位供求压力逐步缓解，2020 年 12 月求职指数已下降至 76.1，同期职位指数为86.9，求职指数回落至职位指数以下，就业压力明显减轻。

从就业人员平均工作时间看，二季度后就业人员平均工作时间恢复更快，在2020 年一季度急速下降后，二季度已经恢复到疫情前水平，到年底进一步提高（图9.5）。

此外，失业数据也验证了二季度以后就业市场的回升。全国城镇调查失业率，2020 年 2 月升至 6.2% 的年内高点，比 1 月和2019 年同期均高出 0.9 个百分点。2020 年 6 月城镇调查失业率降至 5.7%，9 月回落至 5.4%，12 月进一步降至 5.2%，与 2019 年同期持平（图9.6）。31 个大城市的城镇调查失业率，在2020 年 5 月达到年度最高点 5.90% 后开始回落，9 月已降至 5.50%，12 月进一步降至 5.10%（图9.7）。25～59 岁就业人员调查失业率，2020 年一季度显著上升，由 2019 年 12 月的 4.70% 上升至 2020 年 2 月的 5.60%，二季度后开始明显下降，12 月已回落至 4.70%（图9.8）。尽管三、四季度城镇登记失业率仍然在

（小时/周）

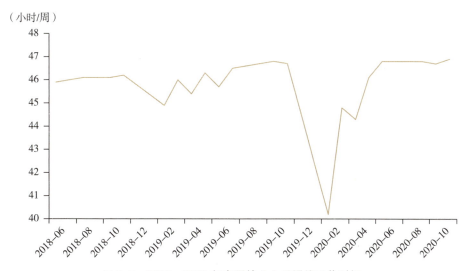

图 9.5　2018—2020 年中国就业人员平均工作时间

资料来源：Wind。

上升，但四季度上升幅度已经较三季度明显放缓，很大程度上反映了就业市场的改善。城镇登记失业率由 2020 年一季度的 3.66% 迅速上升到三季度的 4.19%，第四季度进一步上升到 4.24%，但是从增速看已经开始显著趋缓（图 9.9）。

（%）

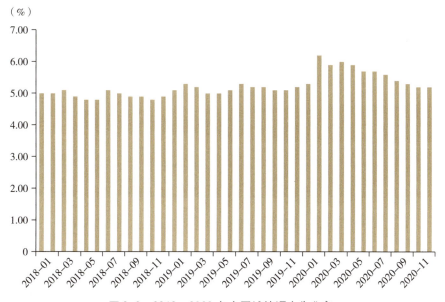

图 9.6　2018—2020 年全国城镇调查失业率

资料来源：Wind。

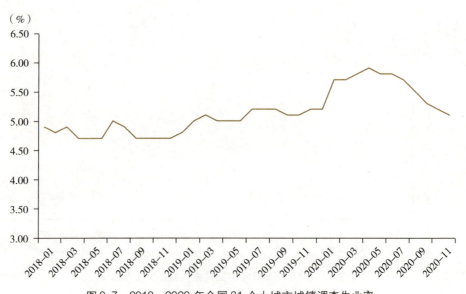

图 9.7　2018—2020 年全国 31 个大城市城镇调查失业率

资料来源：Wind。

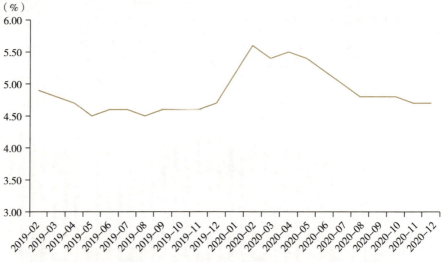

图 9.8　2019—2020 年全国 25 ~59 岁城镇就业人员调查失业率

资料来源：Wind。

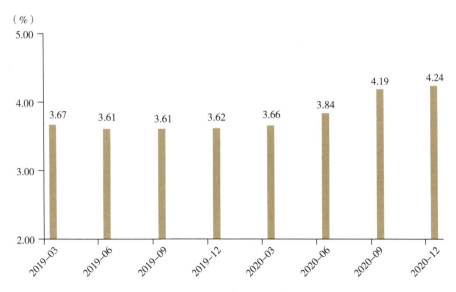

图 9.9 2019—2020 年中国城镇登记失业率

资料来源：Wind。

农民工就业压力逐渐缓解，高校毕业生就业趋于稳定

2020 年农民工就业规模与 2019 年同期的差距呈现先扩大后缩小的趋势。2020 年疫情初期，农民工就业形势严峻。2 月末农村外出务工劳动力人数同比下降 5400 万，3 月城镇外来农业户籍人口失业率达到 6.7% 的历史高点。随着疫情得到有效控制，农民工就业形势趋于稳定，10 月农民工就业水平已接近 2019 年同期，农民工就业形势保持平稳态势，到年底企业对农民工的用工需求保持在高位，从事制造业的农民工供需处于紧平衡。

三季度后全国高校毕业生就业趋于稳定，但仍低于 2019 年同期水平。高校毕业生就业是 2020 年"稳就业"的重中之重。2020 年 7 月，城镇 20～24 岁大专及以上受教育程度人员（主要是高校毕业生）失业率同比高 3.3 个百分点。[①] 随着经济恢复以及一系列稳就业政策措施的落地，高校毕业生就业形势逐渐改善。2020 年第四季度高校毕业生就业市场景气度同比和环比均出现上升，高校毕业生就业环境逐步向好。但从同比变化看，四季度 CIER 指数为 1.95，低于 2019

---

① 张毅，《就业形势总体改善 重点群体保障有力》，《经济日报》，中国经济网，http：//m. ce. cn/bwzg/202101/19/t20210119_36237203. shtml。

年同期的 2.18。①

城镇失业人员再就业难度加大。2020 年，城镇失业人员再就业人数为 511 万，较上一年减少了 12 万，同比下降 6.7%，其中二季度同比减少最为明显（图 9.10）。相应地，2020 年领取失业保险金人数②则增加到 270 万，较上一年增加了 42 万，同比增加 18.42%，分季度来看，呈现不断上升的态势（图 9.11）。

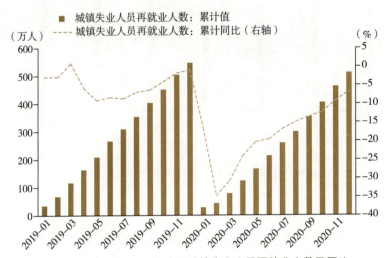

图 9.10　2019—2020 年全国城镇失业人员再就业人数及同比

资料来源：Wind。

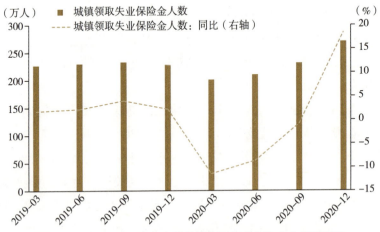

图 9.11　2019—2020 年全国城镇领取失业保险金人数及同比

资料来源：Wind。

---

① 中国人民大学中国就业研究所和智联招聘，《2020 年第四季度应届生就业市场景气报告》。

② 失业保险金领取对象是城镇企事业单位职工。

服务业就业恢复整体慢于制造业，行业用工景气分化明显

总体看，一季度制造业就业受影响程度较服务业深，但二季度后制造业恢复相对服务业要快（图9.12）。从分行业类别看，制造业用工在一、二季度受到的冲击最大，到三季度已基本恢复到疫情前水平，四季度景气度进一步上升；信息传输、软件和信息技术服务业，电力、热力、燃气及水生产和供应业，科学研究和技术服务业，卫生和社会工作，居民服务、修理和其他服务业受疫情影响较小，用工景气度呈现持续上升的态势。建筑业，住宿和餐饮业，交通运输、仓储和邮政业，租赁和商务服务业，水利、环境和公共设施管理业，批发和零售业，文化、体育和娱乐业，受疫情影响严重，四季度用工景气度仍然偏低。其中，建筑业用工景气指数一季度迅速攀升，但此后一路下行。比较特殊的是，教育行业除一季度受影响外，其余季度用工景气指数均保持稳定（图9.13）。

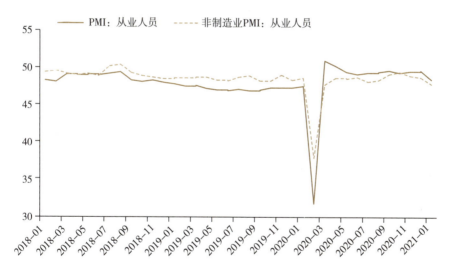

图 9.12　2018 年以来我国制造业和非制造业 PMI 从业人员指数
资料来源：Wind。

2021 年局部就业问题将凸显

2021 年，随着我国经济增速向正常水平回归，就业总量压力预计将减轻，但小微企业就业需求持续收缩、大学生等就业困难群体就业安置、部分制造行业

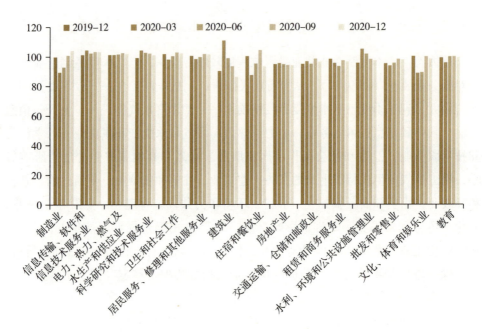

图 9.13　我国分行业用工景气指数（季度）

资料来源：Wind。

岗位缺口加剧等问题将凸显。

就业总量压力减轻。2020 年第二季度以来，我国经济呈现加速反弹态势，四季度 GDP 实际增速达到 5.9%。考虑到 2021 年是"十四五"规划的开局之年，也是政府换届之年，政治周期因素将在一定程度上推高短期经济增速。受 2020 年前两个季度基数较低因素的影响，预计 2021 年 GDP 增速将呈现前高后低的走势。其中，一季度将超过 10%，二季度开始出现回落，到四季度回归至正常区间，将极大概率地回落至 6% 左右。随着经济增速向正常潜在增速水平回归，企业用工需求将总体保持稳定，就业市场供求趋于平衡。

小微企业就业需求持续收缩。小微企业是解决就业的主体。2020 年小微企业就业岗位需求明显下降，对低学历、低收入、对小微企业就业依赖较强的群体产生较大影响。2020 年 5 月以来，小型企业从业人员 PMI 一直处于荣枯线以下，除 11 月外，其余月份一直处于下行的态势，12 月下降 1.4 个百分点至 48.5%，特别是 2021 年 1 月出现明显下降（图 9.14）。随着经济增速恢复正常以及刺激政策的逐步退出，预计 2021 年全年小型企业就业需求将继续收缩。

大学生等就业困难群体问题凸显。2020 年通过采取一系列强力的稳就业措

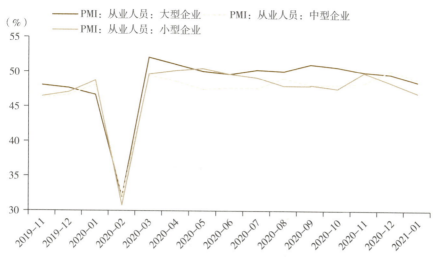

图 9.14　不同规模企业从业人员 PMI 指数

资料来源：Wind。

施，高校应届毕业生就业总体保持稳定，但部分毕业生就业仍然面临较大困难。《2020 年第四季度应届生就业市场景气报告》显示，2020 年第四季度高校毕业生 CIER 指数同比和环比均出现上升，但是户籍地在三线及以下城市、大专学历、非重点大学和一般学院部分毕业生，就业难问题突出。2021 年普通高校毕业生人数预计将达到 909 万，较 2020 年增加约 35 万。2020 年累积的就业困难高校毕业生，加上新增的高校毕业生，就业困难学生数量将进一步扩大。此外，2020 年城镇失业再就业人数同比增速持续为负，在小微企业就业需求持续快速收缩的情形下，预计 2021 年这部分群体就业困难将进一步加大。

部分制造行业岗位用工缺口加剧。2020 年第四季度全国 102 个定点监测城市公共就业服务机构的监测数据显示，"最缺工" 100 个职业的招聘需求人数，从 2020 年三季度的 131.6 万增加到四季度的 141.8 万（增长 7.75%），缺口数从三季度的 82.4 万上升到四季度的 92.9 万（上升 12.74%），总体求人倍率①从三季度的 2.67 上升到四季度的 2.90（上升 8.61%）。缺口数和总体求人倍率均居 2019 年第三季度首次发布排行以来的历史最高位。其中，新进入 "最缺工" 职业中的 25 个职业，有 15 个与制造业直接相关，占比达到 60.0%，如冶炼工程技术人员、铸造工、汽车工程技术人员、金属热处理工等。短缺程度加大的 34 个

———————

① 招聘需求人数与求职人数的比值。

职业中，有 16 个职业与制造业直接相关，占比达到 47.1%，如钢筋工、机修钳工、纺织染色工等。[①] 随着 2021 年经济接近完全恢复以及部分地区出现过热，部分劳动密集型制造业岗位用工缺口将会进一步扩大。

提升低收入群体人力资本面临的挑战与建议

实现中等收入群体比例明显提高甚至倍增，关键是持续提升低收入群体的人力资本。我国低收入群体呈现总量占比相对较高、中西部农村地区集中度较高、受教育程度普遍较低等特征。提升低收入群体人力资本，需要突破制度性障碍和技术变革带来的一系列挑战。

我国低收入群体及其特征

按照杨修娜（2019）对中等收入群体的界定标准，2018 年我国中等收入群体的下限和上限标准分别为 55202 元和 186150 元（人均可支配年收入）。按照上述标准估算得出，2018 年我国中等收入群体总量已接近 3.9 亿人，占比约28.2%；低收入群体规模为 9.8 亿人，占比约 70.6%；高收入群体规模为 1600万人，占比约 1.2%。

利用 CHIP 数据，大致得到低收入群体的以下主要特征：

第一，从城乡分布看，约 58% 的低收入群体分布在农村，约 28% 的低收入群体分布在城市，约 13% 的低收入群体为流动人口。从不同类别城市分布看，超过 80% 的中低收入群体分布在三线及以下城市。

第二，从低收入群体占本区域人口的比重看，中西部地区人口中超过 80%是低收入群体，东部地区人口中大约 60% 是低收入群体。

第三，从教育程度看，低收入群体平均受教育年限为 8.4 年，中等收入群体成年人的平均受教育年限为 11 年，贫困人口为 7.6 年。初中、小学和未上过学的群体中，低收入者占比均超过 80%。接受过高中、职高等相当程度教育的群体中，低收入者占比大致在 60% 左右。

第四，从储蓄情况看，低收入群体储蓄率的平均值为 12% 左右，中位数为

[①] 人社部，《2020 年第四季度全国招聘大于求职"最缺工"的 100 个职业排行》，http://www.mohrss. gov.cn/ SYrlzyhshbzb/dongtaixinwen/buneiyaowen/rsxw/202101/t20210126_408362.html。

20%左右。中等收入群体储蓄率的平均值和中位数均在30%以上。

低收入群体人力资本提升面临的挑战

低收入群体主要以劳动工资收入为主，要使其变为中等收入群体，提升低收入群体的人力资本是关键，但提升低收入群体人力资本，既要突破制度性因素造成的障碍，又要适应数字化技术带来的技能转型等新挑战，特别是制度性障碍与技能转型问题交织在一起，提升低收入群体人力资本面临的挑战更大。

一是制度和政策障碍带来的权利不均等不充分等老问题。除自身原因外，城乡分割的制度和政策障碍也是低收入群体人力资本水平较低的重要原因。制度和政策障碍背后的本质是农民群体权利不均等不充分，具体表现在公共服务配置的城市偏向、进入城市权利的不平等、获得城市公共服务权利不均等不充分、农村土地要素产权不完整等。农民权利的不均等不充分，提高了农民进入城市的成本，降低了教育、医疗、社会保障等基本公共服务的可获得性，制约了接受城市人力资本溢出效应的机会和可能，导致人力资本积累机会不公平或人力资本积累成本过高等问题。同时，城市资本和劳动力下乡受限制，降低了农村低收入群体与资本和商业的可接近性，不仅限制了农村低收入群体就近获得收入的渠道，也压缩了其接受城市人力资本溢出的另一重要渠道，限制了农村低收入群体积累人力资本的机会。此外，区域间和不同等级城市间就业和公共服务配置的制度性差异，也在一定程度上扩大了低收入群体人力资本积累的机会不均等。

二是数字化带来的低收入群体技能转型等新挑战。中国向后工业阶段的转变，对低收入群体人力资本和劳动技能提出了新的要求。特别是近年来经济社会数字化转型加快，产业发展的数字化、自动化和智能化，极大地改变着就业形态，对教育培训等提出了全新的要求，全社会均面临着技能转型的挑战。特别是对于低收入群体，不仅要克服制度因素带来的不利条件，而且要适应数字技术带来的技能快速更新、职业转变、被自动化取代等新挑战。据麦肯锡全球研究院测算，到2030年，多达2.2亿中国劳动者（占劳动力队伍的30%）可能因自动化技术的影响而变更职业，农民工工作内容受自动化技术影响的比例将高达22%~40%。但是，目前教育培训体系滞后于数字技术发展的要求，特别是低收入群体接受数字技能培训和更新的渠道更为有限，人力资本和技能转型面临着较大挑战。

提升低收入群体人力资本的相关建议

第一，推动要素城乡双向和区域间自由流动，拓宽提升人力资本的机会和渠道。加快户籍制度及相关公共服务获得领域的改革落地步伐，为农业人口进入城市，平等充分地获得就业、公共服务和社会保障提供平等的权利，拓展人力资本积累渠道以及获得城市人力资本溢出效应的公平机会。结合乡村振兴战略，逐步减少城市资本和劳动力下乡的限制，畅通城乡流动渠道，拓宽城市反哺农村以及农村低收入群体接受人力资本溢出的渠道。深化农村土地制度改革，推进宅基地流转和置换方式创新，让农村居民能合理分享到土地升值收益，为提升人力资本提供条件。优化权利配置，逐步消除制度性因素导致的不同等级城市间以及区域间公共服务和社会保障水平的差异，推动公共服务在不同等级城市间的基本均衡，加快推动区域间就业、公共服务和社会保障的一体化，使低收入群体具有更加平等、更为充分的提升人力资本的机会。

第二，增加对低收入群体的公共支出，提高人力资本投资的可负担性。就业、教育、医疗卫生、住房等公共支出进一步向低收入群体倾斜，加快解决农民工的社保参保、随迁子女入学、住房保障等问题，降低农民工的生活成本，增加低收入群体人力资本投资支出。提高对低收入群体在职业教育和培训等方面的公共补贴，以及税收抵扣方面的比例，减轻低收入群体人力资本投资负担。针对低收入群体健康方面的突出问题对就业和收入的制约，进一步扩大对低收入群体健康领域的公共支出，普及健康生活、优化健康服务、完善健康保障，提高低收入群体的健康人力资本。

第三，加快实施低收入群体技能更新工程，促进人力资本投资向数字化技能转型。支持教育培训业的数字化转型，加大教育培训技术投资，大力推动数字化平台微课程等教育培训新业态发展，推广线上线下融合的学习模式。加强政府公共部门与市场机构的合作，联合设计教育培训项目，共同开发设计课程，创新技能培训方式。结合产业发展新趋势，针对低收入群体中的重点人群，开展数字技能提升转型工程。进一步普及数字化教育培训基础设施，加大对教育培训机构培训者的培训，提高培训质量。

参考文献

张车伟. 中国人口与劳动绿皮书（No. 21）——"十四五"时期人力资本提升与经济高质量发展［M］. 北京：社会科学文献出版社，2021.

杨修娜. 发达国家标准下我国中等收入群体规模及其成长路径［R］. 国务院发展研究中心调查研究报告，2019.

杨修娜，万海远，李实. 我国中等收入群体比重及特征［J］. 北京工商大学学报（社会科学版），2018（6）.

王一鸣. 把中等收入群体倍增作为一个大战略［M］//白重恩. 中国经济发展新阶段的机遇. 北京：中信出版社，2020.

麦肯锡全球研究院. 中国的技能转型：推动全球规模最大的劳动者队伍成为终身学习者［R/OL］. 麦肯锡全球研究院研究报告，2021. https：//www. mckinsey. com. cn/wp – content/up-loads/2021/01/MGI_ Reskilling – China_ Executive – Summary – _ – CN. pdf.

第十章　城市群发展缓解分割

王旭阳　李凯希　卓贤　李杰伟　石淼①

要点透视

➤ 到 2035 年，我国城镇常住人口将在现在的基础上增加 2 亿人，同时还要推动目前已经在城市的 2 亿农业转移人口的市民化，解决好约 4 亿人口的充分城镇化关系到基本实现现代化的全局。

➤ 我国相关规划中的 19 个城市群共包含 233 个城市，而基于人口流动大数据定义的 19 个城市群共包含 205 个城市，重合度为 88%。

➤ 距离会减少城市间的经济联系，跨省行政区划会进一步造成市场分割，人口流动反映出城市间的经济距离比地理距离高出一倍以上。

➤ 城市群具有提升市场一体化水平的效应，既能缓解距离造成的人口流动衰减效应，也能缓解省界造成的市场分割。

① 王旭阳、李凯希为联通数科智慧足迹公司研究员，卓贤为国务院发展研究中心研究员，李杰伟为上海海事大学讲师，石淼为联通数科智慧足迹公司数据分析师。本文研究得到了国家自然科学基金（项目号：71573063）的支持。

2020 年城镇化进程回顾与未来十年展望

在 2012 年城镇化率（52.6%）首次达到全球平均水平之后，中国城市化依然保持较快发展速度，八年间新增城镇常住人口超过 1.4 亿，相当于英国和法国人口的总和。到 2020 年，中国 61% 左右的城镇化率已明显超过全球 55% 的平均水平，"城市"已成为中国经济社会发展的底色。

当前中国城镇化进程虽然已经进入中后期，但从国际经验看，仍处在潜力较大的中速推进期。根据 Logistic 模型的推算，未来十年我国城镇化率将保持年均提升 0.8 个百分点的速度，在 2030 年达到 70% 左右。到 2035 年，我国城镇常住人口将在现在的基础上增加 2 亿人，同时还要面对目前已经在城市的 2 亿农业转移人口的市民化问题。因此如何解决好约 4 亿人口的充分市民化问题，满足对应的土地、水、能源、交通、住房、就业以及公共服务需求，关系到基本实现现代化的全局。

新型城镇化进入以都市圈和城市群为主要空间载体的发展阶段。从城镇化的空间范围看，城市、都市圈和城市群是渐次演进的三种形态，提高城镇化对巨量人口市民化的能力，必须发展都市圈和城市群。1920—1950 年，美国城市化率从 51.2% 提高到与中国当前相近的 59%，用 30 年时间增加 7.8 个百分点，城镇化主要表现为单个城市从小到大的扩张。在此后的 1950—1980 年美国城市化速度反而更快，城市化率从 59% 提高到 73.7%，增加 14.7 个百分点，都市圈和城市群成为其城镇化的主要形态。因此，研究都市圈和城市群的空间形态演化规律、规划与现实发展的落差、城市之间的往来联系等，是新型城镇化研究的一个重要议题。

本章基于联通手机大数据，通过城市间人口流动特征识别出基于"人流联系"的城市群，并与规划的城市群进行比较，以此研判城市群在规划和实际发展中的落差；同时我们也对城市群内、城市群与群外城市、城市群之间的联系做了指标化评估；最后，我们探讨了行政分割与距离因素对城市群市场一体化发展的影响。通过本章的研究，我们期望对"十四五"时期新型城镇化规划以及建立适应现代化导向的城市空间，提出具有现实性的参考建议。

利用"人口跨城出行"数据界定城市群

政策界和研究界有许多关于城市群的划分方法，不同方法界定的城市群的范围不同。对城市群覆盖范围的一个重要考量是城市之间的经济和人员往来，因此较为科学的方法是采用人口流动数据进行评估。基于手机信令数据，本文通过对"人口跨城出行"数据的分析，重新界定城市群的范围，并研究城市群对经济发展的作用。使用手机信令数据主要出于以下考虑：一是手机普及率较高，文中采用的联通公司 4.1 亿多用户数据，数据人群覆盖率达 30%，日均生成 1670 亿条位置信息；二是手机数据产生的信息连续性较好，可以较为连续地记录居民活动的时空变化，数据更为客观和有效。我们采用 2019 年全年的中国大陆地级市之间的日度跨城出行数据，排除了季节性因素的影响。为保护用户隐私，中国联通对手机信令数据做了匿名化的加密脱敏处理，研究者无法接触到特定个体数据。

本章选取的数据区分了"人口跨城出行"的起点和终点，分三步对 19 个城市群的空间范围进行重新界定[①]：

第一步，定义"核心城市"：选取北京、上海、广州、天津、重庆、成都、武汉、郑州、西安 9 个国家级中心城市，并将大众认知意义上的"一线城市"深圳也作为核心城市；

第二步，定义"区域中心城市"：根据 2019 年全年的人群跨城出行总量，对全国跨市出行进行排序，在城市群规划所包含的城市中，选取排序靠前的城市，直到每个城市群至少有一个城市定义为"区域中心城市"。

第三步，定义城市群覆盖范围内的普通城市：只要满足下面一种情况，都可以将城市 A 视为城市群 Y 的普通城市：

（1）与城市 A 人流最频繁的城市 B，是城市群 Y 的核心城市或是区域中心城市；

（2）当条件（1）不满足时，如果城市 A 周边的所有城市（与 A 接壤或者

---

① 本报告参考了上海评驾科技有限公司的专利"一种基于乘用车和商用车车流数据定义城市群的方法"和"一种基于利用指标和车流数据评估城市群的方法"，陆铭教授团队成员是专利的署名人。

存在公共行政边界的城市）均为普通城市/核心城市/区域中心城市，且城市 A 与城市群 Y 的核心城市（或区域中心城市）的人流量次序仅排在城市 A 某个周边城市的后面。

　　通过人流数据识别的城市群和已有规划中城市群的对比结果见表10.1。规划中的 19 个城市群共包含 233 个城市，而按人流定义的 19 个城市群共包含 205 个城市，重合度为88%。在 19 个城市群中，有 6 个城市群按人流定义的城市数量高于规划，10 个城市群按人流定义的城市数量低于规划，3 个城市群在城市数量上是一致的。分区域看，西南、西北地区的城市群，如成渝、滇中、晋中和黔中城市群，人流识别出的城市群范围要大于规划；而中部和东部部分城市群，如长三角、长江中游和海峡西岸等城市群，人流识别出的城市群范围要小于规划。

表 10.1　规划城市群与大数据城市群对比

	规划	按人流定义
京津冀城市群	北京、天津、石家庄、唐山、**秦皇岛、邯郸**、邢台、保定、张家口、承德、沧州、廊坊、衡水	保定、北京、沧州、承德、衡水、廊坊、石家庄、唐山、天津、邢台、张家口
长三角城市群	上海、南京、无锡、常州、苏州、南通、**盐城、扬州**、镇江、**泰州**、杭州、宁波、嘉兴、湖州、绍兴、金华、**舟山、台州**、合肥、**芜湖**、马鞍山、**铜陵、安庆**、滁州、**池州**、宣城	上海、杭州、合肥、南京、苏州、无锡、常州、滁州、湖州、嘉兴、金华、马鞍山、南通、宁波、绍兴、镇江、**淮南、六安、衢州**
珠三角城市群	广州、深圳、韶关、佛山、东莞、中山、珠海、江门、肇庆、惠州、清远、**云浮**、阳江、河源、汕尾	广州、深圳、韶关、佛山、东莞、中山、珠海、江门、肇庆、惠州、清远、阳江、河源、汕尾、**梅州**
成渝城市群	成都、重庆、自贡、泸州、德阳、绵阳、遂宁、内江、乐山、南充、眉山、宜宾、广安、达州、雅安、资阳	成都、重庆、自贡、泸州、德阳、绵阳、遂宁、内江、乐山、南充、眉山、宜宾、广安、达州、雅安、资阳、**甘孜藏族自治州、阿坝藏族羌族自治州、恩施土家族苗族自治州、广元、巴中**

（续表）

	规划	按人流定义
长江中游城市群	武汉、黄石、鄂州、黄冈、孝感、咸宁、仙桃、潜江、天门、**襄阳**、**宜昌**、荆州、荆门、长沙、株洲、湘潭、岳阳、益阳、常德、衡阳、娄底、**南昌**、**九江**、**景德镇**、**鹰潭**、**新余**、**宜春**、**萍乡**、**上饶**、**抚州**、**吉安**	武汉、长沙、常德、鄂州、衡阳、黄冈、黄石、荆门、荆州、娄底、天门、仙桃、咸宁、湘潭、孝感、益阳、岳阳、潜江、株洲、**邵阳**、**随州**
中原城市群	郑州、洛阳、开封、商丘、新乡、平顶山、许昌、焦作、周口、漯河、**鹤壁**、**晋城**、**亳州**	郑州、洛阳、开封、商丘、新乡、平顶山、许昌、焦作、周口、漯河、**驻马店**、**南阳**
关中平原城市群	西安、宝鸡、咸阳、铜川、渭南、商洛、**运城**、**临汾**、**天水**、**平凉**、庆阳	西安、宝鸡、咸阳、铜川、渭南、商洛、庆阳、**安康**、**汉中**、**延安**
哈长城市群	哈尔滨、**大庆**、**齐齐哈尔**、绥化、牡丹江、长春、吉林、四平、**辽源**、松原、延边朝鲜族自治州	哈尔滨、绥化、牡丹江、长春、吉林、四平、松原、延边朝鲜族自治州、**佳木斯**、**七台河**、**伊春**、**鹤岗**
辽中南城市群	沈阳、**大连**、**鞍山**、本溪、丹东、抚顺、**辽阳**、**盘锦**、铁岭、**营口**	沈阳、本溪、丹东、抚顺、铁岭、**阜新**、**锦州**
山东半岛城市群	济南、青岛、**滨州**、**东营**、**菏泽**、**济宁**、**临沂**、**日照**、威海、潍坊、烟台、**枣庄**	济南、青岛、潍坊、**德州**、**聊城**、**泰安**
北部湾城市群	南宁、北海、钦州、防城港、玉林、**崇左**、**湛江**、**茂名**、**海口**、**儋州**、**东方**、**澄迈**、**临高**、**昌江**	南宁、北海、钦州、防城港、玉林、崇左、**百色**、**贵港**、**桂林**、**河池**、**来宾**
呼包鄂榆城市群	呼和浩特、**包头**、鄂尔多斯、榆林	呼和浩特、鄂尔多斯、榆林、**乌兰察布**
兰州－西宁城市群	兰州、西宁、白银、**定西**、**临夏回族自治州**、海东、海北藏族自治州、海南藏族自治州、黄南藏族自治州	兰州、西宁、白银、海东、海北藏族自治州、海南藏族自治州、黄南藏族自治州、**酒泉**、**海西蒙古族藏族自治州**
滇中城市群	昆明、曲靖、雄楚彝族自治州、玉溪	昆明、曲靖、楚雄彝族自治州、玉溪、保山、普洱、大理白族自治州、红河哈尼族彝族自治州、临沧、怒江傈僳族自治州、文山壮族苗族自治州、西双版纳傣族自治州、德宏傣族景颇族自治州

（续表）

规划	按人流定义
海峡西岸城市群	福州、厦门、**潮州**、**抚州**、**赣州**、**揭阳**、**丽水**、龙岩、**梅州**、南平、宁德、莆田、**衢州**、泉州、三明、**汕头**、**上饶**、**温州**、**鹰潭**、漳州	福州、厦门、南平、宁德、莆田、泉州、三明、漳州、龙岩
晋中城市群	太原、晋中	太原、晋中、**吕梁**、**忻州**、**阳泉**
宁夏沿黄城市群	银川、**贺兰**、**灵武**、**平罗**、青铜峡、石嘴山、吴忠、**永宁**、**中宁**、**中卫**	银川、石嘴山、吴忠、青铜峡
黔中城市群	贵阳、遵义、安顺、毕节、黔东南苗族侗族自治州、黔南布依族苗族自治州	贵阳、遵义、安顺、毕节、黔东南苗族侗族自治州、黔南布依族苗族自治州、**铜仁**、**六盘水**、**黔西南布依族苗族自治州**
天山北坡城市群	乌鲁木齐、吐鲁番、昌吉回族自治州、**克拉玛依**、石河子、伊犁哈萨克自治州	乌鲁木齐、吐鲁番、昌吉回族自治州、石河子、巴音郭楞蒙古自治州、哈密、五家渠

注：加粗的城市，是规划城市群中和人流城市群中不一致的城市。

对城市群联系紧密度的评估

城市群内部的城市与中心城市联系紧密度

我们用各城市与中心城市（包括核心城市和区域中心城市）距离加权后的人流量，评估城市群内部的城市与中心城市联系紧密度。受距离衰减的影响，大城市群与中心城市的平均人流会相对较低，小城市群则会偏高，所以本章采用距离进行加权。这个指标也部分反映了城市群人员流动的向心力。分析结果表明，一些小城市群，比如兰州－西宁、呼包鄂榆、黔中和晋中城市群等，与群内核心城市的平均人流比较高。相较于发达城市群存在多个中心城市一同对外辐射且城市群整体发展水平较高，小城市群内部普通城市与核心城市经济发展水平差距较大，后者的群内城市与核心城市人流联系程度更为紧密。而发达城市群如珠三角、长三角、长江中游城市群等与核心城市的平均人流排名靠后（图10.1）。

与中心城市的人流量（距离加权）＝中心城市与其他城市之间平均人流＝

211

$$\left[\ \frac{1}{n-M}\sum_{j_h\in C}^{M}\sum_{i\in C}^{n-M}((F_{ij_h}+F_{j_hi})\times d_{ij})\ \right]/M$$

其中，C 表示城市群，F 表示人流，F_{ij} 表示城市 i 到城市 j 的人流，j_h 为中心城市，n 为城市群内城市数量，M 为城市群内中心城市数量，d 表示城市间距离。

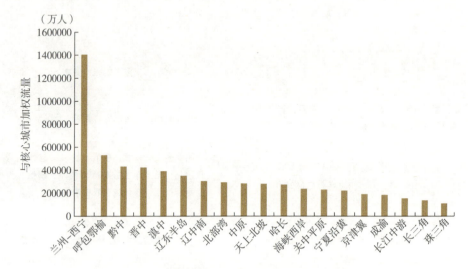

图 10.1　城市群内城市与中心城市的平均人流

资料来源：联通数科智慧足迹和笔者计算。

城市群与群外城市联系紧密度

我们用"与群外城市的人流占总人流比重"刻画城市群与群外城市联系紧密度。分析结果表明（图 10.2），发达城市群虽然群外总人流量大，但占群外群内总人流量的比重不高，珠三角、成渝和京津冀城市群群外人流比重仅为 18.8%、21.6% 和 29.2%。这表明发达城市群因为群内经济发展格局更成熟和完整，超过 70% 的经济社会活动需求均可在群内得到较好满足，与群外城市的交往联系相对较弱。反观后发地区的城市群，其群外人流比重明显更高。呼包鄂榆，兰州－西宁和辽中南城市群群外人流比重分别为 69.6%、64.6% 和 48.6%，后发地区的城市群与外部联系更加紧密，反映出城市群内核心城市对城市群内部的辐射效应有限，城市群内部经济联系反而较弱。

$$城市群与群外联系度 = \frac{城市群与群外城市人流}{城市群内人流 + 城市群与群外城市人流}$$

$$= \frac{\sum\limits_{i \in C_p} \sum\limits_{j \in C'_p}^{K-n} (F_{ij} + F_{ji})}{\sum\limits_{i \in C_p} \sum\limits_{j \in C_p}^{n-1} (F_{ij} + F_{ji}) + \sum\limits_{i \in C_p} \sum\limits_{j \in C'_p}^{K-n} (F_{ij} + F_{ji})}$$

其中，p 表示第 p 个城市群，C' 表示非城市群，C'_p 表示第 p 个城市群之外的城市，K 表示地级市数量。其余符号含义同上。

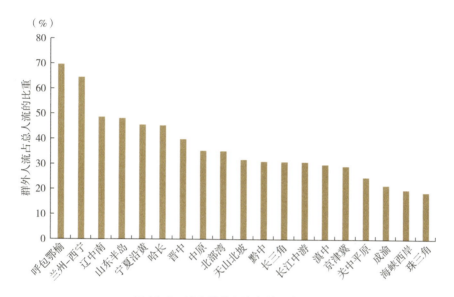

图 10.2 城市群外人流占总人流比重

资料来源：联通数科智慧足迹和笔者计算。

城市群之间的联系紧密度

我们用距离加权的城市群之间的总人流分析城市群之间的联系紧密度。同时，我们对城市群之间的人流数量进行了分级，采用 ArcGIS 的 "自然间断点分类法"，使不同级别之间差异最大化，进而分出不同级别。从图 10.3 中可以看出，东部沿海地区城市间人流最为紧密，形成以长三角为中心，向北部京津冀和南部珠三角城市群辐射的 "弓字形" 出行人流网络关系图。长江中游和成渝城市群与发达城市群人流联系不如发达城市群间人流联系紧密。东北部和西北部城市群与其他城市群之间的联系最为薄弱。

距离加权的城市群之间的总人流 = 两个城市群的城市之间总人流 =

$$\sum_{i \in C_q}^{n} \sum_{j \in C_p}^{n} \left[(F_{ij} + F_{ji}) \times d_{ij} \right]$$

符号含义同上。

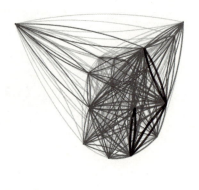

≥42530E6
23708E6-4250E6
11256E6-23708E6
4395E6-11256E6
≤4395E6

图 10.3　中国大陆的城市群之间人流

资料来源：联通数科智慧足迹和笔者计算。

地理和制度对城市群的影响

距离会减少城市间的经济联系

如果我们从数据上能看到，人流会随着距离增加而衰减，那么可以说明距离会减少经济的联系。我们用 2019 年 1—12 月全国 334 个地级市之间的跨城人口流动数据组成了 $334 \times 334 \times 12$ 的出行矩阵，研究距离对人口跨城出行量的影响。图 10.4 的横轴是存在人口流动的城市组合之间距离的对数，纵轴是城市组合之间的人口流动总量的对数，展示了随着距离的增加，城市之间的人流量呈现逐渐下降趋势，说明距离会减少城市间的经济联系。为了定量研究距离对跨城出行人流量的衰减，本章采用计量经济学方法，构建了城市群之间人口流动与距离之间的关系。结果表明，距离每增加 1%，城市之间的人流量减少 2.5%。

跨省行政区划会造成市场分割

本部分将考察省界对城市群的人口流动有无削弱。如果跨省对人流量有明显削弱，那么意味着行政分立会造成市场分割。为了研究行政区划对市场分割的影响大小，我们将人口出行矩阵分成了跨省和不跨省两组，图 10.5 中黑色拟合线

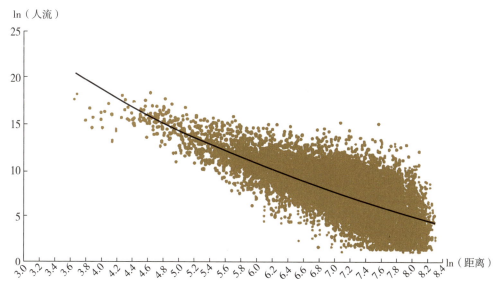

图 10.4　人流量随距离衰减的效应

资料来源：联通数科智慧足迹和笔者计算。

表示位于同一省份城市之间的人口流动，灰色拟合线表示跨省的人口流动。图10.5 表明，在人流量相同的情况下，跨省的两个城市组合之间的距离要比位于同一个省份内的城市组合之间的距离小得多，即位于同一省份的城市之间的人流量比跨省的两个城市之间的人流量随着距离衰减得要慢。以 $y = 9.5$ 为例，即两个城市之间的人流量为 13360 人次时，位于同一省份内的两个城市之间的平均距离为 1096 千米，跨省的两个城市之间的距离为 584 千米，行政分割相当于把城市之间的距离拉大了一倍，即由人流反映的"经济"距离比地理距离增加了一倍多。

城市群具有提升市场一体化水平的效应

我国幅员辽阔，目前规划的 19 个城市群，除了天山北坡、滇中、山东半岛、黔中 4 个城市群外，其他 15 个城市群都是跨省的，城市群的存在和城市群规划的目的就是为了削弱距离和行政分割对市场一体化发展的影响，促进要素在城市群范围内自由流动。为了研究城市群对促进人口要素自由流动的作用，下文分别对城市群在削弱距离带来的人流量衰减，以及削减分割（跨省）对人流量的衰减两个方面展开研究。

城市群削弱了距离对人流量的衰减

为了研究城市群在削弱距离对人流量衰减方面的作用，我们将出行矩阵分成了

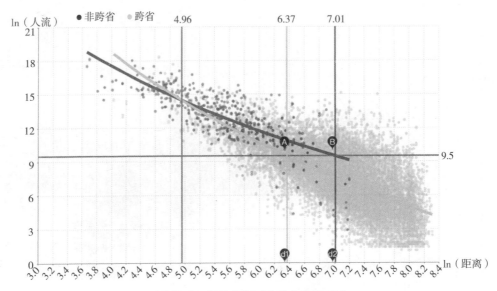

图 10.5　行政分割导致的人流量衰减

资料来源：联通数科智慧足迹和笔者计算。

位于同一城市群和位于不同城市群两组。图 10.6 中黑色拟合线表示位于同一城市群的城市之间的人口流动，灰色拟合线表示位于不同城市群的人口流动。图 10.6 表明，在保持人流量相同的情况下，城市群的两个城市组合之间的距离要比位于同一个城市群内的城市组合之间的距离小，即城市群削弱了距离带来的人流量的衰减。以 $y=11$ 为例，即两个城市之间的人流量为 59874 人次时，位于同一城市群内的两个城市之间的平均距离为 614 千米，位于不同城市群的两个城市之间的平均距离为 369 千米，城市群的存在相当于将两个城市之间的经济距离拉近了 245 千米。

这一结论也可以通过城市群是否能缓解距离引起的人流衰减效应的回归结果来佐证。前文研究距离每增加 1%，每个城市之间的人流量减少 3%，但在城市群内部的城市距离每增加 1%，城市之间的人流量减少大约 2.2%，衰减势头明显减弱，城市群的存在确实缓解了距离带来的人流量衰减。

同时，由于不同的城市群发展阶段不同，跨城人流的衰减程度也不同。因此，本章分别对京津冀、长三角、珠三角和成渝 4 个城市群和另外 15 个城市群进行了研究。对于京津冀等 4 个城市群而言，距离每增加 1%，城市之间的人流量减少 2.32%；对于其余 15 个城市群，距离每增加 1%，城市之间的人流量减少 2.17%。由于交通一体化、产业分工和创新协同程度更高，距离对发达城市群的跨城人流衰减影响相对较小。

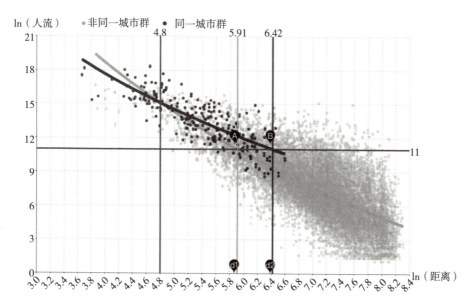

图 10.6　城市群削弱了距离导致的人流量衰减

资料来源：联通数科智慧足迹和笔者计算。

城市群削弱了跨省行政分割对人流量的衰减

为了研究城市群在削弱行政分割带来的人流量衰减方面的作用，我们将跨省的城市组合分成了跨省位于同一城市群和跨省位于不同城市群两组。图 10.7 中黑色拟合线表示跨省位于同一城市群的城市之间的人口流动，灰色拟合线表示跨省位于不同城市群的人口流动。图 10.7 表明，在两个城市距离相同的情况下，位于同一城市群的人流量明显高于跨城市群的两个城市之间的人流量。这里，我们也区分了京津冀、长三角、珠三角和成渝 4 个城市群和另外 15 个城市群对行政分割带来的人流衰减的不同影响。从回归的结果看，城市群缓解了行政分割带来的人流量的衰减（城市群与跨省的交互项系数为正，稳健，且呈现城市群 4 × 跨省 > 城市群 × 跨省 > 城市群 15 × 跨省）。这说明京津冀、长三角、珠三角、成渝 4 个发展比较成熟的城市群对缓解行政分割的影响更为明显，人口要素在这 4 个城市群内流动更为充分。

结论和政策建议

城市群已经成为经济发展最重要的载体，成为高质量发展的动力源之一。城市

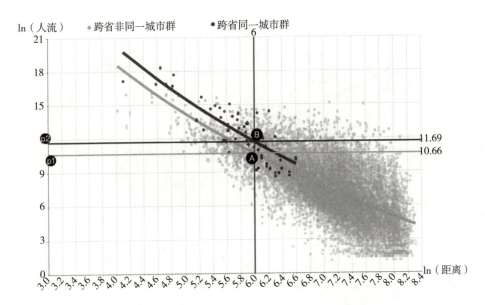

图 10.7　城市群削弱了行政分割导致的人流量衰减

资料来源：联通数科智慧足迹和笔者计算。

群的形成与发展离不开"人"这一最重要的要素，而人的跨城交流也推动了城市群的进一步发展与繁荣。因此，基于人口流动的动态数据可以更加客观地对中国的城市群进行识别。本报告发现，规划文件中的城市群与"人流"大数据识别出的城市群边界并不一致，且距离衰减效应和行政区划造成的分割对人员流动起到削弱作用，但是城市群的存在可以缓解距离和行政区划对人员跨城流动造成的影响。基于本章的研究，我们提出推动"十四五"城市群健康发展的如下针对性建议。

一是城市群的规划与发展，需要参考城市之间真实的经济联系进行动态调整。城市之间"人流"的联系，需要纳入城市群的规划与评估中。同时，需要探索建立包含"人流""物流""信息流"等指标的城市群动态评估体系，更加系统、客观地了解城市群的发展。对于现实中城市群联系薄弱的部分，展开具体诊断与有针对性的改进。对于尚未融入大群的"城市小群"，应给予发展的空间，不要急于将它们与某个城市群捆绑在一起。

二是加快城市群交通运输网络化，减少地理距离对城市群发展的约束。在建设交通强国的战略中，要提升城市群的交通承载能力，形成以轨道交通和高速公路为骨干的多节点、网格化、全覆盖布局。要构筑多层次客运服务体系，发展以高铁、航空为主体的区际快速客运服务，提升城市群公共客运服务水平，打造一体化旅客出行链，实现多种交通方式有效衔接，发展旅客联程运输。要建设市域（郊）铁路和城际铁路，完善以轨道交通为骨干的核心城市与区域中心城市的外围交通网络，在城市群交通网络基础上，打造 1 小时的都市圈通勤圈。

三是推动高标准市场经济体系建设，降低行政分割对城市群的影响。为促进人员流动，应健全城市群多层次协调机制和成本共担利益共享机制，探索实行城市群内高铁月票制、户口通迁制、居住证互认制，进一步激发人员流动活力。为降低行政分割对市场准入的影响，应实施统一的市场准入负面清单制度，推行"全国一张清单"管理模式，严禁各地区自行发布准入性质的负面清单，维护清单的统一性和权威性。完善跨地区公平竞争制度，统筹做好增量审查和存量清理，逐步清理废除妨碍全国统一市场和公平竞争的存量政策。

四是夯实产业基础，提高城市群的资源集聚和整合能力。"十四五"期间，要发挥中心城市和区域中心城市对城市群普通城市的辐射和带动作用，提高中心城市和区域中心城市的产业扩散、综合承载和资源优化配置能力，以点带面地促进城市群内部的产业一体化发展，打造疏密有致、分工协作、功能完善的城市群产业空间格局。要提高数字技术的渗透率，促进数字产业化和产业数字化发展，借助工业互联网提高城市群的产业集群规模和水平，促进城市群内部产业的协调发展，形成多中心、多层级、多节点的城市群产业网络。

参考文献

Horner，M. W. Amulti-Scale Analysis of Urban Form and Commuting Change in A Small Metro-politan Area（1990 – 2000）［J］. The Annals of Regional Science，2007，41（2）：315 – 332.

陆铭. "流"数据视角下的城市群［J］. 北大金融评论，2021（1）：61 – 63.

孙胤社. 大都市区的形成机制及其定界：以北京为例［J］. 地理学报，1992（6）：552 – 560.

王德，顾家焕，晏龙旭. 上海都市区边界划分——基于手机信令数据的探索［J］. 地理学报，2018（10）：1896 – 1909.

王国霞，蔡建明. 都市区空间范围的划分方法［J］. 经济地理，2008（2）：191 – 195.

张颖，卓贤. 城镇化 2.0 的新动力与新特征——基于手机用户大数据的分析［J］. 改革，2021（01）：146 – 155.

赵鹏军，胡昊宇，海晓东，等. 基于手机信令数据的城市群地区都市圈空间范围多维识别——以京津冀为例［J］. 城市发展研究，2019（9）：69 – 79.

第十一章　碳中和背景下的绿色发展

黄俊勇

要点透视

➤ 2020 年中央从战略高度进一步对绿色发展做出部署，碳达峰、碳中和目标更加明确，污染防治攻坚取得显著成效，能源结构进一步优化，绿色金融体系的支撑作用进一步增强。

➤ 2020 年新冠疫情影响了正常生产生活，部分污染物指标下降明显。在疫情常态化管控下，生产生活方式已逐步恢复正常，而高排放产业短期内未发生绿色转变，污染物和碳排放来源本质上没有发生变化，低碳路径尚不清晰、生态环境监管能力也存在短板，减污降碳的压力仍然较大。

➤ 未来十年将以"低碳"为牛鼻子开展绿色发展工作，以新能源、电动汽车为代表的低碳产业将加快发展，减污降碳将协同增效，绿色生产生活方式将逐步形成，生态产品价值实现的市场化机制将逐步建立。

➤ 未来需要深入打好污染防治攻坚，启动各地区、各行业碳排放量和碳减排成本收益核算，制定碳达峰方案和碳中和路线图，以智慧赋能绿色转型，积极构建市场化的生态产品价值实现机制。

新冠疫情对全球产生巨大影响，世界各国经济陷入衰退，由公共卫生危机带来的一系列问题暴露了现行发展方式的脆弱性，社会各界开始重新审视经济社会环境各系统的发展关系，绿色发展受到更多重视。美国、欧盟等地都提出了绿色新政、绿色复苏等绿色发展战略，试图刺激新一轮经济增长。"十三五"期间我国的绿色发展卓有成效，经济社会环境的绿色底色和成色更加浓厚，"十四五"乃至更长时间的绿色发展方向更加明确，目标也更加清晰。在新发展阶段下，需加快促进绿色发展，使之成为我国经济增长强有力的助推器。

2020 年绿色发展的主要进展

中央战略布局进一步加强

一是绿色发展目标愿景更加明确。2020 年 10 月 26 日至 29 日召开的党的十九届五中全会通过了《中共中央关于制定国民经济和社会发展第十四个五年规划和二〇三五年远景目标的建议》，对今后 5 年乃至更长时间的经济社会发展做出纲领性指导。其中，第十部分"推动绿色发展，促进人与自然和谐共生"，从加快推动绿色低碳发展、持续改善环境质量、提升生态系统质量和稳定性、全面提高资源利用效率四个方面对绿色发展工作做出具体部署。

二是绿色发展法律体系不断完善。2020 年 5 月 28 日通过的《中华人民共和国民法典》设置了专门的环境污染和生态破坏责任条款，对绿色发展提供了民法制度保障。2020 年 10 月 17 日通过了《中华人民共和国生物安全法》，2020 年 12 月 26 日通过了《中华人民共和国长江保护法》，生态文明建设的法律体系进一步丰富。

三是绿色发展制度建设进一步升级。2020 年 3 月 3 日，中共中央办公厅、国务院办公厅印发《关于构建现代环境治理体系的指导意见》，为我国环境治理体系和治理能力现代化构建了蓝图。

四是绿色发展规划进一步完善。2020 年 4 月 27 日，中央深改委审议通过

《全国重要生态系统保护和修复重大工程总体规划（2021—2035 年）》，为生态系统的保护修复科学布局。2020 年 8 月 31 日，《黄河流域生态保护和高质量发展规划纲要》提出黄河流域要贯彻新发展理念，采取有效举措改善和保护生态环境，推动高质量发展。

低碳目标进一步明确

2020 年 9 月 30 日，习近平总书记在联合国生物多样性峰会上郑重宣布中国将"提高国家自主贡献力度，采取更加有力的政策和措施，二氧化碳排放力争于 2030 年前达到峰值，努力争取 2060 年前实现碳中和，为实现应对气候变化《巴黎协定》确定的目标做出更大努力和贡献"。之后，习近平总书记多次在国际和国内场合明确中国应对气候变化的雄心和目标。党的十九届五中全会强调，要"加快推动绿色低碳发展"。2020 年 12 月 16 日至 18 日召开的中央经济工作会议明确指出要做好碳达峰、碳中和工作；要加快调整优化产业结构、能源结构，推动煤炭消费尽早达峰，大力发展新能源，加快建设全国用能权、碳排放权交易市场，完善能源消费双控制度；要继续打好污染防治攻坚战，实现减污降碳协同效应；要开展大规模国土绿化行动，提升生态系统碳汇能力。总书记的重要讲话和党的十九届五中全会、中央经济工作会议精神，体现了中国积极应对气候变化、推动构建人类命运共同体的负责任大国担当，也为中国绿色发展指明了方向。

污染防治攻坚战成效显著

"十三五"期间污染防治攻坚战取得显著成效，2020 年生态环境质量进一步改善。

一是空气质量继续改善。2020 年全国 337 个地级及以上城市主要污染物中，SO_2 浓度为 10ug/m³（微克/立方米），同比下降 9.1 个百分点；NO_2 浓度为 24ug/m³，同比下降 11.1 个百分点；PM10 浓度为 56ug/m³，同比下降 11.1 个百分点；PM2.5 浓度为 33ug/m³，同比下降 8.3 个百分点；臭氧排放量 138ug/m³，同比下降 6.8 个百分点；优良天数比例为 87.0%，同比提高 5 个百分点（图 11.1 和表 11.1）。

二是水质优良比例持续提升。2020 年全国 1940 个地表水考核断面中，水质优良断面的比重为 83.4%，同比提高 8.5 个百分点；劣 V 类断面比重为 0.6%，同比降低 2.8 个百分点（图 11.2）。

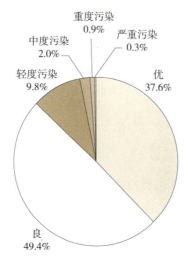

图 11.1　2020 年全国 337 个地级及以上城市各级别天数比例

资料来源：生态环境部。

表 11.1　2020 年 1—12 月全国 337 个地级及以上城市环境空气质量六项指标浓度及同比变化

指标类型	指标浓度	同比下降
PM2.5 平均浓度	33ug/m³	8.30%
PM10 平均浓度	56ug/m³	11.10%
NO₂ 平均浓度	24ug/m³	11.10%
SO₂ 平均浓度	10ug/m³	9.10%
CO 日均值第 95 百分位浓度	1.3mg/m³	7.10%
O₃ 日最大 8 小时平均第 90 百分位浓度	138ug/m³	6.80%

资料来源：生态环境部。

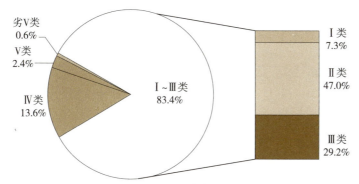

图 11.2　2020 年全国地表水水质类别比例

注：右侧分类数字之和为 83.5%，与左侧的 83.4% 有出入，为四舍五入原因导致。

资料来源：生态环境部。

三是净土工作及废弃物处理成效显著。净土保卫战稳步推进，受污染地块的安全利用率超过93%，受污染耕地的安全利用率约为90%；全国"无废城市"建设试点形成了一批可复制的示范城市，全面拒绝"洋垃圾"政策开始实施，自2021年1月1日起禁止以任何方式进口固体废物，禁止境外固体废物进境倾倒、堆放、处置。

能源结构继续优化

2020年我国能源供给和消费持续向绿色低碳转型，能源效率继续改善。

一是从生产端看，清洁能源发电比重持续上升。2020年规模以上工业发电量7.4万亿千瓦时，同比提高2.7个百分点，增速回落0.8个百分点。其中，水电、风电、核电和光伏发电占28.8%，占比较上年提高1.1个百分点。火电提高1.2个百分点，增速继续回落；水电提高5.3个百分点；风电提高10.5个百分点；核电提高5.1个百分点；太阳能光伏发电提高8.5个百分点。

二是从消费端看，清洁能源消费比重继续提升。2020年能源消费总量比2019年提高2.2个百分点。其中，水电、风电、核电、天然气等清洁能源消费占比较2019年提高1.1个百分点，煤炭则减少1.0个百分点（图11.3）。

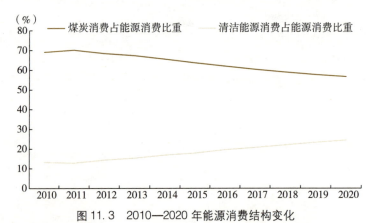

图 11.3　2010—2020 年能源消费结构变化

资料来源：作者整理。

三是从能源效率看，节能降耗政策措施继续发力，我国的能效水平略有提升。2020年单位GDP能耗比2019年减少0.1个百分点。其中，规模以上工业单位增加值能耗减少0.4个百分点。

绿色金融支撑持续增强

央行《2020 年金融机构贷款投向统计报告》显示，2020 年末，本外币绿色贷款余额 11.95 万亿元，比年初增长 20.3%，其中单位绿色贷款余额 11.91 万亿元，占同期企事业单位贷款的 10.8%。绿色债券余额 1 万多亿元，位居世界第二。绿色贷款分用途看，基础设施绿色升级产业贷款和清洁能源产业贷款余额分别为 5.76 万亿和 3.2 万亿元，比年初分别增长 21.3% 和 13.4%。分行业看，交通运输、仓储和邮政业绿色贷款余额 3.62 万亿元，比年初增长 13%；电力、热力、燃气及水生产和供应业绿色贷款余额 3.51 万亿元，比年初增长 16.3%。

绿色发展面临的突出问题

减污降碳压力较大

2020 年由于疫情冲击影响了正常的生产生活，部分排放指标因此有较大幅度下降，但是在疫情常态化管控下，生产生活方式已经逐步恢复正常，现阶段我国的高污染、高耗能、高碳产业仍然存在，短期内未发生绿色转变，污染物和碳排放的来源本质上没有发生变化，再加上部分区域经济发展压力较大，试图上马高耗能高排放项目，生产生活的绿色理念未完全从"要我环保"转变到"我要环保"，生态环境质量持续提升的压力较大，减污降碳的目标非常艰巨。

低碳转型路径尚未理顺

一是碳达峰、碳中和路径不清晰。目前的碳排放量核算较为粗放，各行业、各地区并未真正精准核算碳排放量，对减碳的路径并没有清晰的把握，对可能造成的经济影响认识也不够全面，低碳转型过程中的社会影响、公平转型等问题尚未形成共识。

二是碳排放权交易市场未发挥作用。我国的碳排放权交易市场自 2013 年开始试点，2016 年开始逐步启动全国性市场建设，但是工作推进未达预期。2020 年 12 月 29 日生态环境部印发《2019—2020 年全国碳排放权交易配额总量设定与分配实施方案（发电行业）》和《纳入 2019—2020 年全国碳排放权的交易配额管理的重点排放单位名单》，公布了 2225 家重点排放单位名单，正式启动全国碳市场第一个履约周期。2020 年 12 月 31 日生态环境部出台了《碳排放权交易管理办法（试行）》，进一步规范全国碳排放权交易及相关活动。虽然在碳达峰、碳中和目标提出后，全国碳排放权交易市场建设呈现加速态势，但仍处于初级阶段，市场没有真正形成，难以有效利用碳交易工具减少碳排放。

生态环境监管能力存在短板

一是以排污许可制为核心的固定污染源环境管理体系还需进一步加强。近年来，各地区、各部门持续推进排污许可制改革。党的十九届五中全会提出全面实行排污许可制，把排污许可制定位为固定污染源环境管理核心制度，这是推进环境治理体系和治理能力现代化的重要内容，但是目前依托排污许可制开展企事业单位日常监管不到位，难以依托排污许可制落实排污单位治污的主体责任，精准治污、科学治污、依法治污仍然较为薄弱。

二是生态环境监测的基础性作用未充分发挥。生态环境监测是生态环境保护的"顶梁柱"和"生命线"，在生态环境保护乃至新发展格局中具有重要支撑和保障作用。生态环境监测存在网络未全覆盖，机构设置、职责配置、运行机制存在责权利不对等，人才队伍在数量和质量上都难以满足需求，监测标准和规范统一举步维艰，数据互通及大数据平台建设滞后等问题，这些短板导致其基础性作用未能充分发挥。

绿色发展的未来展望

低碳转型将进一步发展

2021 年是"十四五"的开局之年，以此为起点要继续促进经济社会发展全面绿色转型，在 2030 年碳达峰目标下，未来十年中国将以"低碳"为牛鼻子开展绿色发展工作。

一是未来十年清洁能源将进一步蓬勃发展。习近平总书记在气候雄心峰会上宣布中国将提高自主贡献，到 2030 年非化石能源占一次能源消费比重达到25% 左右，风能、太阳能发电总装机容量将达到 12 亿千瓦以上。在该具体目标的驱动下，大量资本将投入新能源技术研发和生产领域，我国太阳能、风能、核能、水能、生物质能、地热能等新能源领域的技术和规模将具有广阔的发展前景。

二是交通领域的低碳转型将加快推进。以新能源汽车产业为代表的绿色交通比重将持续提升，与其配套的动力电池和充电桩等产业将快速发展。公共交通路网进一步优化，路网密度和便利性将继续提高。航空、船运、货运等传统重型交通也将逐步向低碳、绿色化发展。

三是工业、建筑领域的低碳技术将逐步兴起。在碳排放成本逐步内部化的驱动下，工业和建筑领域直接或间接电气化程度将不断提高，碳捕获封存技术、装配式建筑、光伏幕墙等技术将逐步兴起，形成一批可复制推广的低碳工业园区和低碳建筑示范基地。

减污降碳将协同推进

未来十年，人民群众日益增长的美好生活需要不会改变，污染防治攻坚战将由"十三五"时期的"坚决打好"转向"深入打好"，这就要求污染防治工作继续坚持精准治污、科学治污、依法治污。在此过程中，法律法规体系将得到完善，数字化和信息化手段将进一步得到应用。与过去不同的是，未来十年在传统污染物控制的基础上，还将开启碳排放控制步伐，而大气污染物排放与碳排放目前具有一定的协同性，对于减污降碳协同增效的谋划、布局、落实、考核等工作将得到系统推进，各项措施的关联和耦合性将进一步提高。

绿色生产生活方式加快形成

未来十年，绿色生产和生活方式将加快形成。"十三五"期间，我国的节能环保产业快速发展，产值从 2015 年的 4.5 万亿元上升到 2020 年的 7.5 万亿元左右，建成了一大批节能环保的产业园区，企业数量和规模都有了大幅提升。随着绿色发展进程的不断推进，未来绿色产业基地和绿色技术将不断强化，相应的配套政策将不断完善。十八大以来，以减污为主的技术得到广泛推广应用，而未来十年，以降碳为基础的技术将逐步发展壮大，单位 GDP 碳排放到 2030 年将比 2005 年下降 65% 以上；能源资源利用效率继续提升，单位 GDP 消耗量将进一步降低。在消费侧，绿色生活方式和理念将不断深入人心，在绿色生活创建行动的政策体系下，机关、家庭、学校、社区、出行、商场、建筑七大领域将从理念到行动逐步实现绿色转型。

生态产品价值实现机制逐步建立

未来十年生态产品价值实现将是绿色经济体系的重要组成部分，生态产品价值实现既能满足人民群众的生态产品消费需求，也是实现经济绿色发展的关键内容。为实现生态产品价值，在未来一段时间内将建立相应的政策制度体系，把绿水青山转化为金山银山，将推动生态产业化和产业生态化，促进政府、企业、社会、个人等各界共同参与。其中，要实现市场化运作的生态产品价值实现机制，未来还需解决好价值核算、产权确定、交易市场建立等一系列问题。

政策建议

继续深入落实污染防治攻坚

继续贯彻落实习近平生态文明思想，坚持精准治污、科学治污、依法治污，注重生态环境工作的全局性和系统性。深入推动生态环境治理向县城、乡镇、农村地区延伸，继续提升村居生活环境质量。盯紧重点区域危险废物的处置工作，防范和化解环境风险。严格控制高排放、高污染、高耗能项目上马，加强臭氧、VOCs（挥发性有机物）控制，消除重污染天气，消除城市黑臭水体，提升近水亲水空间生态环境质量，切实提高人民群众生态环境改善的获得感和幸福感。

制定碳达峰方案和碳中和路线图

启动各地区、各行业碳排放量和碳减排成本收益核算，编制 2030 年前二氧化碳排放达峰行动方案，制定 2060 年碳中和路线图。立足当前，分阶段、分行业推动全国碳排放权交易市场建设，在"十四五"期间做好制度设计和交易市场等基础设施建设，将高碳排放行业逐步纳入交易体系，并理顺碳成本传导机制。在"十五五"期间，逐步落实碳总量控制，探索碳期货、碳期权等金融衍生品交易，真正降低实现碳达峰碳中和目标的全社会成本。

智慧赋能提升绿色水平

加强数字技术在减污降碳领域的应用，在发展过程中充分考虑绿色因素，从能源、交通、建筑等产业发展的各个领域，采用智慧的理念、技术、工艺、材料、设备、方法，以信息化手段进行绿色管理。继续推进生态环境监测网络"全面设点、全面联网、自动预警、依法追责"，加强生态环境大数据平台建设，加强排污许可制的应用，由传统的"一刀切""撒大网"，逐步向精准化、专业化转变，推进生态环境治理体系和治理能力现代化。

探索市场化生态产品价值实现方式

积极培育生态产品市场主体，倡导政府和社会资本合作，引导更多资本进入生态产品市场，营造良好营商环境，促进公平竞争，积极培育生态产业化经营主体。规范第三方生态环境企业发展，引导产业生态化转型。做好生态产品价值核算工作，让生态产品成为可统一度量、可确权、可交易的投资标的。完善生态产品市场机制，完善各类排放权交易制度和监管体系，规范交易市场，提高生态产品的经济性。

参考文献

孙金龙. 深入打好污染防治攻坚战 持续改善环境质量［J］. 环境经济，2021（01）：10－13.

生态环境部. 2020 年全国生态环境质量简况［EB/OL］. http：//mee. gov. cn/xxgk2018/xxgk/xxgk15/202103/t20210302_ 823100. html.

生态环境部. 2020 年 12 月和 1～12 月全国地表水、环境空气质量状况［EB/OL］. http：//www. mee. gov. cn/xxgk2018/xxgk/xxgk15/202101/t20210115_ 817499. html.

中国人民银行. 2020 年金融机构贷款投向统计报告［EB/OL］. http：//www. pbc. gov. cn/goutongjiaoliu/113456/113469/4180902/index. html.

刘文华. 能源供应保障有力 能耗强度继续下降［N/OL］. 经济日报－中国经济网，http：//m. ce. cn/bwzg/202101/19/t20210119_ 36237082. shtml.

孙秀艳，寇江泽，黄润秋. 减污降碳，推动高质量发展——访生态环境部部长黄润秋［J］. 中国环境监察，2021（01）：18－19.

产　业

第十二章　能源行业

绿色发展目标下的挑战与机遇

崔煜

要点透视

➤ 2020 年，可再生能源高速发展，在疫情期间也表现突出；原油国内产量稳中有升，非燃料油支撑原油需求；天然气国内外供给相互补充，保障需求量正常供应；光伏发电快速发展，多晶硅需求不减。

➤ 2021 年疫情修复期，原油价格或将温和修复；动力煤价格或将缓慢下行；新能源发展势头持续强劲。

➤ 利用国际经验对标碳中和目标下中国人均 GDP、全要素生产率等发展趋势，未来十年，新能源或将持续走强，煤炭行业挑战与机遇并存。

2020 年能源运行情况

2020 年，在疫情冲击下我国能源领域呈现有支撑、有韧性和有亮点几大特点。具体看，可再生能源高速发展，在疫情期间也表现突出；国内原油产量稳中有升，非燃料油支撑原油需求；天然气国内外供给相互补充，保障需求量正常供应；光伏发电快速发展，多晶硅需求不减。

2020 年，我国国内能源产量同比增速两升两降。其中，天然气产量为1888.5 亿立方米，同比上升 7.2%。原油产量 19492 万吨，同比上升 2.04%。原煤产量为 38.44 万吨，同比下降 0.06%。发电量为 74170.4 亿千瓦时，同比下降1.15%（见图 12.1）。

图 12.1 国内能源产量年度同比

资料来源：Wind。

原煤和发电量产量下行压力主要源于需求受疫情严重冲击。从月度变化看，原煤产量的同比增速呈现先抑后扬的态势，这主要源于疫情期间对煤炭的需求受到严重冲击，叠加国际原油价格的低迷，煤炭作为替代品同样承受价格的下行压力，煤炭价格上半年逐渐走低，传导到供给端后导致煤炭产量在 2020 年 7 月触底。2020 年下半年随着需求的逐渐恢复，价格有所回暖，再叠加寒潮来袭，煤炭产量在下半年呈现温和回暖迹象。发电量产量在 2020 年 3 月同比增速为负，二季度缓慢回升，三四季度上行力量强劲（图 12.2）。值得关注的是，太阳能和风电全年保持较高增速，尤其在疫情期间产量并未受到严重影响，这得益于近几年对于可再生能源的大力推动，在危机期间表现出相当的韧性。

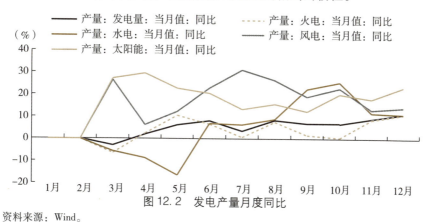

图 12.2　发电产量月度同比

资料来源：Wind。

原油国内产量保持稳中有升，进口数量占比微增，非燃料油支撑原油需求。据估算，2020 年原油对外依存度大致为 73.54%，上一年大致为 72.49%（图 12.3）。进口原油数量占比变大的原因一是受疫情对国内原油生产工作的影响，二是国际油价持续低迷对国内石油产业施压，三是低油价节省了成本利好国内原油需求方，低价囤油行为也将扩大进口数量。从原油消费结构看，据估算，2020 年非燃料油用途占原油需求的比重较 2019 年有所上行，从 45% 左右上升至 50% 左右。汽油、柴油占原油需求的比重约为 18% 和 22%，煤油、燃料油占原油需求的比重均在 5% 左右。因此，非燃料油用途在原油消费需求中的地位越来越重要，原油的经济增长点将主要依赖非燃料油用途的需求。

2020 年天然气进口数量和国内产量仍维持正增长（图 12.4）。从分月看，2020 年上半年天然气国内产量支撑了天然气的需求，相较 2019 年，3—5 月天然气国内产量占进口数量和国内产量之和的比重均高于 60%，高于 2019 年同期。二季度开始，天然气价格大幅下降，其中液化天然气（LNG）进口平均单价从 4 月的 400.54 美元/吨一路震荡下跌，9 月见底，低至 260.94 美元/吨。此阶段进口成本大大降低，再叠加三季度是冬季来临前期对天然气需求的旺季，因此 2020 年三季度天然气进口表现最为强劲（图 12.5 和图 12.6）。

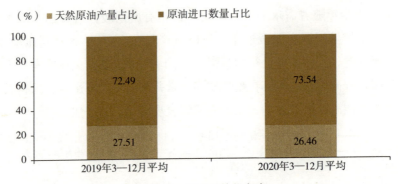

图 12.3　原油对外依存度

资料来源：Wind。

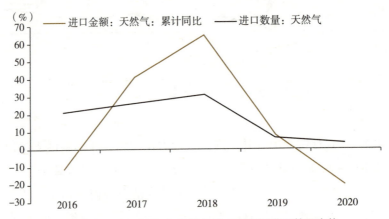

图 12.4　2016—2020 年天然气进口金额与进口数量走势

资料来源：Wind。

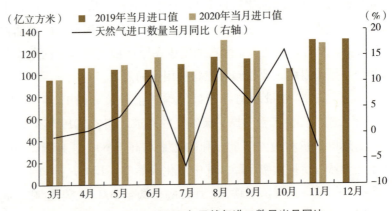

图 12.5　2019—2020 年天然气进口数量当月同比

资料来源：Wind。

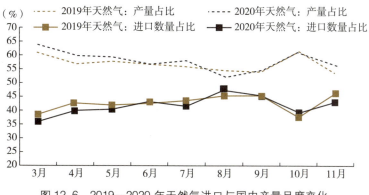

图 12.6 2019—2020 年天然气进口与国内产量月度变化

资料来源：Wind。

2020 年，新能源电力快速发展。据统计，2020 年中国光伏安装量呈现逐季走高的趋势。具体看，2020 年一季度受疫情影响，光伏安装量当季同比为 −24.04%，二季度迅速恢复，达 22.10% 的正增长，三四季度同比增速曲线上行势头十分强劲，分别达到 56.43% 和 107.31% 的高速增长（图 12.7）。9 月 22 日国家主席习近平在第 75 届联合国大会上提出的"3060"计划也成为促进 2020 年下半年光伏产业快速发展的因素之一。

分地区看，据最新数据显示，2020 年上半年光伏发电新增装机容量总数达 1547 万千瓦，其中山东、广东、江苏、山西、河北、浙江和内蒙古等地在全国新增装机容量排名靠前，分别实现新增装机容量 209 万千瓦、147 万千瓦、140 万千瓦、139 万千瓦、117 万千瓦、106 万千瓦和 97 万千瓦（图 12.8）。

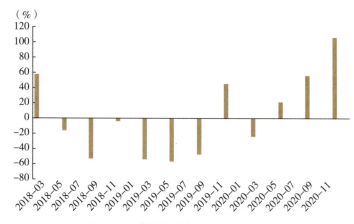

图 12.7 我国光伏安装量当季值同比

资料来源：Wind。

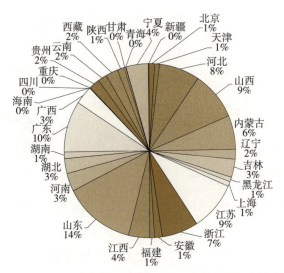

图 12.8　2020 年上半年各省市光伏发电新增装机容量占比

资料来源：Wind。

　　光伏行业多晶硅需求不减，供给相对趋紧。2020 年，多晶硅进口数量受疫情影响，一二季度出现明显下行，三四季度逐渐恢复后趋于稳定（图 12.9）。这主要源于随着国内疫情得以控制，光伏产业逐渐复工复产，大量的多晶硅需求逐步恢复。从多晶硅进口价格看，2020 年全年呈现先低后高的态势（图 12.10），这一定程度上反映出国外供给相对于国内需求的趋紧，主要源于 2020 年后半年国外疫情的蔓延使大量工厂无法正常生产，从而导致全球供给端走弱。

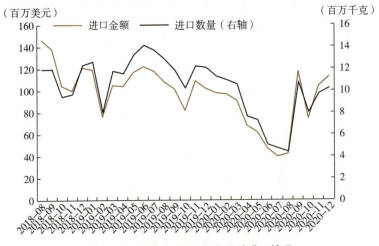

图 12.9　2018—2020 年多晶硅进口情况

资料来源：Wind。

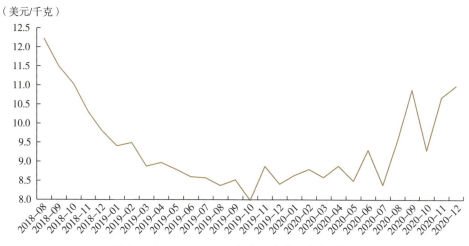

图 12. 10　2018—2020 年多晶硅进口价格走势

资料来源：Wind。

2021 年疫情修复期能源行业的变化情况

原油价格或将温和修复

2020 年上半年，国外原油上演价格战，欧佩克＋针对疫情期间对石油需求下降的应对政策落空，导致市场供应大幅增长，油价已基本脱离市场基本面出现大幅下行走势，年底虽有所恢复但仍处于低位。展望 2021 年，中国将领先于全球，化工企业基本恢复疫情前的生产能力支撑非燃料油需求，人们的交通出行也基本恢复正常支撑燃料油需求。另外，随着国外疫情的好转，经济也将逐渐走出"寒冬"，因此全年原油需求相较 2020 年将走强。原油价格或将从低位逐渐恢复至正常水平，但恢复的强度不会过于猛烈。一是源于欧佩克＋近期调控力度逐渐放宽，加之非减产国的供应支持，原油供给端不会出现严重的供不应求。二是提倡绿色发展使能源消费逐渐向非化石能源发展，尤其在碳中和的目标下，我国也将成为对于能源转型努力奋斗的国家之一，随着能源结构的逐渐优化，对原油的需求也将逐渐走弱。

动力煤价格或将缓慢下行

据腾景数研预测，2021 年动力煤期货收盘价月度平均在 2 月达到峰值，随后将呈现缓慢下行态势，预计在第三季度触底，四季度恢复平稳。从动力煤期货基差看，2021 年 2 月基差出现超过有数据的历史区间的最高值，从统计学角度看，该基差的出现更有可能是供给侧突然收紧和春节期间用电高峰叠加导致的短期现货价格高涨，未来基差将大概率缩减。

从中长期供需两端看，我国对煤炭的对外依存度并不像原油和天然气那样高，主要煤炭供应来源于内蒙古、陕西和山西等地。2020 年底，虽然澳洲煤炭进口受到限制，但对于动力煤整体进口以及动力煤的供应端来说，影响并不明显。自 2020 年四季度开始内蒙古地区积极保供增产。随着内蒙古产能的释放，整体供应形势将出现明显好转。未来一年，供给端逐渐回暖态势或将延续。需求方面，煤炭需求或将逐渐稳中微降。首先，煤炭在一次性能源消费中的占比逐渐下降，经济向好对煤炭消费增长的带动作用在逐渐减弱。2020 年 9 月，习主席针对碳达峰和碳中和提出了新的目标和新的任务，通过燃烧煤炭获能的方式如今还无法避免二氧化碳的排放，这对煤燃烧产能的工业行业，尤其是火电行业都提出了严峻的挑战。伴随着产业升级和可再生资源在一次性能源消费中的占比逐渐增加，对煤炭的需求或将走弱（图 12.11 至图 12.13）。

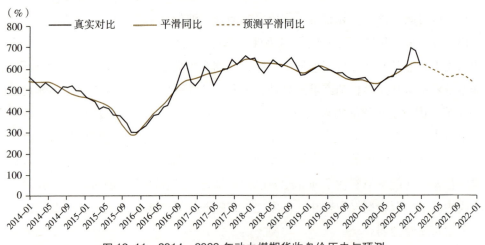

图 12.11　2014—2022 年动力煤期货收盘价历史与预测

资料来源：腾景数研，Wind。

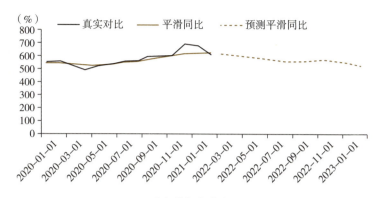

图 12.12　动力煤期货收盘价月度预测

资料来源：腾景数研，Wind。

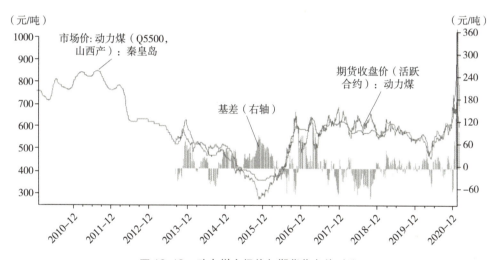

图 12.13　动力煤市场价与期货收盘价对比

资料来源：Wind。

新能源发展势头持续强劲

据腾景数研预测，多晶硅现货价月度均值在 2021 年整体平稳，前三季度延续 2020 年底价格走高的趋势逐渐走平，整体中枢高于 2020 年（图 12.14 和图 12.15）。在目前国内太阳能产业高速发展的大背景下，不断超出市场预期的光伏新增装机量，带动组件需求旺盛，使上游多晶硅原材料需求大幅增长。从供给端看，全球硅料生产头部企业中，多晶硅产量绝大部分来自中国，我国硅料的自给率已达 70%。国内硅料生产行业目前还主要由龙头主导，2020 年下半年企业陆续开始规划扩产，预计 2021 年国内供给端将从疫情中进一步回暖。国外进口端因 2020 年疫情的逐渐严重受到阻力，直到 2020 年底尚未恢复正常水平，预计 2021 年国外供给能力也有望复苏。

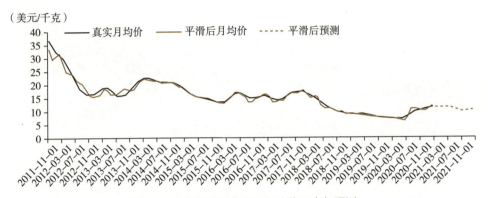

图 12.14　多晶硅现货价月平均值历史与预测

资料来源：腾景数研，Wind。

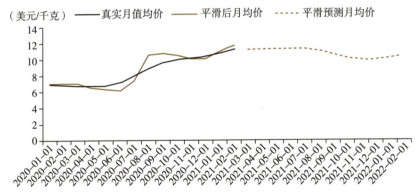

图 12.15　多晶硅现货价月均值预测

资料来源：腾景数研，Wind。

中长期能源行业的变化情况

2020 年 9 月 22 日，国家主席习近平在第 75 届联合国大会上表示，中国将力争于 2030 年前达到碳排放峰值，努力争取 2060 年前实现碳中和。这是中国首次明确提出碳中和的时间点，意味着中国将在未来十年全面实现能源、经济领域的深度低碳转型。"十四五"期间，新能源或迎来倍速发展期。

据 WDI（世界银行数据库）数据显示，中国的人均二氧化碳排放量增量超过全世界水平，并且人均二氧化碳年排放量还在逐年攀升。

我们根据佩恩表最新数据对除中国外的 49 个国家的碳排放量以及与之对应的经济发展状况做简要数据分析。在很多学术研究中，对于环境库兹涅茨曲线的研究比比皆是，大多数学者认为，在人均二氧化碳排放和人均 GDP 之间存在倒 U 形的形态。可以从三方面对这种形态加以解释，一是人均 GDP 反映出居民收入的提高。居民逐渐对环境质量有更多的要求，当对环境质量的提升要求超过对财富积累的要求时，环境状况开始改善。二是随着经济的发展，从能源密集型向技术密集型转化，随着产业升级转型，环境也会有所改善。三是有学者认为，随着外贸的活跃，贸易对经济的增长也会引发技术效应和重组效应，从而促进环境改善。

我们将 49 个国家分成三组，第一组为人均二氧化碳年排放量在 1993—2000 年间达到最大值，第二组为人均二氧化碳年排放量在 2000—2007 年间达到最大值，第三组为人均二氧化碳年排放量在 2007—2014 年（完整数据截止年份）间达到最大值。

图 12.16 显示三组国家从 1950—2017 年人均 GDP 组内均值的走势。首先，人均 GDP 水平越高的国家组，越早出现二氧化碳排放峰值。在 1993—2000 年间达到人均二氧化碳排放量峰值的国家的人均 GDP 水平远远高于 2000—2007 年达峰组和 2007—2014 年达峰组，也远远高于中国。其次，2000—2007 年组和 2007—2014 年组在人均二氧化碳排放量达到峰值的时间区间存在一个共性，那就是人均 GDP 均突破了 15000 美元（按购买力平价计算的支出法 GDP，以 2011

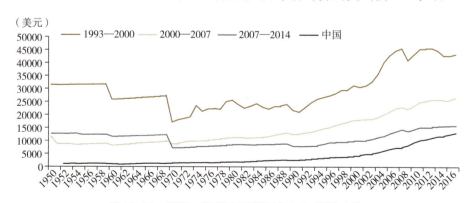

图 12.16　1950—2017 年三组国家人均 GDP 走势

资料来源：Wind。

年为基期），截至目前数据，中国的人均 GDP 距离 15000 美元尚存距离。最后，从三组国家的表现可以看出，达到人均二氧化碳排放量峰值后，人均 GDP 逐渐出现边际递减。对中国来说，如何在保证人均 GDP 继续攀升的同时促进碳峰值尽早出现或许是充满挑战性的，同时这也折射出在 2030 年碳达峰目标实现之前，人均 GDP 的提升或许是紧迫的。

图 12.17 对三组国家从 1950—2017 年全要素生产率做简要分析。我国全要素生产率在 20 世纪 80 年代以前明显落后于分别在 1993—2000 年、2000—2007 年和 2007—2014 年人均碳排放达峰的三组国家的组内均值水平，但是在 80 年代之后，全要素生产率呈现边际递增的强势增长。如果我们以每组的时间区间右界作为截止时间向前追溯 30 年，计算出一个全要素生产率的时间区间均值，我们发现碳排放峰值出现的时间越早，全要素生产率 30 年均值越高。我们认为碳排放峰值到来的快慢与一段时间内全要素生产率的水平相关，于是粗略地将全要素生产率的 30 年均值做一个趋势外推，即可得到图 12.18 中的趋势线。再看中国，中国的全要素生产率 30 年均值逐渐攀升，逐渐缩小与碳达峰国家组均值水平的差距。当差距缩小到一定程度时，或许将预示着中国碳排放峰值的逼近。图中以中国的全要素生产率在 2017 年后基本稳定微升的假设推测中国人均二氧化碳排放量峰值可能在 2028 年前完成。

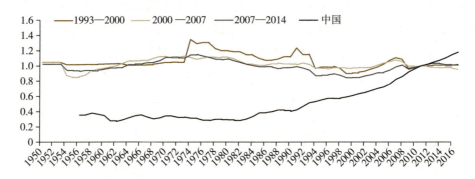

图 12.17　1950—2017 年三组国家的全要素生产率
资料来源：作者测算，Wind。

综上，碳达峰并不仅仅是优化生态环境这么片面的意义，如果我们想让二氧化碳排放量达到峰值，那从今天起我们把燃煤工业工厂永久停工，相信过不了多久二氧化碳排放量就能控制住，但问题显然没这么简单。它涉及中国整体发展增速所处的阶段，具体到技术水平、收入水平、能源结构、对外贸易等多方面的考

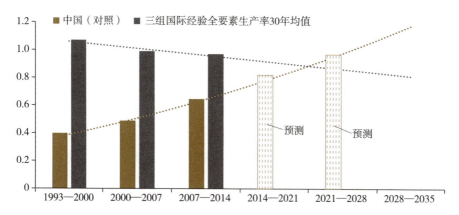

图 12.18　中国与国际全要素生产率 30 年均值对照（截止年份区间右边界）
资料来源：作者测算，Wind。

量，如何在高质量发展和可持续发展中找到平衡或许是这十年都需要不断探索的问题，这也对科技与创新提出了新的要求。

具体到能源行业，新能源领域快速发展，能源结构升级，传统产业升级转型或将成为未来十年的重点攻关领域，光伏行业的快速增长将会有所延续。除此之外，光伏行业不仅对上游产业链的拉动效应更加明显，亦能有效推动与新能源密切相关的交通运输、制造装备和技术服务等产业的规模和技术水平，从而形成一个规模庞大的产业集群。煤炭行业在未来十年的发展可谓挑战重重，首先作为发电原材料，随着水电、风电、太阳能发电等技术的逐渐完善，部分火电发电将会被其他方式替代，燃煤需求将会缩减，煤炭行业产能过剩问题需要严防，未来煤炭价格长期存在下行压力。其次，绿色发展对于中国现阶段要求较高，对二氧化碳排放的控制将会进一步对燃煤工业产生更多限制。最后，洁净煤的生产及二氧化碳收集等绿色技术将是煤炭行业需要进一步攻关的技术壁垒，技术创新既可能是未来十年煤炭行业的难题，也可能带来升级转型的新机遇。

政策建议

中国将力争于 2030 年前达到碳排放峰值，努力争取 2060 年前实现碳中和。这是中国首次明确提出碳中和的时间点，这意味着中国将在未来十年全面实现能源、经济领域的深度低碳转型。"十四五"期间，新能源或将迎来倍速发展期。根据全球能源互联网发展合作组织的测算，"十四五"期间中国风电和光伏新增装机有望达到 2.9 亿千瓦、3.2 亿千瓦，平均每年新增风电装机 5800 万千瓦、光伏 6400 万千瓦，合计为 1.2 亿千瓦。

为了更好地保障我国能源行业的可持续发展，更高效地完成碳中和目标，我们首先要认识到当下我们面临的挑战和问题。

第一，我国"富煤缺油少气"的能源结构已经众所周知。近年来，虽然原油和天然气的国内产量在不断增加，但是能源对外依存度依然危及能源安全问题。第二，中国工业部门的生产技术整体偏向于化石能源，企业在生产过程中的生产技术对化石能源的需求依然强烈。第三，如今火电厂等燃煤行业虽然已解决污染物排放问题，但控制二氧化碳的排放仍是亟待解决的技术难题。

针对以上问题和挑战，建议围绕以下几点精准施策。第一点是如何引导传统能源相关行业转型升级。虽然很多燃烧煤炭的工业行业已经解决了排放污染物的问题，但这并不能阻止向大气排放二氧化碳。如果煤炭仍是长期不可替代的燃料，那么能源转化技术如二氧化碳捕集、利用与封存、煤制油、煤制气等技术势必要引起足够的重视。然而，目前来看，能源转化技术仍处于起步阶段，大量将二氧化碳转化成能源的技术仍在实验室中，面对 2030 年的碳达峰计划，真正将较成熟的技术应用在工业场景还是不小的挑战。

第二点是如何提高能源安全。为进一步优化我国的能源结构，一方面应持续构建多元化的电力生产格局，稳妥推进煤电建设，实施煤电规划建设风险预警，并深入推进煤矿机械化、自动化、信息化、智能化建设，进一步提升安全绿色高效的开发水平；另一方面也应该积极推动国内油气稳产增产，并在保障消纳的前提下，支持清洁能源的大力发展。

第三点是如何促进非化石能源和一次能源消费占比的增加。通过提高市场准入标准，限制高能耗、高污染产业发展，控制煤炭等化石能源消费等途径，促进能源消费清洁化；加速推动电气化与信息化深度融合，保障各类新型合理用电，提高新消费用电水平，从而调整产业结构促进能源消费结构优化。

第四点是如何促进新能源发展。我国新能源技术基础仍比较薄弱，主要表现在并未完全掌握核心技术，关键部件仍依赖进口；技术创新的支撑体系薄弱，新能源科研力量分散，缺少共性研究开发平台。政府在利用财税、价格等政策培育发展新能源市场时，更应通过需求拉动，重点提升新能源产业的研发、设计、制造和运营能力，突破技术瓶颈，培育出以技术创新为核心能力的新兴产业。

参考文献

刘世锦. 陷阱还是高墙？中国经济面临的真实挑战和战略选择［M］. 北京：中信出版社，2011.

刘世锦. 中国经济增长十年展望（2013—2022）：寻找新的动力和平衡［M］. 北京：中信出版社，2013.

赵忠秀，王苒，Hinrich Voss，闫云凤. 基于经典环境库兹涅茨模型的中国碳排放拐点预测［J］. 财贸经济，2013（10）.

朱欢，郑洁，赵秋运，寇冬雪. 经济增长、能源结构转型与二氧化碳排放——基于面板数据的经验分析［J］. 经济与管理研究，2020（11）.

谌莹，张捷. 碳排放峰值与能耗峰值及其影响因素——跨国及中国的实证研究［J］. 国际贸易问题，2015（6）.

第十三章　装备制造业

产业链优势凸显，结构持续优化

于亮亮　路涵予

要点透视

➤ 2020 年，装备制造业在经历疫情后呈现快速恢复态势，增加值增速较 2019 年基本持平，同时高于工业增加值整体增速。从细分行业看，各子行业增加值增速差别较大，一定程度上反映了结构的持续优化。

➤ 2021 年，装备制造业下游需求旺盛，中游各类装备产销量有望进一步增长，整体看来前景较好。此外，经过此轮国内外疫情的压力测试，中国制造全球供给替代明显，产业链的完整性和稳定性优势凸显，替代进口的进程日益加速。

➤ 未来十年，以人工智能为代表的新一代信息技术的蓬勃发展将有力推动装备制造业往智能化方向迈进。另外，装备制造业的企业服务将成为差异化竞争的关键要素。为实现碳达峰、碳中和的目标，绿色化理念也将成为装备制造业结构调整的重要内容。

➤ 装备制造业是基础性产业，应当进一步支持创新，加速核心技术的研发，增强行业竞争力，打造中国装备制造的品牌效应，引领国际标准、规范的建立。不断提高反垄断工作能力，进一步提升市场活力。规范企业行为，加强劳动者权益保护。

2020 年：韧性较强，行业结构持续优化

装备制造业是为经济各部门进行简单生产和扩大再生产提供装备的各类制造业的总称，是工业的核心部分，承担着为国民经济各部门提供工作母机、带动相关产业发展的重任，是工业的心脏和国民经济的生命线。

疫情冲击后恢复较快

装备制造业逐步克服疫情带来的不利影响，呈恢复性增长和稳步复苏的态势。在复工复产的推动下，装备制造业整体在疫情冲击后恢复较快，如图 13.1 所示，2020 年增加值增速较 2019 年基本持平，显著高于工业增加值整体和 GDP 增速。

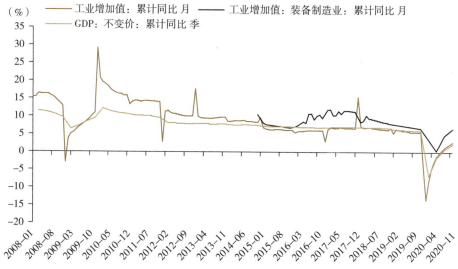

图 13.1 GDP 增速、工业增加值增速与装备制造业增加值增速对比
资料来源：Wind。

随着复工复产的有序推进，装备制造业二季度利润增速由负转正，并于三四

季度保持两位数增长，相较于增速为负的 2019 年，疫情期间的行业利润情况大幅好转，对制造业整体及工业企业利润的拉动更加明显。从细分板块看，如图 13.2 所示，汽车制造业、计算机通信、通用设备、专用设备等行业利润情况明显改善，增速较高，但电气机械利润增速有所下滑。

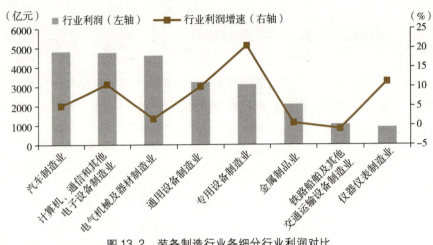

图 13.2　装备制造行业各细分行业利润对比

资料来源：腾景数研。

结构持续优化

从各子行业角度看，装备制造业增加值增速差别较大，如图 13.3 所示。其中，由于疫情影响下私家车出行需求增加以及国家对新能源汽车的扶持政策等，汽车制造业增速较 2019 年大幅增长。受益于国家对 5G、半导体芯片的政策支持，以及疫情影响下对远程办公、互联网医疗等的旺盛需求，计算机、通信和其他电子设备业也取得了较高增速。风电补贴政策的临期、光伏平价上网的推进等加速新能源装机并网，特高压建设项目投资规模约 1100 亿元，高于上年水平。受上述因素拉动，2020 年电气机械及器材制造业增速仍较高，但受疫情冲击较大的铁路船舶及其他交通运输设备业增加值增速低于上年同期。整体看，如图 13.4 所示，近三年 GDP 增量中，计算机、通信和其他电子设备业，电气机械及器材制造业，专用设备制造业的行业增加值占比基本处在前三位置。具体来看，相较 2019 年，2020 年汽车制造业在 GDP 增量中占比更加突出，计算机、通信和其他电子设备业的占比也有所提升，铁路船舶及其他交通运输设备制造业、仪器仪表制造业在 GDP 增量中的占比明显下降。这表明，当前技术含量较高、受国家政策支持力度大、受疫情冲击较小的行业，其增加值增速处于较高水平，在一定程度上反映了装备制造业结构的持续优化。

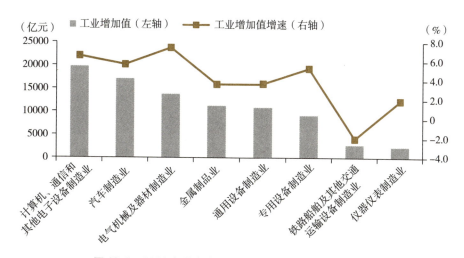

图 13.3　2020 年装备制造行业各细分行业增加值对比
资料来源：腾景数研。

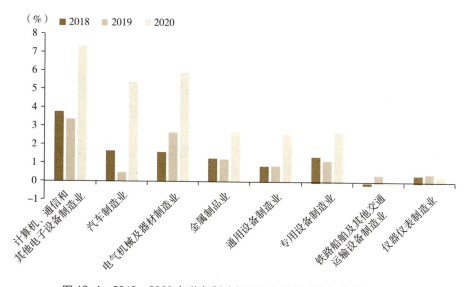

图 13.4　2018—2020 年装备制造行业各细分行业增加值增量对比
资料来源：腾景数研。

企业投资态度较为谨慎

虽然装备制造业增加值在 2020 年维持较高增速，行业利润也明显改善，并且电力、冶金、煤炭、石化等传统行业的"去产能"释放出部分更新改造的装备需求，但是考虑到整个装备工业的充足产能，部分相关企业对投资扩大生产仍持谨慎态度，并未大面积开工新建工业项目。一方面，在疫情冲击下，宏观经济尚未全面恢复，企业依然面临较为严峻的市场形势；另一方面，中美贸易的不确定性也使装备制造企业承受一定的压力。固定资产投资增速出现明显下滑，除国家政策扶持力度较大的计算机通信行业实现正增长之外，其他行业固定资产投资增速均为负值，在一定程度上反映行业内企业对行业未来发展持较谨慎态度，企业投资扩大再生产的意愿有所下降（图 13.5）。

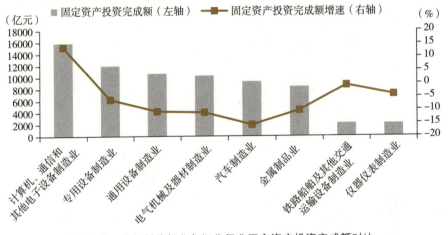

图 13.5　装备制造行业各细分行业固定资产投资完成额对比
资料来源：国家统计局、腾景数研。

2021 年：主要领域维持增长，行业景气度有所改善

在此轮叠加国内外疫情压力测试的上升周期中，中国制造全球供给替代明显，产业链的完整性和稳定性优势凸显，逐渐承接了欧美日等国的订单，替代进口的进程日益加速。2021 年装备制造业下游需求持续旺盛，中游各类装备产量销量有望增长，整体看将呈上升的趋势。接下来将通过对增加值占比较高的主要细分子行业进行分析，展望装备制造业未来的发展趋势。

计算机、通信和其他电子设备制造业

由于受疫情影响，居家办公人数增多以及部分国际生产订单转移至国内，导致行业产品出口量在 2020 年取得大幅增长，例如移动 PC 面板和笔记本电脑面板等典型产品。但考虑到国内电脑市场的逐渐饱和，若 2021 年疫情得以大幅缓解，出口订单逐步回落，预计将拖累 2021 年国内电脑出货量增速。但随着 5G 的进一步普及，通信行业将迎来利好。整体看，2021 年计算机、通信和其他电子设备制造业整体产量稳定，将维持小幅增长。

电气机械及器材制造业

电气机械及器材制造业与新能源息息相关。"十四五"期间，可再生能源将作为能源消费增量主体，非石化能源占比将进一步提升，因此光伏、风电等新能源发电将作为重点发展方向。展望 2021 年，光伏发电方面，考虑到"十四五"期间能源政策基调，加之光伏产业降本增效的空间，2021 年新增竞、平价项目以及扶贫、领跑者计划等装机规模均有望显著提升，预计 2021 年光伏新增装机规模仍将维持较高增长。风电方面，近年风电投资预警结果持续放松，2020 年全国无风电红色预警区域，投资预警放松进一步利好风电项目建设。此外，短期风电抢装势头不改，预计 2021 年风电新增并网装机规模仍维持正增长。此外，"十四五"期间规划将核准开工"10 交 10 直"线路，特高压投资规模仍有较大支撑。在发电设备及特高压设备增长的拉动下，电气机械及器材制造行业仍将保持较高增速。

通用设备制造业

通用设备制造业是装备制造业中的基础性产业，为工业行业提供动力、传动、基础加工、起重运输、热处理等基础设备。受疫情冲击，通用设备制造业增加值在 2020 年初呈现下滑态势。在复工复产和相关政策及需求拉动下，已经于 2020 年下半年呈现回暖趋势，其增加值由年初的 −17% 左右增加到近 11%。中央、地方政府对智能制造、先进制造业与互联网深度融合等不断加大支持力度，对通用设备制造业在 2021 年的健康发展提供了保障。在国际制造业回归，国内制造业升级的大背景下，预计 2021 年，通用设备制造业仍会呈现长期稳定上升，短期小幅波动的趋势。

专用设备制造业

以挖掘机为例，依托下游基建、地产投资需求以及人工替代效应，叠加寿命周期及节能环保政策推进引起的更新替换需求不断增加，2020 年全年工程机械行业需求爆发式增长，全年行业机械销量同比增长近 40%。展望 2021 年，总体看下游投资的托底作用整体稳固，受益于小微挖掘机的旺盛需求以及更新换代，预计挖掘机将保持一定幅度的稳定增长。另外，排放标准升级、风电抢装潮及国内城市轨道高速发展等利好因素均会对工程机械等专用设备制造业提供一定支撑。

2021—2030 年：向智能化、服务化、绿色化及产业基础再造等方向迈进

"十四五"规划要求，在"建设制造强国、质量强国"的同时还要建设"网络强国、数字中国"。以人工智能为代表的新一代信息技术的蓬勃发展有力推动装备制造业往智能化方向迈进。另外，在先进制造业与现代服务业深度融合的背景下，装备制造业企业服务化将成为差异化竞争的关键要素。为响应碳达峰、碳中和的目标，绿色化理念也将成为装备制造业结构调整的重要内容。

装备制造业增加值增速将保持在稳定合理区间

国内国际双循环的新发展格局将促进装备制造业规模稳步增长。我国已成为全球第一大工业国，是全球最大的装备制造市场之一，这为我国装备制造业发展提供了稳定的国内市场。另外，"一带一路"沿线国家和地区将不断加强本国的基础设施建设和工业化水平，也将为我国装备制造业创造庞大的国际市场空间，电力装备、工程机械等领域将获得更多"走出去"的机会。产业基础高级化、产业链现代化的推进将维持装备制造业产业增速稳定合理。未来十年，我国装备制造业关键领域与高附加值环节的供给能力将会进一步强化，产业链韧性将不断优化并协同，供应链稳定性将得到提升，我国装备制造业增加值增速将继续维持在稳定合理区间。

产品从自动化单一化向智能化复合化迭代升级

新一代信息技术的融合运用将推动装备制造业产品智能化水平不断提升，以

人工智能为代表的新一代信息技术将不断赋能装备制造业发展。新技术运用到数控机床、机器人等装备产品上，将推动实现加工过程自适应控制、故障自诊断与修复等功能，提升产品智能化水平。智能工厂建设将推动装备制造业产品智能化复合化水平不断提升。随着智能工厂建设步伐加快，通信技术、传输技术、数据处理技术、控制技术将不断运用到生产线智能化改造和工业互联网搭建等方面。多个机器人或机器人与数控机床的搭配组装，促使具有多种功能的复合型柔性制造生产线有望成为新发展方向。实现设计、制造、配料、仓储、售后等相关环节信息互联互通，不断提升生产质量和效率，从而更加侧重小批量、个性化、订制化产品制造。

产业链将由以产品制造向以高端环节服务化转型

受核心零部件、材料、工艺及设计等制约，我国装备制造业部分领域的企业多通过利用提供附加服务的差异化竞争方式来弥补产品性能的不足。在新一代信息技术与先进制造技术融合、先进制造业与现代服务业深度融合的背景下，装备制造业企业服务化将成为差异化竞争的关键要素。具体看，装备行业头部企业的服务化趋势明显。以工程机械为例，行业头部企业已围绕市场需求推动服务型制造升级，提高产品服务能力，加快市场占位。另外，巨大的服务市场正在逐步形成。以轨道交通为例，轨道交通服务主要包括铁道维修、系统维护、零部件更换及运维检测服务等。随着国内轨道交通的快速发展以及运营线路的持续增加，城轨线路系统、供电系统、站场系统维保需求将得到进一步提升。我国轨道交通装备服役期普遍在 10 年左右，未来轨道交通车辆将集中进入大修密集期，这会有力支撑轨交服务市场的需求增长。

生产方式将由传统制造转变为绿色制造

"中国将提高国家自主贡献力度，采取更加有力的政策和措施，二氧化碳排放力争于 2030 年前达到峰值，努力争取 2060 年前实现碳中和。"为了响应"3060目标"，绿色化理念成为装备制造业结构调整的重要内容。装备制造业将持续推进向绿色循环低碳发展，进一步提高装备制造业产品的可回收性与可拆解性，装备制造企业的绿色供应链管理将更加成熟。一方面，产业结构绿色化发展将促进我国装备制造业加快淘汰落后产能，整治提升"散乱污"企业，维护市场经济健康有序发展。另一方面，绿色化发展聚焦装备制造业高端要素，重点推进以数字经济为主要内容的新兴产业,加速形成更多新的增长点、增长极。智能制造将加速装备制造业形成绿色化生产方式。具体而言,智能制造与装备制造业深度融合将进一步推进企业生产方式绿色化,企业将利用平台、软件满足生产过程绿色、安全等各项要求,持续强化资源利用以及优化能源使用,实现资源化、减量化、生态化的绿色理念。传统制造业绿色改造为装备制造业绿色化发展提供经验支撑。目前,部分地方政府已组织开展传统制造业绿色改造工作,并取得一定成效,形成了一批绿色制造试点示范。试点示范的发展经验将为未来绿色化改造在装备制造业进行移植、推广提供有效支撑。

政策建议

进一步支持创新,增强行业竞争力

应继续完善以企业为主体、市场为导向、政产学研用相结合的制造业创新体系。加强关键核心技术攻关,加速科技成果产业化,提高关键环节和重点领域的创新能力。强化企业技术创新主体地位,推进国家技术创新示范企业和企业技术中心建设,支持企业提升创新能力。结合"双循环"等进行有计划的国产替代,减少对国外先进技术的依赖,加大对"卡脖子"技术的投入。研究制定降低中小企业知识产权申请、保护及维权成本的政策措施。增强信贷对实体经济的支持力度,降低装备制造业的融资成本。继续通过财税、科技计划等方面的政策措施,鼓励和引导科研单位、企业等创新。

利用信息化手段提高企业的研发和设计能力,提高产品的智能化水平,是提高企业竞争力非常重要的一环。充分利用现代信息技术,能够最大限度地发挥信息化的优势和装备制造业的潜力。需要加快推动新一代信息技术与装备制造技术融合发展,把智能制造作为主攻方向;着力发展智能装备和智能产品,推进生产过程智能化,培育新型生产方式,全面提升企业研发、生产、管理和服务的智能化水平。

进一步加强建设装备制造业创新体系。加快建立装备制造业创新网络,充分利用现有科技资源,围绕装备制造业重大共性需求,采取政府与社会合作、政产学研用产业创新战略联盟等新机制新模式,形成一批制造业创新中心(工业技术研究基地),开展关键共性重大技术研究和产业化应用示范。

推进制造过程智能化。结合装备制造业核心技术建设智能工厂、数字化车间等，加快人机智能交互、工业机器人、智能物流管理、增材制造等技术和装备在生产过程中的应用。

深化互联网在装备制造业的应用。制定互联网与装备制造业融合发展的路线图，明确发展方向、目标和路径。发展基于互联网的新型装备制造模式，推动形成基于需求的研发及制造和产业组织方式。建立优势互补、合作共赢的开放型产业生态体系。

完善产权保护制度。包括完善平等保护产权的法律法规体系、健全产权执法司法保护制度、强化知识产权保护等。推动涉产权冤错案件依法甄别纠正常态化机制化。这对保护不同所有制的财产权利、稳定企业家和投资者社会预期以及鼓励企业创新等将产生积极作用。

打造中国装备制造的品牌效应，引领国际标准、规范的建立

新发展格局绝不是封闭的国内循环，而是开放的国内国际双循环。国际经济联通和交往仍是世界经济发展的客观要求。我国经济已经与全球经济深度融合，国内国际市场体系相互依存、相互合作，成为经济全球化的重要内容。面对逆全球化潮流，我们坚定地维护和推进全球化进程，对外开放不动摇、不后退。推动战略性优质装备制造业走出去，尤其是扩大发达国家市场的份额，有利于提升我国装备制造业的整体形象，打造自主品牌，引领标准、规范的建立，占据国际市场，推动战略性新兴装备制造业做大做强。

推进装备制造业品牌建设。引导相关企业制定品牌管理体系，围绕研发创新、生产制造、质量管理和营销服务全过程，提升制造品质，夯实品牌发展基础。支持一批品牌培育和运营专业服务机构，开展品牌管理咨询、市场推广等服务。健全集体商标、证明商标注册管理制度。打造一批特色鲜明、竞争力强、市场信誉好的产业集群区域品牌。建设品牌文化，引导企业增强以质量和信誉为核心的品牌意识，树立品牌消费理念，提升品牌附加值和软实力。加速我国品牌价值评价国际化进程，充分发挥各类媒体作用，加大中国品牌宣传推广力度，树立中国制造品牌良好形象。另外，政府还应加强质量导向，通过完善专利审查制度、加强专利代理行业监管等，让更多高质量发明创造更加便捷地获得专利授权，推进我国向知识产权强国加速迈进。

助力企业实施全球化战略。装备制造业在从"中国制造"向"中国创造"

转变的过程中必然会更多地参与到国际竞争中。应鼓励企业尽快在海外进行企业商标和标识的注册工作，确实做到防患于未然。引导企业正确利用国际规则和所在地法律，维护自己的合法权益。助力企业在国际化过程中与专业的内外部知识产权团队进行市场运作和管理等方面的合作，防范各类风险。

提高反垄断水平，推进综合协同监管，进一步提升市场活力

为促进装备制造业健康发展，要在维护公平竞争上有更大作为，全面谋划和做好反垄断工作。围绕建设高标准市场体系、服务扩大内需、供给侧改革、推动高质量发展，在放宽市场准入、促进公平竞争、保护知识产权、建设统一大市场方面发力见效，进一步强化反垄断和反不正当竞争的重大决策，切实提高反垄断工作能力，完善公平竞争制度，强化竞争政策基础地位，落实公平竞争审查机制，加强和改进反垄断执法，健全反垄断审查制度，营造公平竞争的制度环境。提高反垄断工作能力，推动加快反垄断法修订，营造公平竞争制度环境。规范市场秩序，坚持治"果"治"因"并重，促进市场公平竞争。

破除市场准入方面的某些行政性垄断。落实"全国一张清单"管理模式，禁止地方部门自行发布具有市场准入性质的负面清单，这对建立全国范围高效统一市场具有重要意义。增强公平竞争审查制度刚性约束，推动完善平台企业垄断认定、数据收集使用管理、消费者权益保护等方面的法律规范，鼓励各地区构建跨区域的统一市场准入服务系统。

推进综合协同监管。对新技术、新产业、新业态、新模式等实行包容审慎监管，不能简单化地予以禁止或者不予监管；健全依法诚信的自律机制和监管机制，发挥行业协会商会作用、市场专业化服务组织和公众舆论的监督作用，同时也要加强对监管机构的监督。

加强劳动者权益保护

政府部门应加强对劳动者权益的保障，特别是确保劳动者享有合法合理的休息权。装备制造业多为"大厂"，近年来，"996"成为十大网络用语，尤其在"大厂"更加流行。实际上，实现企业利益和保护劳动者权益并不矛盾。双休日与有偿加班对于打开内需刺激中国经济具有很大作用。装备制造业从业人员素质相对较高，消费能力较强。加班文化的普及会加剧消费人口红利的消失，不利于"双循环"新发展格局的形成。

无论是强制带薪休假、八小时工作制还是家庭与工作平衡，都亟须政府部门的严格执法予以保障。另外，要加强对企业社会责任的评价和公开，倒逼企业尊重劳动者权益。使恶性加班的企业受到市场的应有惩罚，使尊重劳动者权益的企业得到市场的肯定和回报。

参考文献

刘世锦. 补短型增长与升级型增长［M］//刘世锦. 中国经济增长十年展望（2020—2029）：战疫增长模式. 北京：中信出版社，2020.

刘振中. "十四五"时期我国产业发展环境的五大趋势性变化［J］. 经济纵横，2020（8）.

赛迪顾问智能装备产业研究中心. "十四五"期间我国装备制造业发展趋势特征分析［EB］. 赛迪顾问，2020.

第十四章　汽车

市场继续在修复中实现微增长

王青

要点透视

➤ 2020 年，中国汽车市场降幅大幅收窄，全年国产新车销量为 2531.1 万辆，同比下降 1.9%；民用汽车保有量和千人汽车拥有量分别达到 2.7 亿辆和 195 辆。

➤ 预测到 2030 年，中国民用汽车保有量和千人汽车拥有量将分别达到 4.2 亿辆和 296 辆。

➤ 2021 年汽车市场将主要受宏观经济、疫情防控、全球供应链三大因素影响。在市场内外部环境相对稳定的前提下，预计 2021 年汽车销量大致与 2019 年持平，并有望实现 0~2% 的小幅增长。

➤ 2021 年应将优化消费政策和促进电动汽车发展作为政策着力点，统筹推进短期促消费和中长期绿色发展。

2020 年汽车市场回暖，降幅明显收窄

2020 年，随着新冠疫情不利影响的逐步弱化，中国汽车市场和汽车消费明显回升，并呈现一些新的结构变化特征。

市场需求大幅回暖，企业盈利指标小幅降低

产销降幅明显收窄，价格水平持续下降

2020 年，国产汽车产销分别实现 2522.5 万辆和 2531.1 万辆，同比略降 2.0% 和 1.9%（见图 14.1），降幅分别较 2019 年收窄 5.1 和 6.3 个百分点。在经历疫情影响最严重的一季度之后，自二季度开始，汽车市场出现复苏，下半年汽车销量整体保持了 10% 以上的增速，降幅也从一季度的 42.4% 大幅收窄（见图 14.2）。汽车类商品对社会消费品零售总额的贡献率，相应从一季度的 8.1% 提升到全年的 10.1%。

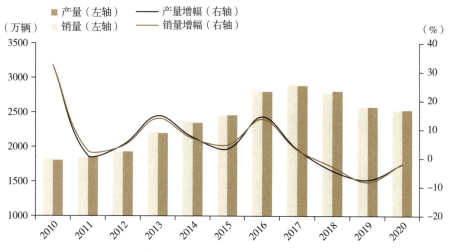

图 14.1　中国汽车产销量及增幅（2010—2020 年）
资料来源：中国汽车工业协会。

261

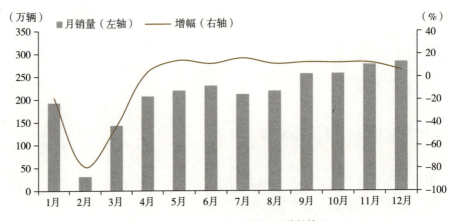

图 14.2　2020 年汽车月销量及增长情况

资料来源：中国汽车工业协会。

　　在二季度和三季度，商用车销量增速均达到46%，对稳定市场和支撑回升发挥了明显作用，此后增速开始逐月回落。但从下半年开始，占汽车总销量八成的乘用车市场开始发力，日益成为带动市场复苏的主动力（见图14.3）。

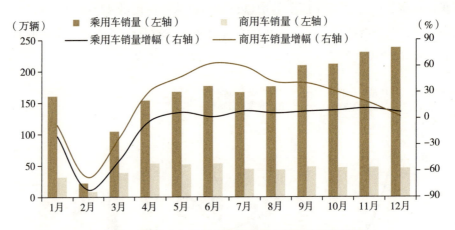

图 14.3　2020 年各月乘用车和商用车销量及增长情况

资料来源：中国汽车工业协会。

　　2020 年乘用车市场主要呈现以下结构性特征：

　　从车型①结构看，除运动型多功能车（SUV）产销同比略有增长外，其他各

---

①　本章车型划分依据为《GB/T3730.1 – 2001》。

类型乘用车均为负增长，多功能厢式车（MPV）降幅最大（见表14.1）。

表 14.1　2020 年乘用车车型结构产销变化情况

车　型	生产情况		销售情况	
	产量（万辆）	增幅（%）	销量（万辆）	增幅（%）
基本型	918.9	-10.0	927.5	-9.9
MPV	101.1	-26.8	105.4	-23.8
SUV	939.8	0.1	946.1	0.7
交叉型	39.5	-1.7	38.8	-2.9

资料来源：中国汽车工业协会。

从排量结构看，与2019年相比，1.6L以下小排量车型销量占比明显降低，而1.6~2.0L占比则出现大幅提升（见表14.2）。

表 14.2　2020 年乘用车排量结构销量变化情况

排量区间	销量比重（%）		
	2020	2019	变化
排量≤1.0L	1.12	2.17	-1.05
1.0L<排量≤1.6L	65.75	67.86	-2.11
1.6L<排量≤2.0L	30.39	27.29	3.10
2.0L<排量≤2.5L	2.15	2.05	0.10
2.5L<排量≤3.0L	0.49	0.46	0.03
排量>3.0L	0.10	0.17	-0.07

资料来源：根据中国汽车工业协会公布的数据整理。

从价位结构看，10万元以下车型比重继续降低，而20万元以上车型需求比重不断提升（见图14.4）。这表明我国汽车消费升级的趋势更加明显。2020年1—11月，15万元以下车型上险量占总上险量比重为42.9%，较2019年同期下降了4.2个百分点；而15万元以上车型占比均有不同程度提高，其中25万~35万元的车型提升最明显（见图14.5）。

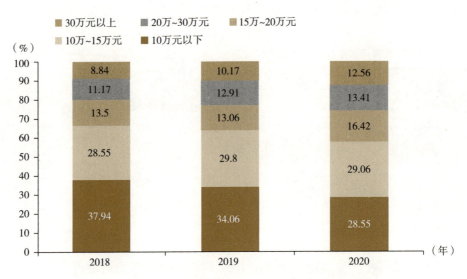

图 14.4　2018—2020 年乘用车价位结构销量变动情况

资料来源：国务院发展研究中心市场经济研究所。

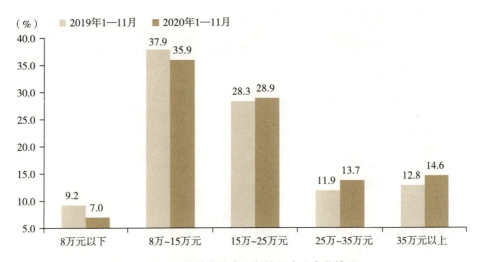

图 14.5　不同价位汽车上保险量占比变化情况

资料来源：国务院发展研究中心市场经济研究所。

商用车市场继续呈现货车热客车冷的局面。在老旧车辆更新、基建投资增加和高速公路车型收费调整等因素刺激下，货车销量较 2019 年增长 21.7%，而客车销量同比下降 5.6%，降幅较 2019 年有所扩大（见表 14.3）。

表 14.3　2020 年商用车产销情况

车型	数量（万辆）		同比增幅（%）	
	生产	销售	生产	销售
客车	45.3	44.8	-4.2	-5.6
其中：非完整车辆	1.8	1.8	-40.1	-40.4
货车	477.8	468.5	22.9	21.7
其中：非完整车辆	76.3	71.0	31.1	25.6
半挂牵引车	85.1	83.5	46.3	47.8

资料来源：中国汽车工业协会。

从能源结构看，2020 年新能源汽车①增速明显快于汽车市场整体水平，全年共销售 135.9 万辆，同比增长 12.9%，其中纯电动汽车为 110.6 万辆，占 81.4%，同比增长 14.1%。燃油乘用车共销售 2356.3 万辆，同比下降 2.8%。2020 年 1—11 月，私人纯电动汽车销量达到 63.3 万辆，其中限购城市和非限购城市分别为 27.0 万辆和 36.3 万辆，同比分别增长 8.1% 和 13.7%。非限购地区和私人消费日益成为市场增长的主导力量，表明新能源汽车的市场驱动作用逐步增强。

2020 年 12 月国产乘用车市场价格指数为 32.69，较 2019 年 12 月下跌 1.1 个百分点（见图 14.6），其中 15 万元以下和 20 万 ~30 万元车型跌幅较大（见表 14.4）。

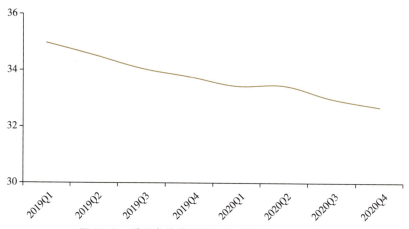

图 14.6　乘用车价格指数变化（2019—2020 年）
注：该指数以 2004 年 1 月末价格水平为 100。
资料来源：国务院发展研究中心市场经济研究所。

———————————
① 本章中燃油车包括汽油、柴油和普通混合动力车型，新能源汽车包括插电式混合动力、纯电动、燃料电池等车型。

表 14.4　2020 年不同价位车型指数变化

价位	2020 年 12 月	2019 年 12 月	指数下跌（%）
10 万元以下	29.97	31.77	−1.80
10 万~15 万元	32.06	33.74	−1.68
15 万~20 万元	34.86	35.17	−0.31
20 万~30 万元	35.05	36.68	−1.63
30 万元以上	34.93	35.08	−0.15

资料来源：国务院发展研究中心市场经济研究所。

千人汽车拥有量达到 195 辆，长江中游地区增速回落

2020 年中国大陆民用汽车保有量（不含三轮汽车和低速货车）和千人汽车拥有量分别约为 2.7 亿辆和 195 辆，较 2019 年分别增长 8.0% 和 7.7%（见图 14.7 和图 14.8），增速继续回落。

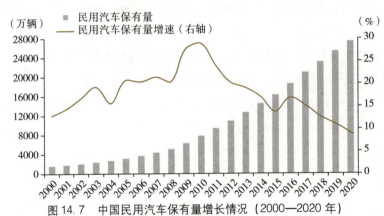

图 14.7　中国民用汽车保有量增长情况（2000—2020 年）

资料来源：根据国家统计局公布数据整理。

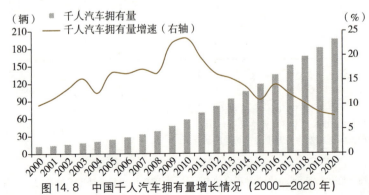

图 14.8　中国千人汽车拥有量增长情况（2000—2020 年）

资料来源：根据国家统计局公布数据整理。

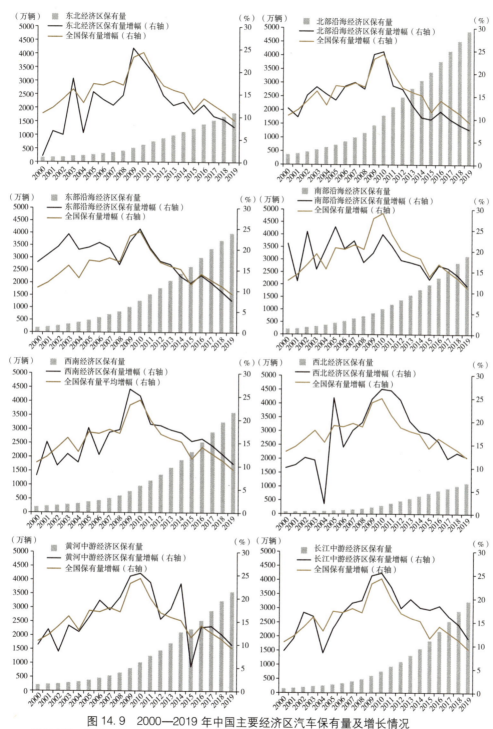

图 14.9　2000—2019 年中国主要经济区汽车保有量及增长情况
资料来源：根据国家统计局公布数据整理。

从保有量的区域分布看①，在2019年②，沿海地区依然是大陆地区民用汽车保有量最高的区域。东北、北部沿海、东部沿海地区增速均低于全国平均水平；黄河中游、长江中游和西南地区，增速高于全国（见图14.9）。广西、安徽、江西、湖南、湖北、河南、贵州增长较快，增速均超过11%。千人汽车拥有量较高的地区主要集中在长江以北地区，增长最快的是长江中游和黄河中游地区。

与近年来趋势不太一致，2020年东部沿海地区对全年汽车销量促进作用比较突出，而长江中游和黄河中游高增长地区的市场支撑作用并不显著（见图14.9）。③ 这种情况的出现，与增换购需求增长④、区域经济回升步调不一致等因素有关。我们并不认为这种情况在近两年会成为趋势性特征。

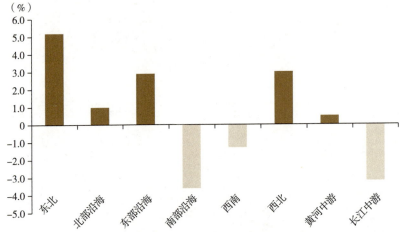

图14.10　我国不同区域汽车需求增速与全国平均增速的比较

注：本图柱状数值高低表明该地区增速高出或低于全国平均增速的百分点。

资料来源：国务院发展研究中心市场经济研究所。

---

① 依据国务院发展研究中心李善同研究员提出的中国大陆经济区域划分方法，具体是：南部沿海地区（广东、福建、海南），东部沿海地区（上海、江苏、浙江），北部沿海地区（山东、河北、北京、天津），东北地区（辽宁、吉林、黑龙江），长江中游地区（湖南、湖北、江西、安徽），黄河中游地区（陕西、河南、山西、内蒙古），西南地区（广西、云南、贵州、四川、重庆），西北地区（甘肃、青海、宁夏、西藏、新疆）。

② 《中国统计年鉴2020》公布的最新数据为2019年数据。

③ 从上险量看，尽管东北和西北地区增速也明显高于全国平均增速，但由于其总量占比比较小，因此对整体市场的支撑作用并不如东部和北部沿海地区。

④ 根据乘用车市场联席会发布的数据，我国汽车销量中增换购需求占比，从2016年的38.3%提升到2019年的49.6%。根据我们2020年8月对网络用户做的调查，在有购买意向的网络消费者中，增换购比例大致占到3/4。受上网用户群体结构影响，线上消费者和线下消费者的情况略有不同，这导致线上增换购比例偏高，但从整体上看，增换购比例持续提升仍然是当前汽车市场的重要变化趋势。

主要厂商效益指标继续下滑，市场集中度持续提升

市场继续负增长导致 2020 年汽车制造企业效益指标继续小幅下滑。2020 年重点企业[①]利润总额下降了 10.8%，利润率也下降到近年来的最低水平（见表 14.5、图 14.11）。

表 14.5　2020 年主要汽车企业收益指标变化

时期	利润总额		营业收入		营业成本	
	当期（亿元）	同比（%）	当期（亿元）	同比（%）	当期（亿元）	同比（%）
2018	3840.56	−2.52	41716.44	4.54	34052.73	4.54
2019	3123.01	−18.65	40441.16	−3.12	33320.69	−2.25
2020	2791.91	−10.75	42446.84	5.18	35262.66	6.36

资料来源：中国汽车工业协会。

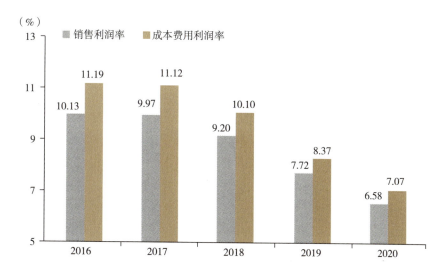

图 14.11　主要汽车厂商利润率变化情况（2016—2020）
资料来源：中国汽车工业协会。

2020 年销量前十位厂商市场份额为 59.7%（见图 14.12），市场集中度继续

---

① 根据中国汽车工业协会的抽样企业，重点汽车企业集团（公司）包括北汽、中国长安、华晨、一汽、上汽、吉利、江淮、奇瑞、东南（福建）、厦门金龙、郑州宇通、重汽、东风、广汽、庆铃、陕汽和比亚迪 17 家企业。

提升，其中以日系厂商最为突出，长安、吉利等自主品牌厂商亦有明显提升。第一梯队厂商市场份额出现大幅降低，第二梯队厂商市场份额整体保持稳定，而第三梯队厂商市场份额整体有所提升（见表 14.6）。

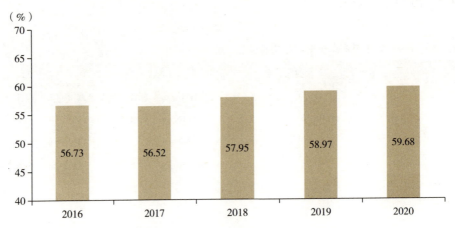

图 14.12　销量前十位厂商市场份额变化情况（2016—2020）
资料来源：根据中国汽车工业协会发布的数据整理。

表 14.6　2020 年主要汽车企业市场占有率变化情况

销量排序		企业	2020 年销量份额（%）	较 2019 年变化
1		一汽大众	10.27	0.72
2	第一梯队	上汽大众	7.46	-1.88
3		上汽通用	7.27	-0.20
4		吉利	6.54	0.19
5	第二梯队	东风日产	5.55	0.14
6		上汽通用五菱	5.43	-0.37
7		长安	4.91	1.11
8		长城	4.39	0.14
9	第三梯队	广汽本田	3.99	0.39
10		一汽丰田	3.86	0.46

资料来源：根据中国汽车工业协会发布的数据整理。

市场供求压力有所增加，自主品牌库存量较大

2020 年汽车市场供大于求的压力较 2019 年有所加大，12 月经销商库存系数①为 1.8，比 2019 年末增加 0.5 个百分点，库存水平在警戒线之上；经销商预警指数②为 60.7%，比 2019 年提高 1.7 个百分点（见图 14.13），库存压力相对较大的是自主品牌车型。③

图 14. 13　2020 年汽车厂商库存变化情况

资料来源：中国汽车流通协会。

市场复苏主因是汽车市场向潜在增长趋势回归

2020 年初，我们对当年汽车市场做出的分析和判断是，全年汽车销量降幅会大幅收窄，并且新冠疫情对全年市场的影响不会太大，增速大概会维持在 −2% ~0④，这与市场实际情况相符。之所以在疫情开始大范围蔓延的情况下依然做出这个乐观预测，主要是基于对我国汽车市场所处的发展阶段及增长潜力的分析。

我国汽车需求处在中速发展阶段，具有一定的潜在增长率。根据国际典型经

---

① 经销商库存系数 = 期末库存量/当期销售量。该系数由中国汽车流通协会每月定期发布，认为库存系数在 0.8~1.2 之间是处于合理范围，而库存系数预警临界值为 1.5。

② 经销商库存预警指数是中国汽车流通协会采用扩展指数的编制方法编制发布，以 50% 作为荣枯线，库存预警指数越高，表明市场的需求越低。

③ 根据中国汽车流通协会发布的数据，2020 年 12 月末进口及豪华品牌、合资品牌和自主品牌汽车库存指数分别为 60.5%、61% 和 67.7%。

④ 刘世锦：《中国经济增长十年展望（2020—2029）：战疫增长模式》，中信出版社，2020 年。

验，汽车需求与经济发展阶段呈现明显的相关性（见表 14.7）。2020 年中国人均 GDP 大致为 14400 国际元①，千人汽车拥有量接近 200 辆，汽车市场将从中高速增长阶段转为中低速增长阶段。与之相适应，千人汽车拥有量增速也逐步从 11% ~ 12% 的增长区间，自然回落到 4% ~ 5% 的增长区间。根据测算，近两年市场销量依然具备 3% ~ 4% 的潜在增长水平。

表 14.7 工业化国家或地区汽车需求增长的阶段特征

发展阶段	增长特征		千人汽车拥有量 （辆）	人均 GDP （1990 年国际元）	年均增速 （%）	历时 （年）
孕育期	低速		0 ~ 5	3500 以下	—	—
普及期	高速		5 ~ 20	3500 ~ 4500	18 ~ 21	7 ~ 9
			20 ~ 100	4500 ~ 9000	19 ~ 20	8 ~ 9
	中速	中高速	100 ~ 200	9000 ~ 12000	11 ~ 12	5 ~ 7
		中低速	200 ~ 400	12000 ~ 16000	4 ~ 5	14 ~ 16
饱和期	低速		400 以上	16000 以上	1 ~ 2	—

资料来源：国务院发展研究中心"中国经济增长十年展望"课题组。

此外，新冠疫情的暴发和疫情防控常态化，使消费者更加注重出行安全和出行品质。在防疫需要下，更多消费者选择减少乘坐公共交通工具，而选择购买私家车作为出行工具。这一因素与消费结构升级相叠加，对 2020 年下半年销量快速增长起到支撑和促进作用。

自 2018 年以来，我国汽车市场持续负增长，销量增速明显低于潜在增长率。从 2019 年四季度开始，市场已经出现了增速回升的迹象。但 2020 年一季度的疫情打乱和抑制了市场复苏的正常节奏，甚至再次出现严重下滑。近两年已积累了部分潜在需求等待释放。在疫情防控取得阶段性成果后，市场和消费出现了较强的回升，市场具有向潜在增长水平回归的内在要求。因此，市场自二季度开始连续 9 个月实现正增长、连续 7 个月增速超过 10% 是可以被解释的。

---

① 分析及预测参见本书第二章。

未来十年中国汽车需求增长前景（2021—2030）

中国汽车需求未来十年增长展望

依据我们近年的预测思路和方法，我们继续结合国际经验推算和 Logistic 模型测算，对我国未来十年的汽车市场潜力进行预测。

根据国际经验推算

到 2030 年，我国人均 GDP 将达到 22000 国际元左右[①]，根据汽车市场发展的国际经验和规律，在不考虑技术进步和共享出行等模式创新条件下，预计到 2030 年，我国汽车保有量将达到 4.3 亿辆，新车产销规模将超过 3100 万辆，千人汽车拥有量将超过 300 辆，日益接近千人汽车拥有量的峰值水平（见图 14.14 至图 14.16），市场也将进入饱和期，但未来十年依然会保持 1.5%~2% 的潜在增长率。

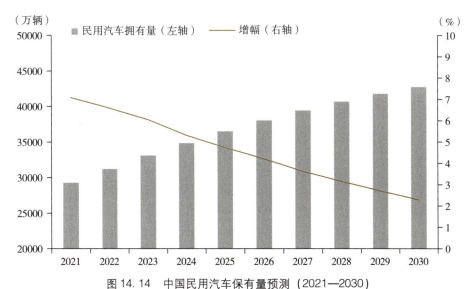

图 14.14　中国民用汽车保有量预测（2021—2030）

资料来源：国务院发展研究中心"中国经济增长十年展望"课题组。

---

① 见本书第二章。

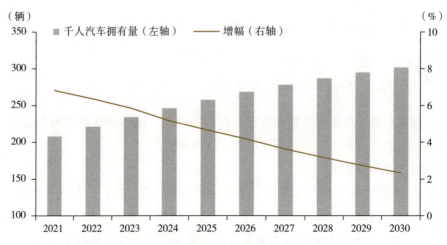

图 14.15　中国民用汽车千人拥有量预测（2021—2030）

资料来源：国务院发展研究中心"中国经济增长十年展望"课题组。

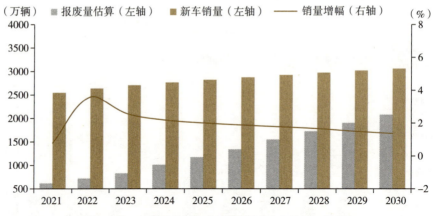

图 14.16　中国国产新车产销规模预测（2021—2030）

资料来源：国务院发展研究中心"中国经济增长十年展望"课题组。

Logistic 模型预测

Logistic 模型的基本公式为：

$$y(t) = \frac{m}{1 + e^{b-r(t-t_0)}} \qquad (1)$$

式（1）中 $y(t)$ 表示市场上 t 时点汽车保有量（$t_0 = 1995$，则 1996，1997，1998，…，即 $t-t_0$ 分别为 1，2，3，…）；其中 y 为市场最大汽车潜在保有量，t 为年份，b、r 为参数，m 为汽车保有量的增长极限值。通过 SPSS 软件对方程的

b、r 参数进行估计：m 取 45000 万辆，b 和 r 估计值分别为 4.52 和 0.20，R^2 = 0.998，模型预测结果为：到 2030 年中国汽车保有量约为 4.12 亿辆（见图 14.17）。

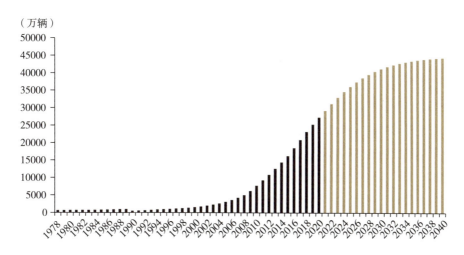

图 14.17　Logistic 模型民用汽车保有量预测（1978—2040）
资料来源：国务院发展研究中心"中国经济增长十年展望"课题组。

综合以上预测结果，我们判断到 2030 年，中国汽车总保有量将接近 4.2 亿辆，届时千人汽车拥有量约为 296 辆。

对 2021 年汽车市场的预测及影响因素分析

2021 年汽车市场有望实现小幅增长

对于 2020 年市场回升势头是否可持续，我们认为，2021 年市场继续向潜在增长率收敛的趋势将会延续，但月增速继续保持 10% 以上难以长时间维持。

2018 年以来的负增长不是趋势性的，而是阶段性的。在市场增速继续向潜在增长水平收敛的前提下，2021 年被抑制的潜在消费需求仍会逐步释放，全年销量将保持小幅增长。但与此同时，市场连续多月实现 10% 以上的高增长，其中包含被抑制潜在需求集中释放的因素。随着市场的修复和调整，这些短期支撑因素的作用会逐步弱化。例如商用车增速已经从 6 月 63% 的月增速，大幅回落到 12 月的 2.4%。同时，支撑汽车市场增长的主力车型、区域和群体尚未明显启动，所以总体来看，汽车市场下半年出现的高增长也难以长时间维持，估计从 2021 年二季度开始，高速增长的局面会有所改变。

在内外部环境相对稳定和配合的前提下，2021年汽车销量增速将继续保持小幅回升，并且在全年保持前高后低的增长格局。预计全年销量大致与2020年持平，有望实现0~2%的小幅增长。

2021年汽车市场运行面临三大影响因素

2021年汽车市场运行主要受宏观经济、疫情防控、全球供应链的稳定性三大因素影响。这三个因素中的某一项发生变化，都会与其他因素形成共振。整体看，2021年特别是上半年，可以预期宏观经济将会保持相对较高的增速；同时，尽管全球疫情依然处在胶着状态，国内部分地区出现反复也在有效控制范围内，出现大规模反弹的可能性不大。与这两个因素相比，存在较大不确定性的是全球汽车供应链的稳定，特别是汽车芯片供给的稳定。

2020年下半年开始，全球汽车芯片出现供给紧张、价格上涨的情况。2021年1月，福特公司因芯片供给短缺暂时关闭了北美3家工厂，随后丰田、日产本田、戴姆勒、菲亚特-克莱斯勒等厂商，也因此减少全球生产。2021年2月中旬，日本福岛东部地震和美国得州停电，导致日本的瑞萨以及美国的恩智浦、韩国的三星等芯片工厂暂时停产，又对全球汽车芯片产业链接连产生冲击，使汽车芯片供给紧张的局面"雪上加霜"。预计芯片供给紧张将导致全年全球汽车产量减少约450万辆，大致占到近年产量规模的5%。[①]

造成本轮芯片紧张的原因，表面上看是由于疫情、罢工、自然灾害等突发性或短期性事件叠加共振，以及全球汽车市场回升好于预期而前期芯片订单不足引发，但更深层次的原因，是近年来全球芯片制造厂商生产结构的加快调整。

燃油汽车应用的车规级芯片，主要以28纳米制程、8英寸晶圆为主，对使用寿命、复杂工况适应性、运行稳定性、良品率要求较高，研发和认证周期也较长。近年来特别是疫情暴发以来，全球智能手机、平板电脑、可穿戴设备等消费电子产品市场规模不断扩张，在线办公日益普及，5G网络建设加快推进，全球对14纳米以下制程、12英寸晶圆半导体需求快速增长。芯片制造厂商相应将生产资源不断向技术含量更高、利润更高和增长性更好的消费电子芯片产品配置。例如台积电、三星等厂商在过去10年间已减少了约40%的落后生产线，全球8英寸晶圆生产设备目前几乎停产。正是因为近年来全球主要半导体厂商的产品结

---

① "芯片不足，各大车企减产超450万辆，低端汽车或更紧缺"，腾讯网：https://new.qq.com/omn/20210201/20210201A057Q700.html。

构调整，导致汽车芯片供求格局发生变化，供应充足性不断降低，一遇外部冲击就会凸显供给的脆弱性和不稳定性。

汽车芯片短缺和价格上涨，会对国内汽车供给结构、价格产生一定影响。产品结构方面，芯片和芯片模块将优先配置到优势厂商以及高利润、新发布、增长率高和新能源车型，这对中低价位和自主品牌车型的不利影响会更加明显。价格影响方面，部分芯片价格已上涨了 10%～15% 甚至 30%～50%。尽管燃油汽车和普通电动车芯片成本大致分别为 400 美元和 800 美元，但芯片价格上涨，会从半导体传导到芯片模块部件再到整车，形成放大机制。即便如此，我们认为消费者会根据整车价格变化调整决策，使市场供求实现整体平衡和相对稳定。

在全球汽车芯片产业链中，欧洲、美国和日本是主要生产国，在全球份额中分别占到 37%、33% 和 26%，恩智浦、英飞凌、瑞萨、德州仪器和意法半导体等排名前 5 位的企业占到全球份额的一半。我国作为全球第一大汽车市场，产销量和汽车芯片需求量均占到全球份额的 30%，但超过 90% 的汽车芯片需要进口。

从短期看，汽车芯片供应紧张，已经对我国汽车生产产生了一定不利影响。大众等合资企业生产已经受到限制。而大部分自主品牌企业，对国外汽车芯片的依赖程度更高，在前期订单和芯片库存消化后，将会面临更加严峻的冲击，并将影响我国汽车市场和汽车消费进一步复苏。从中长期看，汽车芯片严重依赖进口，也将制约我国汽车产业中长期的创新发展。随着汽车市场的持续扩大，如果汽车芯片供给紧张不能得到缓解，会影响我国汽车产业的长期稳定发展。

更为重要的是，随着汽车电动化、网联化、智能化和共享化的推进，汽车芯片对新能源汽车及智能汽车生产消费的重要性将进一步增强，汽车芯片将更加可能成为未来汽车产业创新发展战略资源、争夺全球汽车产业制高点的竞争高地。目前我国汽车芯片制造自主率很低，且只能生产相对低端的产品，创新能力与发达国家的差距大，难以支撑我国汽车产业和汽车消费创新发展。能否在新能源汽车芯片领域取得突破，已成为我国能否在新一轮汽车革命中实现"换道超车"、保障产业和消费安全的关键所在。

以制度优化和电动车为重点，促进汽车消费和汽车市场结构调整

我们认为，在汽车市场基本保持稳定的基础上，2021 年无须针对汽车消费出台大力度的增量刺激政策，在汽车市场进入新阶段、增换购需求占比不断提升

的背景下，政策宜着眼于汽车消费及整体消费的制度环境优化，将促进汽车消费扩张和引导保有量结构调整、促进绿色低碳消费统筹推进。

第一，进一步激发释放换购需求。根据环保部发布的数据，我国国Ⅲ排放车辆大约有4300万辆。如果有5%的车主选择换购，即可拉升汽车销量增速超过7个百分点。一方面在污染防控重点区域以及保有量相对较高的地区和城市，对国Ⅲ以下排放标准车型的使用，在行驶时间、区域、路段等方面进行规定；另一方面加强国家、地方和厂商联动，增加提前报废车辆和老旧车型更新奖励或补贴，并制定补贴退坡机制。

第二，适当调整汽车消费相关税费结构。按照排放、发动机功率和油耗等综合数据，适当调整汽车消费税税档税率；在推动消费税征收后移时，将汽车列入第一批试点名单。以"鼓励购买、引导使用"为原则，推动汽车购置税与成品油消费税改革联动，在适当降低车辆购置税率的同时，提高汽油消费税，从中长期基本实现税收总额不减少、购车用车支出不增加，引导消费者选择更加低碳环保车型，并主动调整交通出行结构。

第三，进一步鼓励新能源汽车的购买使用。新能源汽车的主要消费群体是大学本科以上学历、"80后"消费群体和年收入在10万元左右的中等收入群体，并且很大一部分潜在消费者是增购人群。随着基础设施建设完善、收入水平提高和供给质量改善，近两年三至五线城市新能源汽车需求增速已经超过一、二线城市。下一步需要针对新能源汽车市场存在的充电、二手车残值、选择少、牌照指标配额不足等突出问题或障碍，补短板、通堵点，进一步激发潜在需求。

一是促进微型电动车增长。与中高端新能源汽车相比，微型电动车消费受价格和政策影响程度较大，且消费潜力和空间巨大。近年来微型电动车出现高速增长，成为新能源汽车市场的新增长点。针对下沉市场和增购需求，适应市场和消费群体要求，对扩大微型电动车消费出台鼓励政策。

二是加快充换电设施建设运营模式创新。在继续增加充换电设施同时，对现有用户居住工作集中地、出行目的地、主要通勤轨迹等进行大数据分析，优化充电设施布局，提高投资和使用效率。可考虑将充电基础设施建设纳入"双积分"框架，为充电设施建设运营企业提供商业模式创新突破点和盈利点。

三是鼓励汽车限购城市优化相关政策。在牌照总量和结构上，加大对新能源汽车的倾斜，增加政府和国企采购比例；在交易政策上，探索牌照总量不增加前提下的政策优化，例如允许二手新能源汽车带牌交易过户，允许无牌照消费者在二手车市场购买燃油车牌照转换为新能源汽车牌照指标等。鼓励城市巡游出租车、网约车和分时租赁企业的新能源汽车采购比例，并给予运营牌照配额支持。

除以上政策外，这次在全球范围出现的汽车芯片短缺，是全球汽车产业共同面临的挑战。全球芯片产业的调整，也为我国芯片产业的发展提供了契机和市场空间。应在处理好自主和可控、效率和成本关系的基础上，加快国内供给和保障水平。

一是充分发挥我国消费市场超大规模优势、产业集群优势和疫情有效防控优势，加强利用和整合国内外资源，强调共同应对挑战和实现合作共赢。进一步加强与国际汽车芯片厂商合作，吸引其对我国增加投资、布局产能和安排订单，导入成熟产品、技术和生产线，保障国内外汽车芯片供给；发挥溢出效应，带动我国汽车芯片相关人才、设备、管理及配套行业加快蓄力发展。

二是加大我国自主芯片企业对汽车芯片的研发生产力度。突出错位竞争和代际跟随，以 28 纳米、8 英寸晶圆芯片为重点，重点开发燃油汽车领域需求量较大、技术要求相对于主控芯片偏低的功能芯片，以此为基础，有重点、有阶段地实现技术突破，不断促进我国芯片产业升级。充分利用已有资源和相对优势，培育壮大我国汽车芯片企业；鼓励我国半导体企业布局汽车芯片业务，增强资本市场对汽车芯片领域的支持作用，提高汽车芯片国产配套率；鼓励我国企业整合全球资源，收购参股国外汽车芯片企业。

三是加强新能源汽车芯片研发。统筹基础研究与应用研究，对接国家和企业创新资源，建立有效的研发机制，集中力量实现新能源汽车和智能网联汽车芯片技术突破，有序引导互联网及电子企业增加智能（AI）芯片、图形处理器（GPU）、功率半导体、传感器、自动驾驶、娱乐控制、电池控制、车身舒适性控制等汽车芯片模块开发，强化相关领域的专利布局，提升我国新能源汽车芯片的国产化水平。

参考文献

Roy Dave. The Study on the Car Sharing Under the Sharing Economic ［J］. Journal of Business Research, 2017, 1 (8).

邓恒进等. 基于 Logistic 模型的我国汽车保有量增长期分析 ［J］. 企业经济, 2008 (8).

杜勇宏. 对中国汽车千人保有量的预测与分析 ［J］. 中国流通经济, 2011 (6).

刘世锦. 中国经济增长十年展望（2013—2022）：寻找新的动力和平衡［M］. 北京：中信出版社，2013.

刘世锦. 中国经济增长十年展望（2020—2029）：战疫增长模式［M］. 北京：中信出版社，2020.

蒋艳梅等. Logistic 模型在我国私人汽车保有量预测中的应用研究［J］. 工业技术经济，2010.

第十五章　房地产

控风险、保增长，张弛有度稳市场

韩阳

要点透视

➢ 2020 年，我国商品房销售面积达到 17.6 亿平方米，其中住宅销量升至 15.5 亿平方米，房地产开发投资完成额超过 14.1 万亿元，这些数字均刷新了历史纪录。房地产业在 GDP 增量中的直接贡献率达到 6.44%，远高于 2019 年的 2.47%，在疫情期间为我国经济提供了重要的增长动能。

➢ 当前我国经济恢复基础还不牢固，考虑到房地产业在宏观经济系统中扮演的重要角色及疫情以来亮眼的复苏趋势，预计 2021 年我国房地产市场将总体平稳运行，并在宏观经济中承担"压舱石"的重要作用。

➢ 未来十年，我国将迎来从"大开发时代"到"大运营时代"的变革，更多企业也将进一步由单纯的"房地产开发商"转型为"综合服务运营商"，服务类收入占公司整体收入的比重将不断提高。

➢ 我国城镇化率有望于十年内接近并达到 70% 的水平，城市作为创新生态系统的作用将愈发凸显。应以改革的姿态引导房地产业更好地服务于中国经济发展，进一步满足人民群众多层次的住房需求。

2020 年：疫情后的强反弹

2020 年，新冠疫情全球大流行对世界经济造成巨大冲击，除中国外的主要经济体均面临负增长的衰退威胁。虽然我国采取坚决有效措施，在较短时间内基本控制住了疫情，但不可否认的是，中国经济，尤其是对 GDP 贡献超过五成的服务业亦遭到重创。房地产业作为服务业的重要组成部分，虽在疫情最为严重的一季度近乎停摆，但随后的爆发有力地支撑了宏观经济的复苏，相关数据显示[①]，房地产业在 2020 年 GDP 增量中的直接贡献率达到 6.44%，远高于 2019 年的 2.47%，在疫情期间提供了重要的经济增长动能。回顾全年，商品房销售面积达到 17.6 亿平方米，其中住宅销量升至 15.5 亿平方米，房地产开发投资完成额超过 14.1 万亿元，这些数字均刷新了历史纪录。伴随着市场温度的上升，若干行业运行的新特点、新规律得以凸现。

以价换量

2020 年商品房销量为 17.6 亿平方米，同比上升 2.6%，较 2019 年上升 2.7 个百分点，同时打破了自 2016 年以来的增速下滑趋势。整体增长的背后是内部结构的进一步分化：住宅一枝独秀，全年销量达 15.5 亿平方米，同比上升 3.2%；但在疫情影响下，办公楼和商业营业用房销售面积明显下滑，分别售出 0.3 亿平方米、0.9 亿平方米，同比下降 10.4%、8.7%（图 15.1）。从月度视角观察，楼市整体及内部三种物业市场在 2020 年均呈现"先挖坑、后填坑"的特点，即在新冠疫情暴发初期的一季度大幅下挫，然后随着疫情的逐步可控，前期积累的需求迅速释放，市场销量增速逐期回升，不但成功将"大坑"填平，甚至超过 2019 年底增速水平。总体看，2020 年楼市的升温由火爆的住宅市场带动，同时需要关注的是，办公楼和商业物业销售虽仍处于收缩状态，但跌幅已较 2019

---

① 请见腾景国民经济运行全口径数据库。

年有所缓和，考虑到疫情对商业活动的严重冲击，经营性物业能取得如此成绩殊为不易，这反映出我国宏观经济环境的良好复苏态势。

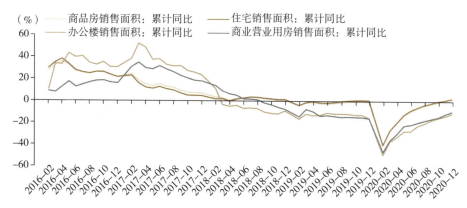

图 15.1 我国房地产业在疫情后的强反弹

资料来源：国家统计局。

与销量类似，价格也可以反映市场运行状况。由于价格的黏性特点，我国房价增速变动虽在一定程度上滞后于销量增速的变化，但大致呈现"量价齐涨"或"量价齐跌"的一致性。在 2020 年楼市销量强反弹的背景下，我国新房价格增速却逐步由 2019 年底的 6.8% 回落至 2020 年 12 月的 3.7%，尚未出现反弹迹象。这种背离反映出开发商较为一致的"以价换量"策略：疫情的冲击给开发商带来了严重的现金流风险，于是随着宏观环境的逐步正常，诸多开发商都采取降价促销等手段加速出货回款，竞争程度的加剧抑制了价格上涨（图 15.2）。同时，人民银行、国家住建部于 2020 年 8 月提出将通过"三道红线"①进一步监管房地产融资。该规则对房企融资端的影响巨大，例如根据 2019 年年报计算，诸多行业龙头的负债水平甚至已位于红色档位，也面临非常严格的融资限制。因此，"三道红线"在一定程度上也促进了"以价换量"。

价值为王

2020 年，我国房地产市场销售情况总体较好，但由于"一城一策"的政

---

① "三道红线"是针对所有开发商划出的三个标准，分别是：（1）剔除预收款后的资产负债率大于 70%；（2）净负债率大于 100%；（3）现金短债比小于 1。如果有房企全部踩中了这"三道红线"，那将被归为红色档，其后果就是有息负债规模不得增加。

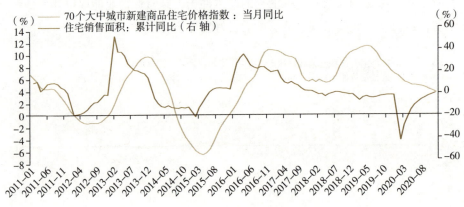

图 15.2　量与价的背离

资料来源：国家统计局。

策基调，各地调控政策有收有放，也使不同能级城市行情相对独立，城市间分化也愈演愈烈。例如，我国东部地区的商品房市场在疫情冲击后恢复速度明显快于其他地区，2020 年销售面积增速达到 7.1%，较 2019 年上升 8.6 个百分点，而中部、西部、东北地区市场虽也有所恢复，但增速水平均较 2019 年有所下滑（图 15.3）。同时，虽然房价整体增速有所放缓，但是其中的一线城市房价增速在 2020 年有所上升（图 15.4）。上述现象反映出一线城市韧性较强，收入渠道的多样使居民购买力相对充裕，核心城市的核心区位价值凸显；而由于库存水平仍处高位，加之棚改货币化安置的逐步收紧，非一线城市的居民购买力受限已愈发明显。

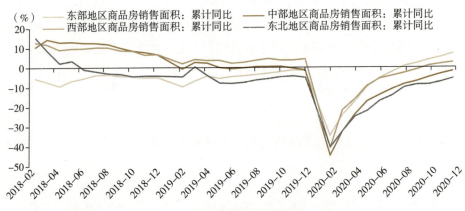

图 15.3　东部地区销售亮眼

资料来源：国家统计局。

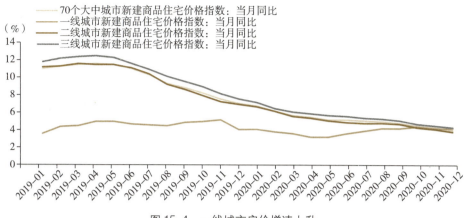

图 15.4　一线城市房价增速上升

资产来源：国家统计局。

集中度上升

　　据上文所述，东部地区及一线城市等发达区域的市场相对火爆，而欠发达区域则由于诸多因素显得购买乏力。因此，项目广泛布局于全国发达区域的品牌开发商则从中受益，而主打省内市场的地方企业则面临更大挑战。若考虑到"三道红线"对房企融资端的影响，实力强劲且项目存量较多的大型房企会采取降价销售促回款的策略，这都会进一步提升市场份额。相关数据显示，2020年，外部资源及市场份额进一步向资金实力强劲的大型房地产开发商倾斜，行业集中度继续上升，前20强、前50强开发商销售面积占比已升至28.9%与40.6%（图15.5）。

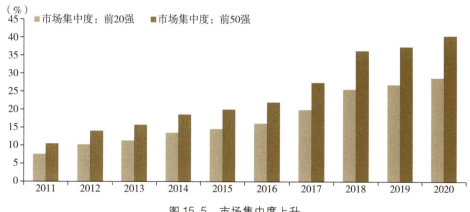

图 15.5　市场集中度上升

资料来源：Wind。

2021 年：稳楼市、稳经济

展望 2021 年，内外环境将继续深刻复杂变化。虽然我国已基本控制住疫情，但全球疫情何时结束，不取决于疫情结束最快最早的国家，而是最差最晚的国家，而国际疫情何时缓解，仍有很大不确定性。同时我国在生产过程中仍需支付一定资源，即"战疫折扣成本"，以内防反弹、外防输入，经济难以开足马力运转，因此我国经济恢复基础还不牢固。[①] 考虑到房地产业在宏观经济系统中扮演的重要角色及疫情以来亮眼的复苏趋势，预计 2021 年我国房地产市场将总体平稳运行，并在宏观经济中承担"压舱石"的重要作用。

销量增速前高后低、稳中有降

2020 年，全球央行纷纷采取较为宽松的货币政策以抗击疫情，我国的货币政策基调也总体偏松，社融规模增速等较 2019 年明显上升。流动性的增加烘托了资产价格，尽管宏观经济不景气，但美国股市屡创新高，房地产市场也颇为红火。相对来说，我国经济表现较好，政策刺激力度也不及美国，但我国股市和楼市也纷纷出现了升温迹象，这与货币供给量的增加是直接相关的。2021 年，随着 GDP 增速的回升，宏观杠杆率将会更加平稳。货币政策需把好货币供应总闸门，适当平滑宏观杠杆率波动，使之长期维持在一个合理的轨道上，相对宽松的货币政策也将平稳转换至正常水平。因此，宏观金融政策对新年楼市的支撑力度将有所下降。

行业政策层面，"房住不炒""一城一策"依旧调控主旋律，不同城市间的政策曲调将继续分化。同时考虑到我国经济恢复基础还不牢固，房地产将在经济复苏过程中提供重要的增长动能，预计调控力度将松弛有度、精准灵活，避免出现盲目的政策打压。

综上，结合模型预测结果，预计我国房地产销售增速将于 2021 年呈现前高后低的态势，总体平稳但较 2020 年水平有所下降。其中一线城市有望随着经济恢复速率的加快而延续楼市热度，销量增速稳中有升，但二线及三线城市的成交增速下滑将对全国市场造成拖累。同时受益于一线城市的火热，二手房价格增速有

---

① 请见《基于投入产出架构的新冠肺炎疫情冲击路径分析与应对政策》（刘世锦等，2020）。

望较新房价格增速率先企稳反弹。

投资增速前高后低、稳中有升

房地产开发投资完成额可拆解为土地购置费和项目投资，其中土地购置费的内涵与土地成交价款较为接近，但在数据层面稍稍滞后于土地成交价款。[①] 2020年，我国土地购置费达到 4.5 万亿元，同比增速由 2019 年的 14.5% 降至 6.7%，自 2017 年起首次低于房地产开发投资完成额整体增速，但 2020 年土地成交价款却由 −8.7% 上升至 17.4%（图 15.6）。结合二者的领先滞后关系，预计 2021 年房地产投资中的土地购置费增速水平将有一定回升。

项目投资代表了建筑安装、设备购置等所有用于建造过程的投资，其在内涵上与房屋施工面积具有一定对应关系，而前期的拿地与随后的施工存在一致性。考虑到 2020 年我国土地成交水平较 2019 年大幅升高，可以预计 2021 年的房屋施工面积将有上行空间，同时项目投资也有望随之提速。

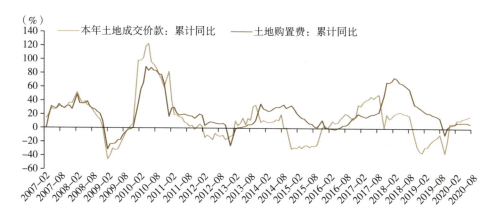

图 15.6 土地成交价款对土地购置费的支撑

资料来源：国家统计局。

综上，在土地成交水平的带动下，2021 年的土地购置费及项目投资均有支撑，结合模型预测结果，房地产投资增速将呈现前高后低的趋势，并有望较 2020年的水平稳中有升。

---

① 请见《房地产：压力测试中的危与机》（韩阳，2020）。

2021—2030 年：转型中的中国房地产

1998 年，《国务院关于进一步深化城镇住房制度改革加快住房建设的通知》发布，提出了发展住房交易市场、加快住房建设的改革目标。自此，实行近 40 年的福利分房制度从政策上退出历史舞台，"市场化"成为住房建设的主题。伴随着"商品房"的诞生，20 年间房地产资产价格飙升造成了一系列社会问题，但不可否认的是，一个市场化的房地产业对中国经济做出了巨大贡献，有学者甚至将"房改"的重要性与中国加入世界贸易组织相提并论。[①]

进入"新常态"后，中国经济正在经历一系列深刻的结构性转换，宏观经济也由高速增长转为中速增长阶段。在变局之中，中国房地产将何去何从？本章将尝试从结构演进的长期视角观察中国房地产业，并对下个十年做出展望。

中国房地产业结构演进

要分析经济系统的结构特征，首先需要找到合适的分析工具。作为一个融合了图论、物理学、统计学等要素的新兴交叉领域，网络分析法通过分析构成网络的节点（Node）和节点间的边（Edge）或弧（Arc）的结构属性，可将复杂系统内"行动者"以及"行动者"之间的关系特征进行刻画。[②]

而投入产出体系描绘了国民经济各部门间的平衡关系，第 I 象限由中间投入和中间使用的交叉部分组成，水平方向上反映了某部门产品在各个部门间的分配，垂直方向上反映了某部门对各个部门产品的中间消耗。将网络分析法应用于投入产出架构，可以较为清晰地导出宏观经济系统中的结构类信息。

我们分别对国家统计局 20 年间公布的 2002 年、2005 年、2007 年、2010 年、2012 年、2015 年、2017 年全国投入产出表进行核算，并通过近似时间序列的处理方式进行组合分析。通过这种方法，我们即可勾勒出中国房地产业自市场化改革后的结构演进脉络。[③]

---

① 请见《二次房改推动经济新一轮增长》（徐远，2021）。

② 请见《基于投入产出架构的新冠肺炎疫情冲击路径分析与应对政策》（刘世锦等，2020）。

③ Han, Y., Zhang, H., and Zhao, Y., 2021. Structural evolution of real estate industry in China: 2002 – 2017. Structural Change and Economic Dynamics, 57, 45 – 56. https://doi.org/10.1016/j.strueco.2021.01.010.

　　最强拉动系数表示某行业每生产 1 单位的产品将通过最强路径消耗多少来自其他行业的投入，反映了某行业的生产对其上游行业的拉动效率。通过计算中国房地产业和其他行业之间在近 20 年内的最强拉动系数变化情况，可以发现房地产业对建筑业的拉动效率呈总体下滑态势，而对金融业、租赁与商务服务业等生产性服务业的拉动效率逐步提升（见图 15.7）。

　　最强推动系数表示某行业每生产 1 单位的产品将通过最强路径如何分配给其他行业，反映了某行业的生产对其下游行业的推动效率。通过计算可看到我国房地产业对金融业，居民服务、修理和其他服务业与批发零售业等服务业的推动系数也大致呈现逐步上升的趋势，尤其是进入 21 世纪的第二个十年后，这种势头更加明显（见图 15.8）。

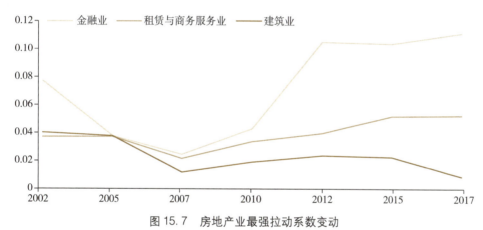

图 15.7　房地产业最强拉动系数变动

资料来源：作者计算。

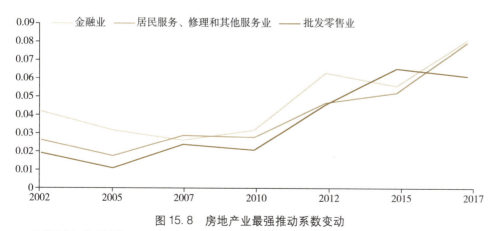

图 15.8　房地产业最强推动系数变动

数据来源：作者计算

从"大开发时代"到"大运营时代"

出乎意料的是，逻辑上与房地产业联系较为密切的建筑业在行业间关系强度中的表现反而不及租赁与商务服务业，居民服务、修理和其他服务业及批发零售业等服务类行业，这表明中国房地产业正朝着服务化、精细化和专业化方向发展，战略、法律和咨询等商业服务的重要性正得到行业从业者的重视，而且这种转型在近十年间更加明显。另一方面，近年来房地产开发企业的销售利润率逐步下降。为了保持盈利能力，越来越多的开发商围绕产业链进行战略布局，试图转型为房地产综合运营商，而不是单纯专注于开发和制造业务，这也提高了房地产业与其他服务类行业间的密切度。

综上，在未来十年，中国城镇化速度将逐步放缓，以纯粹的房地产开发业务为主业的开发商将面临利润来源不足的挑战。但同时我国人民生活水平也将提高，在消费升级的进程中人民对居住质量的要求会进一步提升，这又为我国房企拓宽利润来源提供了新的机遇。可以预计，我国将迎来从"大开发时代"到"大运营时代"的变革，更多相关企业也将进一步由单纯的"房地产开发商"转型为"综合服务运营商"，服务类收入占公司整体收入的比重将不断提高。

政策建议：进一步满足多层次住房需求

经过 40 多年的努力，中国已经接近高收入国家的门槛，经济增长也经历着关键性转型。表面上看，增长速度由高速转向中速，背后则是增长动能、经济结构和制度规则的全方位转换。中国在这个阶段发展的特殊性在于，作为一个超大型经济体，如果中国能够成功进入高收入国家行列，全球高收入人口总数将会扩大一倍。[1] 同时，随着大都市圈战略的持续推进，我国城镇化率有望于十年内接近并达到 70% 的水平。[2] 在这个重要阶段，城市作为创新生态系统的作用将愈发凸显。只有在城市的创新生态系统中，交易成本才会不断降低，人才才会层出不穷，创新才会不断发生，我们希望的高端制造和现代服务才会有坚实的基础。[3]

---

[1] 请见《改革再突围》（刘世锦，2021）。
[2] 请见《房地产：压力测试中的危与机》（韩阳，2020）。
[3] 请见《二次房改推动经济新一轮增长》（徐远，2021）。

因此,以改革的姿态引导房地产业更好地服务于中国经济发展,进一步满足人民群众多层次的住房需求将成为下一阶段的政策重点。

张弛有度,防风险、保增长

相关研究表明,我国房地产业与众多行业均有着密切的关联性,同时近年来房地产与其他行业之间资源传输的平衡性明显恶化,反映出其在中国宏观经济系统中的风险倾向有上升趋势。① 因此,应继续制定并严格执行符合当地情况的宏观审慎政策。此外,考虑到我国房地产类相关贷款占银行信贷总额的比重较高,来自房地产市场的微小冲击会引起金融市场的剧烈震荡,而这种能量又将使整个经济系统承受巨大的压力,因此还应特别警惕房地产与金融部门之间的密切关系,防范并化解房地产金融风险,将房地产和金融"松绑",这与"十四五"规划中的政策基调高度一致。

但须注意的是,虽然我国目前已基本控制住疫情,但由于全球疫情仍有较大不确定性,当前经济难以开足马力运转,我国经济恢复基础还不牢固,而中国房地产市场在经济复苏过程中起着至关重要的压舱石作用。在这种背景下,还要做到政策调控张弛有度、精准灵活,避免打着防范系统性风险的旗号发展出"一刀切""一切从紧"的政策倾向,损害行业正常发展,乃至威胁宏观经济的全面回暖。

推进中等收入群体倍增战略,满足改善性住房需求

通过梳理中国房地产业自市场化改革以来的结构演进,我们发现作为住房的供给者,中国房地产业在宏观经济系统中的地位不断上升,凸显了在过去 20 年间我国人民群众居住需求的高涨及对美好生活的向往。因此,满足人民改善性住房需求、促进住房消费升级成为当前及下个发展阶段的重中之重。

为了释放上述需求,需正视居民收入水平与房价增速不匹配的问题,应把中等收入群体倍增作为全面建成小康社会后的另一个重要战略,争取用十年或略多一些的时间,实现中等收入群体倍增目标,中等收入群体从目前的 4 亿人增长至 8 亿至 9 亿人,占到总人口的 60% 以上。②

另一方面,中国房地产业正在经历由房地产开发向综合服务运营的变革,可

---

① Han, Y., Zhang, H., and Zhao, Y., 2021. Structural evolution of real estate industry in China:2002 – 2017. Structural Change and Economic Dynamics, 57, 45 – 56. https://doi.org/10.1016/j.strueco.2021. 01.010.

② 请见《补短型增长与升级型增长》(刘世锦,2020)。

针对性地出台相关引导政策，促进企业顺利转型，以更优质的服务更好地满足人民改善性住房需求。

进一步增加保障房供给，保障基本住房需求

除了改善性需求，社会还不应忽略为经济发展做出卓越贡献的几亿农民工，他们虽然建设了城市，但房价过高等因素将他们挡在了城市之外。政府亟须以更大力度保障这些群体的基本住房需求。

保障性住房是指政府为中低收入住房困难家庭提供的限定标准、限定价格或租金的住房，有别于商品房，保障房在价格上有自身的优势，可有针对性地解决特定人群的住房需求。① 具体来说，政府可每年在都市圈内新开工一批保障房项目，既有助于让流动人口在城市里安居乐业，启动农民工市民化，还能有效拉动内需，在新旧动能转换阶段为宏观经济托底。尤其是在受到新冠疫情冲击的当下，开工保障房项目的综合优势将会更加突出。

参考文献

Han, Y., Zhang, H., Zhao, Y. Structural Evolution of Real Estate Industry in China: 2002 – 2017 [J]. Structural Change and Economic Dynamics, 2021 (57).

顾海峰，韩阳. 保障房项目建设与金融支持：理论机制与政策选择——基于内生增长和乘数效应的双重视角 [J]. 金融监管研究，2015 (10).

韩阳. 房地产：压力测试中的危与机 [M] //刘世锦. 中国经济增长十年展望 (2020—2029)：战疫增长模式. 北京：中信出版社，2020.

刘世锦，韩阳，王大伟. 基于投入产出架构的新冠肺炎疫情冲击路径分析与应对政策 [J]. 管理世界，2020 (5).

刘世锦. 补短型增长与升级型增长 [M] //刘世锦. 中国经济增长十年展望 (2020—2029)：战疫增长模式. 北京：中信出版社，2020.

刘世锦. 改革再突围 [M] //刘世锦. 读懂"十四五"——新发展格局下的改革议程. 北京：中信出版社，2021.

徐远. 二次房改推动经济新一轮增长 [M] //刘世锦. 读懂"十四五"——新发展格局下的改革议程. 北京：中信出版社，2021.

---

① 请见《保障房项目建设与金融支持：理论机制与政策选择——基于内生增长和乘数效应的双重视角》（顾海峰、韩阳，2015）。

第十六章 金融

政策稳过渡，科技赋新能

陈馨雪　王骏

要点透视

➢ 2020 年为应对疫情冲击，灵活稳健的货币政策和积极的财政政策持续发力，宏观杠杆率和社融规模有所增长，贷款利率下降，实体经济融资成本降低。

➢ 疫情影响全球经济，国内各类信用事件接二连三爆发，美联储宽松货币政策预期使中美利差维持高位，人民币汇率震荡上升。

➢ 后疫情时代经济缓慢复苏，我国货币政策稳中求质，金融科技新业态也借由疫情快速发展。未来还将持续建立开放绿色数字化的新型经济体系，全力把握战略契机，将疫情带来的各项挑战转化为机遇，全面实现经济高质量发展。

2020 年：货币金融运行回顾

M1－M2 剪刀差缩小，货币流动性增强

2020 年，面对突如其来的新冠疫情冲击，货币政策全力应对，广义货币供应量（M2）连续 10 个月保持双位数增长，年末同比增长 10.1%，增速较 2019 年高出 1.4 个百分点，狭义货币供应量（M1）同比增长 8.6%，增速较 2019 年高 4.2 个百分点，M1－M2 的剪刀差由 2019 年末的 －4.3% 缩小至 －1.5%。

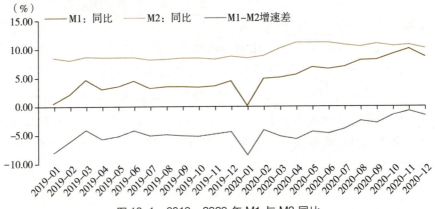

图 16.1　2019—2020 年 M1 与 M2 同比

资料来源：Wind。

信贷和政府债券推动社融规模大增

2020 年为应对疫情冲击，灵活稳健的货币政策和积极的财政政策持续发力，社会融资累计新增 34.86 万亿元，比上年同期增加 9.28 万亿元，同比增加 36%（图 16.2）。

从结构上看，2020 年发行抗疫特别国债、新增地方政府专项债，使全年政府债券新增 8.34 万亿元，比上年新增 3.62 万亿元；银行表内信贷（人民币贷

款）规模为 20.03 万亿元，比上年新增 3.15 万亿元，二者成为社融增量的主要支撑因素，也是逆周期调节的主要发力点。

图 16.2　2002—2020 年社融规模及增长率

资料来源：Wind。

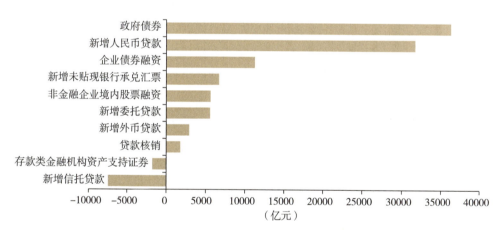

图 16.3　2020 年社融各分项较 2019 年变化

资料来源：Wind。

增量信贷主要投入中长期贷款

2020 年金融机构新增人民币贷款 19.63 万亿元，较 2019 年增长 2.82 万亿元。分部门看（图 16.4），居民贷款增加 7.87 万亿元，其中，短期贷款增加 1.92 万亿元，中长期贷款增加 5.95 万亿元；企（事）业单位贷款增加 12.17 万亿元，其中，短期贷款增加 2.39 万亿元，中长期贷款增加 8.80 万亿元，票据融资增加 7389 亿元；非银行业金融机构贷款减少 4706 亿元。

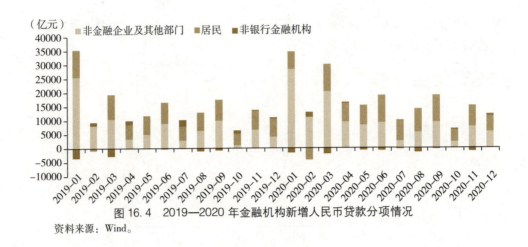

图 16.4　2019—2020 年金融机构新增人民币贷款分项情况

资料来源：Wind。

贷款利率下降，实体经济融资成本降低

2020 年以国债、企业债等为代表的市场利率从 5 月开始大幅抬升，各类信用事件接二连三爆发（图 16.5）。违约规模扩大的同时，国企违约比例加大和高评级公司违约出乎市场预料：例如北大方正集团和紫光集团等央企的违约事件，永城煤电、海航集团、华晨汽车等多起地方国企违约事件。

图 16.5　2020 年各类债券收益率情况

资料来源：Wind。

债券市场利率虽有明显上行，但其在社融中的占比相对有限，而作为占比最大的部分，贷款端的利率仍较为稳定。2020 年末金融机构人民币贷款加权平均利率为 5.03%，处于 2010 年以来的最低水平（图 16.6）。

作为贷款定价的基准利率，LPR（贷款市场报价利率）自 2020 年 4 月以来

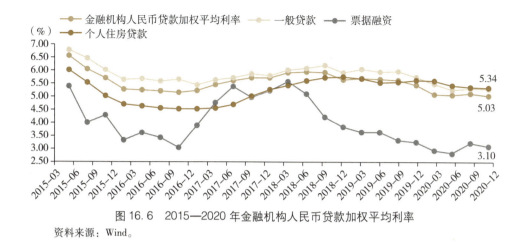

图 16.6　2015—2020 年金融机构人民币贷款加权平均利率

资料来源：Wind。

一直未有调整，保持在 3.85%，相比 2019 年末下行 30 个基点。LPR 利率的稳定也使贷款利率得以稳在低位（图 16.7）。

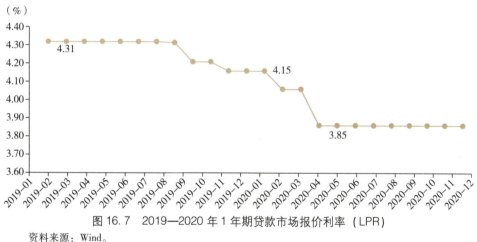

图 16.7　2019—2020 年 1 年期贷款市场报价利率（LPR）

资料来源：Wind。

宏观杠杆率一季度快速攀升

2020 年我国宏观杠杆率从 2019 年末的 246.5% 攀升至 270.1%，增幅为 23.6 个百分点。其中居民部门杠杆率上升了 6.1 个百分点，从 2019 年末的 56.1% 增长至 62.2%；非金融企业部门杠杆率上升了 10.4 个百分点，从 2019 年末的 151.9% 增长至 162.3%；政府部门杠杆率上升了 7.1 个百分点，从 2019 年末的 38.5% 增长至 45.6%，全年增幅达到有杠杆率数据统计以来的历史最高水平（图 16.8）。

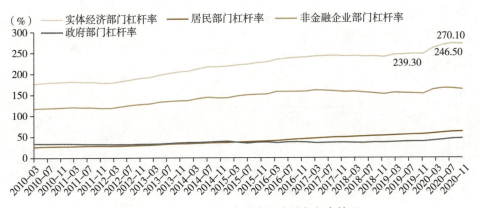

图 16.8　2010—2020 年各部门宏观杠杆率情况

资料来源：Wind。

从杠杆率结构看，企业部门贡献最大，特别是一季度。在全年宏观杠杆率 23.6 个百分点的增幅中，企业部门贡献四成，居民部门和政府部门各自贡献了三成。但企业部门的全部贡献主要体现在一季度：一季度企业杠杆率上升 9.9 个百分点，而全年共上升了 10.4 个百分点，在下半年呈现去杠杆的态势。三、四季度宏观杠杆率共计增长了 2.5 个百分点，其中居民和政府部门各自增长了 2.3 和 3.1 个百分点，非金融企业部门下降了 2.9 个百分点（图 16.9）。

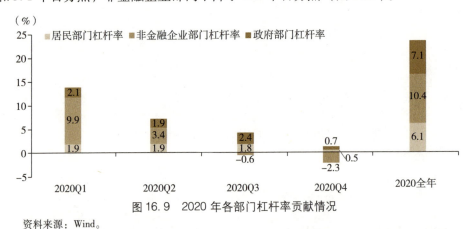

图 16.9　2020 年各部门杠杆率贡献情况

资料来源：Wind。

中美利差高位，人民币宽幅震荡升值

2020 年，各国疫情发展形势是汇率的重要短期影响因素。以 4 月和 5 月为分水岭，在此之前国内疫情严重，人民币对美元出现较为明显的贬值趋势。二季度起国内疫情形势好转，三季度海外疫情反弹，全球经济继续遭受冲击，美联储宽松货币政策预期不减，美元指数整体呈下滑趋势，同时我国抗疫成效显著，经济率先复苏，有力支撑人民币对美元汇率强势走高，四季度美国大选落定和区域全面经济伙伴关系协定（RCEP）签署使人民币得到支撑，12月末美元兑人民币为6.54（图16.10）。下半年人民币兑美元快速升值的主要原因为：第一，我国疫情防控成果显著，经济率先复苏，基本面相对美国占优；第二，我国市场利率上行，中美利差处于高位（图16.11）；第三，金融市场对外开放力度加大，人民币资产吸引力提升，证券投资项下资金流入对人民币汇率形成支撑。

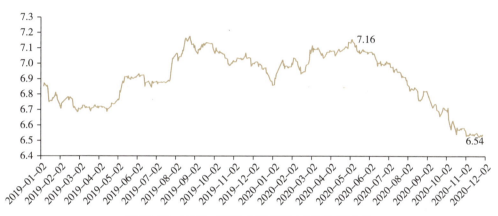

图 16.10　2019—2020 年美元兑人民币汇率变化

资料来源：Wind。

图 16.11　2010—2020 年中美利差和汇率变化

资料来源：Wind。

股票市场总体上涨，注册制改革深化

2020 年国内 A 股市场主要指数总体上涨，但波动幅度较大，一季度受到疫情的冲击大幅度下跌，二季度股市探底之后出现快速反弹。上证综指收于 3473 点，年度涨幅为 13.87%，沪深 300 指数上涨 27.21%，中证 500 指数上涨 20.87%，科创 50 指数上涨 39.30%（图 16.12 和图 16.13）。

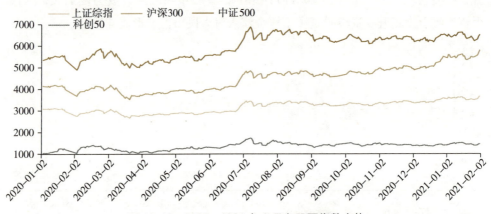

图 16.12　2020—2021 年 2 月各股票指数走势

资料来源：Wind。

图 16.13　2020—2021 年 2 月各股票指数累计涨幅

资料来源：Wind。

2019 年 6 月，科创板市场在沪市正式开板，标志着注册制改革开始进入实施阶段。科创板运行一年时间之后，监管部门于 2020 年 7 月开始将注册制改革向创业板市场推广，新股发行速度加快。2021 年是注册制改革进一步深化的时间节点，主板市场和中小板市场或将推行注册制改革。当 A 股市场进入注册制时代，股市生态将发生系统性变化。

2021 年：货币金融前瞻

2020 年底召开的中央工作会议强调，"稳健的货币政策要灵活精准、合理适度，保持货币供应量和社会融资规模增速同名义经济增速基本匹配，保持宏观杠杆率基本稳定"。结合当前的经济环境看，2020 年我国宏观杠杆率提升速度较快，结合近期信用风险有所上升，因此我们预计 2021 年经济内生和政策调控因素共同作用下的信用边际收紧的可能性较大。

人民币贷款规模测算

我们认为，2021 年的人民币贷款新增规模较 2020 年或将有所下降，但不会形成断崖式下跌。央行多次强调：要防止出现政策断崖，因此作为社融稳定项的人民币贷款增速预计 2021 年不会大幅回落。一方面，从近期控制地产贷款集中度、"三道红线"等房地产调控政策看，2021 年房地产投资大概率将进入下行周期，而在加强政府债务风险管控的背景下，基建投资的反弹空间也较为有限，因此实体经济本身的信贷需求或将有所下降。另一方面，2020 年下半年以来，由于国内疫情基本得到控制，叠加出口超预期，制造业快速反弹，制造业利润增速已超过 2020 年均值。2020 年的疫情相当于对供应链做了一次供给侧改革，淘汰了部分落后产能，叠加 2021 年可能出现的报复性投资，预计 2021 年制造业投资增速有望保持高增长，带动制造业融资走强，成为信贷拉动项，人民币贷款增速难以大幅回落。

从同样处于"后冲击时代"的 2010 年看，在完成对冲击的应对后，新增信贷力度减弱的可能性较大。参考 2018 年、2019 年、2020 年全年累计新增信贷分别为 15.7 万亿元、16.9 万亿元、20.0 万亿元，增速分别为 13.2%、12.5%、13.2%。假设 2021 年回归正常节奏，预计 2021 年，人民币贷款增速在 12% 左右，规模为 20.6 万亿元，增量略高于 2020 年水平。

M2 测算

从货币供给的信贷、财政赤字、外汇占款三个渠道考虑，2021 年 M2 增速可能面临放缓的压力。一是信贷增速放缓，鉴于 2020 年疫情期间信贷增速较快，央行下达全年规模新增目标预计 20 万亿元，强调稳增长与防风险的平衡，预计 2021 年信贷增速将企稳回落，存款派生速度相应下降。二是将降低财政赤字率提上日程，2021 年经济整体复苏，预计实施逆周期调节力度减弱，降低财政赤字率更加重要，抗疫特别国债将不再发行，政府债券整体发行量将趋于收缩，进一步拖累 M2 增速。三是外汇占款增降幅度较小，中国金融和资本市场扩大开放，中美利差仍维持相对高位，人民币资产增持热度不减，权益市场和资本市场外资流入预计保持同比增多，而后疫情时代进口方面将发力，贸易顺差增幅会有一定减小，整体上外资对国内货币供给的影响冲抵。2021 年全面降息降准的概率都不大，但不排除仍有定向释放流动性、定向支持中小微企业及制造业的可能性。

参考央行《2020 年第四季度中国货币政策执行报告》，央行曾表示要保持货币供应量和社会融资规模增速同名义经济增速基本匹配。结合 2019 年前三季度数据，央行多次提及 M2、社融增速与名义 GDP 增速大体匹配的相关表述，我们可以假设 2019 年的数据特征符合央行预期要求。

2019 年前三季度 M2 增速高于名义 GDP 增速 0.9% 左右，因此我们假设 0.9% 为央行要维持的水平。由于 2021 年潜在的名义 GDP 增速为 8% 左右，那么随着经济逐步恢复至往年正常水平，M2 增速将从 2020 年的 10.5% 左右回落至 8.9% 左右。

社会融资总量测算

由于 2020 年疫情导致上半年财政收入下降，地方政府专项债发行限额上升 1.6 万亿元，新增 1 万亿元抗疫特别国债，广义财政赤字率从 2019 年的 5% 上升至 8.2%。随着经济逐步恢复，预计 2021 年财政政策将恢复常态化，广义财政赤字率预计恢复至往年的 5% 或以上。根据之前的预测，2021 年广义 GDP 在 110 万亿元左右，预计新增政府债务 5.5 万亿元左右，较 2020 年有所下降。

2020 年疫情期间流动性宽松，使企业发债力度加大。展望 2021 年，随着经济恢复常态，货币政策整体上边际收紧，信用风险预计有所加大，从而影响信用债券的发行，参考 2018 年、2019 年企业债券融资分别为 2.6 万亿元、3.2 万亿元，预计 2021 年新增企业债券融资额为 3.8 万亿元左右，较 2020 年减少 0.7 万亿元左右。

由于 2020 年疫情原因，非标融资（委托贷款、信托贷款、未贴现银行承兑汇票）压降速度一度放缓。随着疫情影响逐渐淡化，经济逐渐恢复往常水平，2020 年 12 月单月非标压降幅度已超过前 11 个月压降幅度总和，再加之 2021 年为《资管新规》整改最后一年，2021 年非标融资压降力度将进一步加大。参考 2018 年、2019 年压降幅度，预计 2021 年全年非标融资压降规模或达 2 万亿元左右，介于 2018 年和 2019 年之间。

除人民币贷款、政府债券、企业债券、非标融资外，社融其余项主要为非金融企业境内股票融资、存款类金融机构资产支持证券、贷款核销和外币贷款。2021 年，考虑到注册制的加速推进以及监管部门鼓励扩大权益融资、贷款核销的态度，房地产企业在贷款、债券融资受限情况下大概率将加大对资产支持证券的依赖度，非金融企业境内股票融资、存款类金融机构资产支持证券和贷款核销的新增规模有望进一步加速提升。综合来看，该四项 2021 年预计新增 3 万亿元左右。

综合以上分析，我们认为 2021 年新增社融规模预计在 30.9 万亿元左右，较 2020 年减少 2.6 万亿元；2021 年社融存量或将达到 315.7 万亿元，社融存量同比增速高于名义 GDP 增速 3% 左右，预计在 11% 左右。

宏观杠杆率预测

央行强调未来保持宏观杠杆率平稳，这也意味着 2021 年大概率不会出现像 2017—2018 年的去杠杆局面。2020 年我国名义 GDP 增速下行，是导致宏观杠杆率出现明显抬升的主要原因，但随着经济逐渐恢复正常，预计 2021 年名义 GDP 将大幅增长，分母端的快速抬升有利于弱化未来杠杆率继续大幅上升的可能性，未来更多还是稳杠杆为主，杠杆率大幅收缩的可能性同样较小。

预计 2021 年企业部门杠杆率继续稳中有降，而政府及居民部门的杠杆率仍会提高。就企业部门杠杆率而言，分子端大概率上行缓慢，但分子端的改善已进入加速期，企业负债率大概率表现平稳。政府部门对经济动能的支持有利于短期杠杆率的抬升，但是随着经济、财政政策恢复常态化，对长期杠杆率将带来一定的抑制作用。对于居民部门，房地产市场活跃是推动居民债务增长的主要原因，杠杆率上升的同时，居民金融资产也在上升，居民部门杠杆率绝对水平蕴含的风险有限。

总体上，2021 年宏观杠杆率将在上半年有所下行，从当前的 270.1% 下降到 267% 左右，随后再回升至 270%，全年宏观杠杆率与上年持平甚至略有下降。

2021—2030 年：货币金融数据展望

合理假设下，我国的货币金融体系发展接近发达国家金融与实体经济相对和谐的状态，即各个货币金融指标与 GDP 的比重处于相对稳定的阶段。根据对未来十年 GDP 的预测，可对未来的 M2、社会融资和金融业增加值的数值进行预测。

表 16.1　2021—2030 年金融发展指标预测　　　　　　　　　　　（单位：亿元）

	2021	2022	2023	2024	2025
GDP（现价人民币）	1101734	1191682	1285959	1387447	1495417
金融业增加值	89211	94379	99563	104958	110471
M2	2381421	2509440	2636308	2767052	2899048
社会融资	309000	310255	308930	305400	299083
	2026	2027	2028	2029	2030
GDP（现价人民币）	1610493	1730423	1846096	1967364	2095142
金融业增加值	116114	121691	126549	131370	136184
M2	3032394	3161783	3270266	3375455	3477935
社会融资	322098	346085	369220	393473	419029

资料来源：腾景数研。

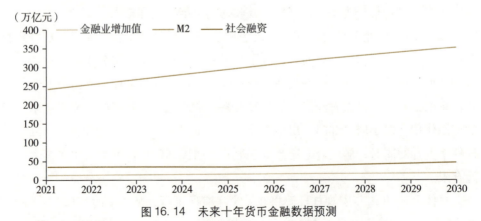

图 16.14　未来十年货币金融数据预测

资料来源：腾景数研。

政策建议：后疫情时代经济稳中求质，金融科技新业态助力转型升级

2020 年是我国全面建成小康社会和"十三五"规划的收官之年，也是新冠疫情冲击和国内外经济发展环境复杂多变下不平凡的一年，中国宏观经济虽然出现了一定回落，但在党和政府的领导下，通过实施积极财政政策和稳健货币政策，大力深化改革开放，扎实做好"六稳""六保"工作，最终取得了疫情防控和经济社会发展的阶段性进展，再次向世界展示了中国特色社会主义制度的优势和中国经济的弹性韧性。经过严格的疫情管控、行政性复工复产、出台适度的一揽子规模化宏观刺激政策等举措，中国经济在世界范围内率先实现 V 形反转，开始走向稳定复苏的轨道。随着疫苗普及，疫情影响将逐渐消退，全球经济可望重返疫情暴发前水平，后疫情时代中国需要全力把握战略契机，将挑战转为机遇，迈向创新驱动的现代化征途。

疫情时代经济：金融科技初露头角

自 2020 年初起，疫情的蔓延给全球经济带来了极大冲击，"抗疫"也成为各国 2020 年经济政策的主线，疫情防控效果成为左右主要经济体经济实力的关键。第二季度，中国 GDP 转正，先于其他经济体从疫情中恢复，这一复苏时间差效应带来了出口的高速增长。11 月 15 日，中国参与其中的区域全面经济伙伴关系协定（RCEP）落地，这是当前全球最大规模的自由贸易协定。在疫情和逆全球化双重夹击下，RCEP 的签署成为贸易自由化和全球经济一体化的最大亮点，将进一步加速各成员方的复苏，成为疫情期间和后疫情时代全球经济增长的新引擎。

2020 年的疫情也成为金融业技术化改造的催化剂，特别是在以国内大循环为主体、国内国际双循环相互促进的新发展格局之下，金融科技将在扩大消费中大有作为。金融科技可提升机构风控与定价能力，降低内部摩擦成本，扩大外部合作，在实现普惠金融的同时，有效提升金融资源的"流通"效率，从而创造更多剩余价值扩大"消费"市场。在零售金融中的互联网信用支付、农业领域的商业授信等，金融科技能做到更加规模化与精细化，以技术为桥梁实现普惠金融，在平衡风险与效力的同时，解决融资难融资贵的问题。

后疫情时代经济：绿色、开放、数字化

绿色复苏，加快构建绿色金融标准体系。 新冠疫情促使全球反思人与自然的关系，各国迈出决定性步伐，改善环境治理，提升能源效率，促进"棕色经济"向"绿色经济"转变。2021年，美国或将重返《巴黎协定》，欧盟将投入5500亿欧元用于气候保护行动。中国人民银行已联合相关部门不断完善绿色金融顶层设计，多项绿色金融标准制定取得重大进展，中欧绿色金融标准对照研究工作即将完成。2020年末，中国绿色贷款存量规模世界第一，绿色债券存量居世界第二，为规范绿色金融业务、确保绿色金融实现商业可持续性、推动经济社会绿色发展提供了重要保障。未来十年，全球绿色发展的投融资需求将达数十万亿美元，规模大、期限长、效益高，将为全球经济低碳转型创造活力。

开放共赢，中国金融对内对外开放全面推进。 中共中央、国务院发布的《关于新时代加快完善社会主义市场经济体制的意见》，指明了健全民营企业直接融资支持制度、加强资本市场基础制度建设、深化利率市场化改革、建设现代中央银行制度等改革方向。相关部门也积极在市场准入、业务范围、营商环境等方面推进金融业对内对外自主开放，信用评级行业、熊猫债市场等开放新举措有望于近期推出，吸引更多民营机构进入市场也将成为金融开放的重点之一。

科技引领，数字化重塑未来版图。 当前我国正处于积极数字化转型阶段，一方面，自2014年以来，我国一直积极研究和搭建央行数字货币系统（DC/EP），未来可以给予央行在货币政策方面更大的灵活性，有助于央行对宏观经济更准确地把握；另一方面，疫情催生非接触经济新业态，加速数字化步伐，远程办公、智慧生活、数字协作，引发生产生活方式深刻变革。同时，5G与万物智联的数字全联结体系的建设，也助力传统产业与数字技术深度融合，数字力量正展现出巨大潜力和广阔前景。

后疫情时代经济挑战：疫情反复、风险累积、融资困难

疫情反复压力仍在。 目前全球疫情形势仍严峻，中国也出现多点散发病例和多地局部聚集性疫情，由其引发的防疫压力、消费需求抑制、产业链和供应链的断裂风险将对经济产生持续影响。同时，世界经济仍处于金融危机后的深度调整期，经济、政治、社会矛盾相互关联交织，逆全球化趋势加强。此外，发达国家持续的量化宽松政策还会使其与中国保持较大的利差水平，资本流入压力增大，

导致汇率上升并增大中国资产泡沫化的风险。

潜在金融风险累积。中国持续推进的供给侧结构性改革一定程度上提高了风险抵御能力，但是新冠疫情冲击加剧了市场主体的脆弱性，并且为应对疫情冲击出台的一系列特别政策，如中小微企业4万亿普惠贷款还本付息政策和其他贷款应延尽延政策，可能导致金融风险延后但加速累积。2020年我国各部门杠杆率迅速攀升，短期内债务快速上升可能导致潜在的重大风险隐患，一方面各类微观市场主体尚未彻底摆脱疫情影响，随着货币政策逐渐常态化，偿债高峰到来时可能集中出现违约事件，另一方面地方政府债务攀升，容易通过推高房价和增加银行风险承担等渠道影响经济总体运行。

企业融资难度加大。2020年11月，债券市场出现的国企、央企、高评级企业债券超预期违约事件，引发市场动荡和风险定价重估，金融条件收紧，融资成本上升，进一步加大企业融资难度。虽然监管部门采取了很多政策措施，但是中小微企业融资难，金融不支持实体经济的问题没有得到根本性缓解。

后疫情时代货币金融政策建议

政策退出不能"急转弯"。宏观政策要保持连续性、稳定性、可持续性，积极的财政政策要持续发力，保持适度支出强度，政策操作上更加精准有效，逐步回归常态，不"急转弯"，特别是保障对科技、民生等重点领域的支出，推动"十四五"规划中国家重大战略重点任务的有效实施。

健全金融风险防控体系。在实施宽松货币政策以稳定经济的同时需要密切监控资金流向，避免部分资金过度流向股市、房地产等领域，提升资产泡沫风险。此外，数据金融平台在近年来发展迅速，有利于补充银行特别是中小银行对小微企业的服务能力，但也有潜在的风险，如数据所有权归属、一些数据金融平台市场份额过大、数据真实性和风险评估模型存在偏差，因此要进一步强化对金融科技及互联网平台公司的监管，强化对互联网金融领域市场垄断的监管。

加强市场化法治化建设。我国正处于金融业快速发展时期，金融创新活跃，打破了金融与实体，线上与线下，境内与境外，银行、证券与保险等传统边界，提高了金融配置效率，但是也同时不可避免地带来了金融监管套利、监管空白、跨市场套利等风险乱象。未来要"零容忍"资本市场违法犯罪行为，进一步提高立法水平，进一步完善基础制度，加快推进重点领域立法，以高质量立法推动并保障金融业的高质量发展，推动全面提升市场法治水平。

扩大金融对外开放。应当继续扩大金融业对外开放，顺应市场主体需求，以更高水平的开放打破封锁和围堵的风险，积极融入和拥抱世界金融体系。例如放宽 QFII（合格境外机构投资者）、RQFII（人民币合格境外投资者）准入条件，扩大投资范围；持续完善跨境人民币业务政策框架，促进金融机构提供更加便捷高效的产品和服务；此外，稳步审慎推进利率和汇率的市场化改革，逐步形成市场化利率调控体系，增强汇率弹性。

深化资本市场改革。建设规范、透明、开放、有活力、有韧性的资本市场，有效发挥其市场融资、价格发现和资源配置功能，加快以注册制为核心的多层次资本市场的建立，使直接融资与间接融资能发挥各自优势、协同配合、共同发展，提升资本市场对企业在各个发展阶段融资需求的精准匹配，支持经济结构向高科技创新产业转型升级，助力国内产业链做大做强。同时，在资金端匹配不同种类市场主体资金偏好、期限要求、风险容忍等需求，实现社会财富的滚动增值。

参考文献

刘世锦.中国经济增长十年展望（2020—2029）：战疫增长模式［M］.北京：中信出版社，2020.

张晓晶，刘磊.寻求稳增长与防风险平衡：2020 年度中国杠杆率报告［N］.经济参考报，2021.

殷剑峰，张旸，王蒋姜.稳健复苏、关注风险——2020 年中国宏观金融形势分析与展望［R］.NIFD 季报，2021.

陈锡康，杨翠红，祝坤福，王会娟，李鑫茹，姜青言.2021 年中国经济增长速度的预测分析与政策建议［J］.中国科学院院刊，2021（1）.

祝宝良."十四五"时期我国经济发展和政策建议［J］.财经智库，2020（5）.